/

FACULTÉ DE DROIT DE TOULOUSE

DES

LIBÉRALITÉS INDIRECTES

ENTRE ÉPOUX

EN DROIT ROMAIN ET EN DROIT FRANÇAIS

THÈSE POUR LE DOCTORAT

PAR

M. Gérard PÉLISSIÉ du RAUSAS

Avocat

Lauréat de la Faculté de Droit et de la Conférence des Avocats stagiaires.

PARIS

LIBRAIRIE NOUVELLE DE DROIT ET DE JURISPRUDENCE

ARTHUR ROUSSEAU, ÉDITEUR

14, RUE SOUFFLOT, ET RUE TOULLIER, 13.

—

1886

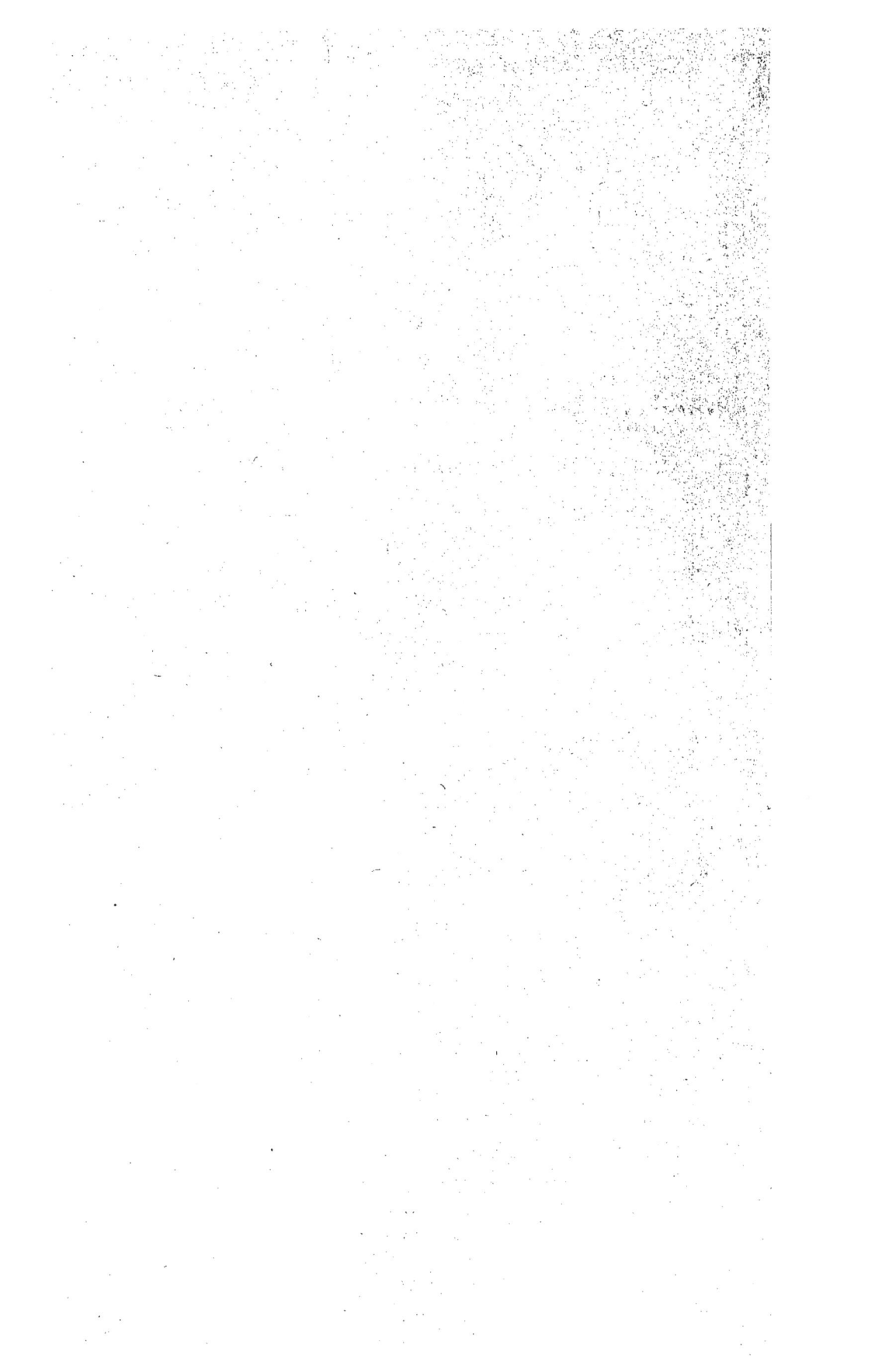

FACULTÉ DE DROIT DE TOULOUSE

DES

LIBÉRALITÉS INDIRECTES

ENTRE ÉPOUX

EN DROIT ROMAIN ET EN DROIT FRANÇAIS

THÈSE POUR LE DOCTORAT

PAR

M. Gérard PÉLISSIÉ du RAUSAS

Avocat

Lauréat de la Faculté de Droit et de la Conférence des Avocats stagiaires.

PARIS

LIBRAIRIE NOUVELLE DE DROIT ET DE JURISPRUDENCE

ARTHUR ROUSSEAU, ÉDITEUR

14, RUE SOUFFLOT, ET RUE TOULLIER, 13.

1886

FACULTÉ DE DROIT DE TOULOUSE

MM. Bonfils, ✻, I ⟨⟩, doyen, professeur de Droit commercial.

Bressolles (G.), ✻, I ⟨⟩, professeur de Code civil.

Ginoulhiac, ✻, I ⟨⟩, professeur de Droit français dans ses origines féodales et coutumières.

Poubelle, O. ✻, I ⟨⟩, professeur de Code civil, en congé.

Arnault, ✻, A ⟨⟩, professeur d'Économie politique, en congé.

Deloume, A ⟨⟩, professeur de Droit romain.

Paget, A ⟨⟩, professeur de Droit romain.

Campistron, A ⟨⟩, professeur de Code civil.

Wallon, A ⟨⟩, professeur de Droit administratif.

Bressolles (J.), agrégé, chargé du cours de Procédure civile.

Vidal, agrégé, chargé du cours de Droit criminel.

Hauriou, agrégé, chargé du cours d'Histoire générale du Droit.

Brissaud, agrégé, chargé d'un cours de Code civil.

Rouard de Card, agrégé, chargé d'un cours de Droit international privé.

De Boeck, agrégé, chargé du cours d'Économie politique.

Blondel, agrégé, chargé du cours de Droit constitutionnel.

M. Moussu, secrétaire.

M. Humbert, O. ✻, I ⟨⟩, sénateur, professeur honoraire.

M. Huc, I ⟨⟩, conseiller à la Cour d'appel de Paris, professeur honoraire.

M. Molinier, O. ✻, I ⟨⟩ professeur honoraire.

Président de la Thèse : M. Campistron.

Suffragants : { MM. G. Bressolles. / Paget. / De Boeck.

La Faculté n'entend ni approuver ni désapprouver les opinions particulières du candidat.

MEIS

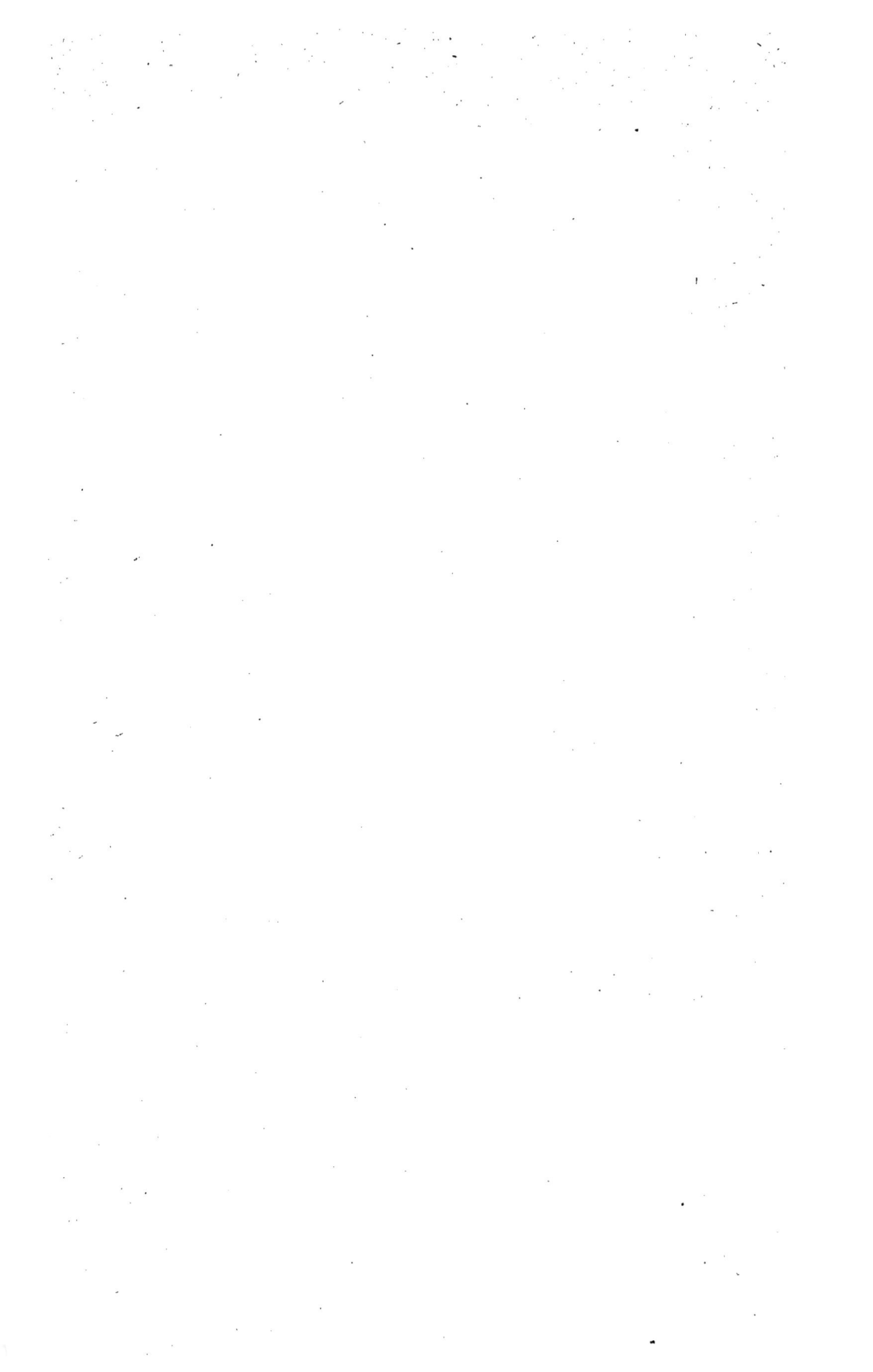

BIBLIOGRAPHIE

ACCARIAS, *Précis de Droit Romain*, 3ᵉ édition, tome I, n° 309; — ACCARIAS, *Rapport sur le Concours général des Facultés de Droit*, Journal officiel, 8 nov. 1884; — AUBRY et RAU, *Cours de Droit Civil français*, 4ᵉ édition, pass. et præc., T. VII, p. 259 à 260, 276 à 280; T. VIII, p. 104.

BARTOLE, *Commentaria in primam Digesti partem ap.* L. 45; D. 24, I. — BASNAGE, *Coutumes de Normandie*, 4ᵉ édition, Rouen, 1778, art. 434; — BONNET, *Des dispositions entre époux par contrat de mariage et pendant le mariage*, T. III; — BOU-TRY-BOISSONNADE, *Essai sur l'histoire des donations en-tre époux et leur état d'après le Code civil.* Paris, 1852.

CAMBE, *De la forme des donations entre vifs.* Toulouse, 1870; — CHAMPIONNIÈRE et RIGAUD, *Traité des droits d'Enregistrement*; — CHESNELONG, *Des donations déguisées* etc. Paris, 1876; — CHOPIN, *Des libéralités indirectes.* Paris, 1876; — COLMET DE SANTERRE (et DEMANTE), *Cours analytique de Code civil*, sur l'art. 1099 et l'art. 1595; — GIUSEPPE CENERI, *Proposta di conciliazione* tra la L. 5, § 5, et la L. 7, § 4, de don. int. vir. et ux. Archivio giuridico T. IX; — CUJAS, *Editio altera Pratensis*, 1859-1871, pass. et præc. T. IV c. 1284, T. V, c. 448.

DEMANGEAT, *Cours élémentaire de Droit Romain*, T. I; — DEMANTE, *De la loi et de la jurisprudence en matière de donations déguisées.* Recueil de l'Académie de législation, T. IV; — DELOYNES, *Des contrats entre époux en Droit Français*

Poitiers, 1864; — DELSOL, *Revue pratique*, T. I. p. 433; — DEMOLOMBE, *Droit civil Français*, pass. et præc. T. II n° 1040, T. XIV, n° 442. T. XX, n° 55, T. XXIV n° 246; — DONELLI, *Commentarii de jure civil*, T. XIV, éditio sexta.

PRÉSIDENT FABRE, *De erroribus pragmat. et interpr. juris* Genève, 1612, dic 45, error 8; — FENET, *Travaux Prépara-toires du Code Civil*, T. XII; — DE FERRIÈRE, *Commentaire sur la coutume de Paris*; — FURGOLE, *Commentaire sur l'Or-donnance de 1731*, p. 17. — *Questions sur les donations*, quest. I, n° 32, quest. 8 n° 1.

SCIPIO GENTILIS, *Tractatus de donationibus inter virum et uxorem*; — GINOULHIAC, *Histoire du régime dotal*, p. 321; — GLUCK, *Ausführliche erlauterung der Pandecten Erlangen*, 1790.

HAURIOU, *Des contrats à titre onéreux entre époux*. Bordeaux 1880; — HERBAULT, *Des assurances sur la vie*, T. IV, n° 250.

LABBÉ, *Notes sous arrêts de Cassation*, Sir., 1877, 1, 393; — LAROMBIÈRE, *Théorie et pratique des obligations*; — LAURENT, *Principes de Droit Civil*, pass. et præc. T. VII, n° 75, XII, n°s 346 à 354, XIII, n°s 18 et 76, XVIII, n° 335.

MARCADÉ, *Explication du Code Civil*, sur l'art. 1099; — MEERMAN, *Novus thesaurus Juris Civilis*. T. IV, p. 670; — MACHELARD, *Des obligatious naturelles en Droit Romain*, p. 80; — MAYNZ, *Cours de Droit Romain*, 3° édition. T. II et III; — MERLIN, *Questions de Droit. Stipulation pour autrui* § 1; — MERVILLE, *Revue Pratique*, 1863, T. XV, p. 74; — MOLITOR, *Cours de Droit Romain approfondi*, 2° édition. T. II; — MOLINÆI *Opera-Tractatus de inoffic. test. et don.*; — MOURLON, *Traité de la Transcription*, T. I, n° 120.

PARDESSUS, *Textes de la loi Salique*, 1845 p. 678; — PO-THIER, pass. et præc. *Pandectes de l'empereur Justinien* T, 9. *Traité des donations entre mari et femme*; — PUCHTA, *Cur-sus der Institutionem*. II p. 205; Leipzig, 1870.

CAMILLE RÉ, *Etude de législation comparée sur les dona-tions. — Revue de Droit international* T. III et IV; — RICARD,

Traité des donations entre vifs et test. T. I, p. 202 ; — RODIÈRE et PONT, *Du contrat de mariage.* T. III ; — TAULIER, *Théorie raisonnée du Code Civil* ; — TOULLIER, *Droit Civil Français.* T. XIII, n° 270 ; — TROPLONG, *Donations et testaments.* T. III.

DE SAVIGNY, *Traité de Droit Romain,* trad. Guénoux. T. IV. VANGEROW, *Lehrbuch der Pandecten,* Leipzig, 1876, 1, § 121 ; — VERNET, *Des donations déguisées, des donations faites par personnes interposées et des avantages indirects.* Revue Pratique. T. XV, 1863 ; — VOET, *Commentarius ad Pandectas.* Paris, 1829. T. V, n° 8.

WINDSCHEID, *Lehrbuch des Pandectenrechts.* Francfort. 1882, T. II § 365 et 509.

APERÇU THÉORIQUE

S'il est un sentiment que la loi doive encourager, c'est, semble-t-il, celui qui pousse l'homme à donner. La bienfaisance a été de tout temps considérée comme une vertu nécessaire ; par elle l'obligé peut reconnaître les services rendus, le riche adoucir les misères du pauvre et compenser les inégalités de la fortune. L'homme généreux qui, par un acte libre de sa volonté, se dépouille gratuitement en faveur de son semblable, remplit donc un devoir sacré, et il semble, tout d'abord, que le législateur devrait lui en faciliter l'accomplissement. Mais un danger était à craindre, et, par conséquent, à éviter : donner, en effet, c'est rationnellement se dépouiller d'une manière irrévocable, et cela sans compensation. Il y avait à redouter que sur un esprit faible les entraînements de la passion fussent plus forts que les conseils de la raison ; le mal eût été sans remède. La loi civile devait intervenir.

Protéger la famille contre des libéralités exagérées et l'auteur même de la libéralité contre ses propres entraînements : voilà le double but que la loi devait viser. Pour l'atteindre, qu'avait-elle à faire? Dans l'intérêt de la famille, il fallait réduire les libéralités dépassant un certain taux ; dans l'intérêt du donateur, il fallait déclarer nulles les libéralités suspectes de captation. Ces précautions légales sont

1

nécessaires, mais suffisantes ; car le législateur n'a pas le droit de s'interposer, lorsque l'intérêt de la famille ne l'exige pas et que la libéralité est le résultat d'un acte réfléchi et définitif. Une telle intervention serait une entrave apportée à la liberté de disposer, et, par conséquent, un abus d'autorité.

Ces restrictions à la faculté de donner ne devaient pas indifféremment s'appliquer à tous les actes de libéralité : tous, en effet, ne sont pas également dangereux. Les droits de la famille restent intacts, lorsque le donateur enrichit un tiers sans s'appauvrir lui-même ; et l'influence du gratifié n'est pas à redouter, lorsque l'appauvrissement du donateur n'entraîne pas un enrichissement correspondant. Donc, pour que l'œuvre de la loi soit légitime, il faut et il suffit qu'à l'intention libérale viennent s'ajouter ces deux éléments essentiels : l'appauvrissement du donateur et l'enrichissement du donataire. Mais ces trois éléments, dont la réunion forme la donation proprement dite, ne sont pas toujours et nécessairement contenus dans un même type d'acte juridique : ils peuvent se trouver mêlés à l'infinie variété des actes juridiques ; ils peuvent se cacher sous l'apparence d'un contrat à titre onéreux : la tâche du juge est de les y découvrir pour leur appliquer les restrictions légales.

C'est ce que la législation romaine avait admirablement compris. Pour sauvegarder les droits de la famille, elle avait imaginé la théorie des testaments inofficieux, qu'elle étendit peu à peu aux libéralités entre vifs : pour protéger le donateur contre sa propre faiblesse, elle avait déclaré nulles, puis simplement révocables, les libéralités entre époux, *ne mutuato amore invicem spoliarentur*. De plus, le droit romain, auquel on attribue si complaisamment l'épithète de formaliste, n'a jamais enfermé la donation dans un cadre juridique déterminé : le mot *donatio* lui-même n'est pas une expression technique, et il s'applique à tout acte de disposi-

tion à titre gratuit : les textes sont nombreux et formels.
La donation n'est donc pas un acte juridique spécial, il en
résulte que celui qui veut donner peut avoir recours aux
formes les plus diverses. — S'il veut aller droit au but qu'il se
propose, il gratifiera directement le donataire en lui trans-
férant la propriété d'une chose, ou bien en s'engageant envers lui, ou encore en lui faisant remise de sa dette. S'il
veut, au contraire, le gratifier indirectement, il désintéres-
sera son créancier, il lui consentira intentionnellement des
conditions avantageuses dans un contrat à titre onéreux,
ou bien encore il renoncera en sa faveur à un droit certain.
La donation peut donc affecter toutes les formes légales, de
sorte qu'il n'est pas possible *a priori* de discerner si un acte
juridique est ou n'est pas une donation ; il faut l'analyser.
Cette analyse, les jurisconsultes romains l'ont faite avec un
art merveilleux. Les textes nous les montrent décomposant
les contrats le plus essentiellement onéreux, la vente, par
exemple, ou le louage ; les disséquant, pour ainsi dire, afin
d'y surprendre la donation, et précisant avec une rigueur
mathématique le point où finit le *negotium* et où la libéralité
commence. Aussi, en droit romain, la théorie de la donation
est-elle une et homogène ; pas de différence entre les libéralités directes et les libéralités indirectes : dès qu'un acte
quelconque, synallagmatique ou unilatéral, a pour effet
médiat ou immédiat d'enrichir une personne aux dépens
d'une autre, qui s'appauvrit volontairement, il y a donation
proprement dite, et les restrictions légales sont applicables.

La législation française et la plupart des législations modernes ont compris tout différemment la donation. Le Code
civil, pour protéger les droits de la famille et la liberté du
donateur, a maintenu la révocabilité des libéralités entre
époux et a puisé dans le droit coutumier une théorie analogue à celle de la Légitime romaine, la théorie de la Réserve.
Mais ils est allé plus loin, et, à côté des règles de fond, il a

édicté des règles de forme : en droit français, la donation est un contrat solennel. Cette manière de la concevoir amène forcément à des contradictions étranges. De ce que la donation est un contrat solennel, il devrait, semble-t-il, résulter que l'inobservation des formalités prescrites par la loi entraîne la nullité de la libéralité. L'ypothèque aussi est un contrat solennel, et si les formalités légales ne sont pas accomplies, l'immeuble reste libre, malgré l'intention évidente des parties. Le législateur lui-même en a décidé autrement en matière de donation : les textes du Code reconnaissent la légalité des avantages indirects : de plus, une jurisprudence constante et définitive tient pour valables les libéralités déguisées. Or c'est un manque absolu de logique, car cette alternative s'impose : ou bien la solennité est un élément constitutif de la donation, et alors la loi doit considérer comme inexistants tous les actes de libéralité auxquels cet élément fait défaut : ou bien elle ne l'est pas, et alors ce n'est plus qu'une précaution vexatoire et inutile, qu'il faut supprimer. Et qu'on ne dise pas que le législateur, en validant les donations indirectes, a voulu consacrer ce principe, qu'il est permis de faire indirectement tout ce qu'on peut faire directement; car ce principe, vrai en thèse générale, cesse de l'être à l'égard des actes juridiques qui ne peuvent être directement accomplis que moyennant l'observation de certaines formalités déterminées par la loi : la solennité est exclusive de toute forme indirecte.

On voit donc que le droit romain et le droit français, quoique partis de deux principes contraires, ont abouti en définitive à des solutions identiques : le premier par l'application logique et naturelle de ses règles fondamentales ; le second, grâce à l'abandon du principe qu'il avait admis. Pour faire la preuve de cette vérité, il m'a paru intéressant de rechercher comment les deux droits avaient compris et appliqué aux avantages indirects la restriction relative aux libéralités entre époux, que l'on peut considérer comme le type des restrictions légales en matière de donation. Cette thèse sera donc une étude comparée des deux législations. L'idée qui y présidera et qui en sera la conclusion, est celle-ci : la donation ne doit pas être considérée comme un acte juridique spécial, mais bien comme l'expression matérielle de la volonté de donner, qui peut se trouver contenue dans la plupart des actes juridiques. Cette vérité, que le droit romain avait consacrée et dont il avait déduit les conséquences pratiques avec une logique rigoureuse, s'est imposée au Code civil qui l'a adoptée, peut-être sans l'apercevoir très bien : en tous cas, la jurisprudence a complété son œuvre.

En droit romain, les textes qui se rapportent au sujet de cette thèse sont nombreux : j'examinerai les hypothèses qu'ils prévoient et, chemin faisant, j'essayerai d'en dégager la théorie générale. En droit français, je me propose de faire un examen doctrinal de la jurisprudence : le Code civil étant à peu près muet sur la plupart des questions que notre étude soulève, les tribunaux ont dû souvent intervenir et suppléer au silence de la loi. Nous aurons à examiner et à apprécier les principes qu'ils ont appliqués.

DROIT ROMAIN

INTRODUCTION

La prohibition des donations entre époux est le produit des mœurs. Inutile à l'époque primitive, où la *manus*, faisant tomber sous la puissance du mari la personne et les biens de la femme, rendait impossible toute donation de l'un à l'autre, elle devint nécessaire lorsque le mariage libre fut substitué au mariage *cum manu* et que le divorce pénétra dans les habitudes romaines. Les textes nous apprennent qu'on voulut conjurer un double danger, sans doute révélé par les faits : on voulut éviter que l'un des époux se dépouillât en faveur de l'autre sous l'influence d'une passion irraisonnée ou sous la menace d'un divorce prochain. On prit les moyens radicaux, et tout acte de libéralité fait entre époux pendant le mariage fut déclaré nul.

Mais cette prohibition devait cesser de s'appliquer là où ne se retrouvaient pas les causes qui l'avaient produite. Les jurisconsultes romains l'ont compris, et ils ont considéré uniformément comme valables tous les actes de libéralité, où n'étaient pas réunis les deux éléments constitutifs de la

donation proprement dite : l'appauvrissement du donateur
et l'enrichissement correspondant du donataire. *Hoc autem
ex eo venit, quod definiri solèt, eam demum donationem impediri
solere, quæ et donantem pauperiorem, et accipientem facit locuple-
tiorem.* (L. 5, § 8. D. *de donationibus inter virum et uxorem*, 24),
Partant de ce principe, ils ont validé, par exemple , toutes
les donations de fruits et d'intérêts.(L.17 pr.D.,h. t.), celles
qui consistent dans la répudiation *in favorem* d'un legs ou
d'une hérédité (L. 5, § 13 et14; D.,h. t.) ou dans le payement
d'une dette avant l'échéance du terme (L. 31, § 6), parce
qu'elles ne diminuent pas le patrimoine du donateur; ils
ont validé les donations portant uniquement sur l'usage d'une
chose, ou faites par la femme à son mari en vue de lui obtenir des honneurs (L. 18, 40, 41), et cela, parce qu'elles n'aug-
mentent pas le patrimoine du donataire.

La sanction de la prohibition, c'est l'inexistence juridique
de la donation. *Sciendum autem est, ita interdictam inter virum
et uxorem donationem, ut ipso jure nihil valet quod actum est.*
Si donc la donation n'a pas été exécutée, le donataire n'a
à sa disposition aucun moyen légal pour forcer le donateur
à l'exécuter. *Et si stipulanti promissum sit, nihil valet.* Si la
donation a été exécutée, la loi répute non accomplis les
actes d'exécution : *ipso enim jure, quæ inter virum et uxorem
donationis causa geruntur, nullius momenti sunt* (L. 5, §10; D. h. t.);
il en résulte que le donateur a le droit de se placer dans la
situation qu'il aurait, s'il n'avait pas exécuté la donation.
Par quels moyens légaux y arrivera-t-il? Ces moyens, il
les trouve dans le droit commun. Remarquons, en effet,que
ce qui constitue la donation prohibée, c'est l'enrichissement
du donataire correspondant à l'appauvrissement volontaire
du donateur ; cet enrichissement, la loi le considère comme
acquis par le donataire sans cause ou en vertu d'une cause
illicite : l'action normale que le donateur peut intenter,
c'est donc la *condictio sine causa vel ex injusta causa, condictio*

qu'il a, dans tous les cas, à sa disposition. (L. 6; D., h. t.)

Mais cette action n'est pas la seule que le donateur trouve dans le droit commun. Lorsque la donation prohibée a été exécutée par la tradition d'une chose, la loi réputant non avenus les actes d'exécution, le donateur est resté propriétaire malgré la livraison et, si la chose n'a pas été consommée, il peut exercer la *rei vendicatio*. (L. 3, § 10 et 11. — L. 5, § 18. — L. 36.) Si la chose a péri par le dol du donataire, le donateur trouvera encore dans le droit commun l'action *ad exhibendum* et même l'action de la loi *Aquilia*. (L. 37 A. D. h. t., — L. 27, § 30. D. *ad. leg. Aquil.* 9. 2.) Enfin les textes vont plus loin, et ils accordent à l'époux donateur une *rei vindicatio utilis*, toutes les fois que la chose donnée a été transformée en un autre corps certain par le fait du donataire. (L. 29, § 1, 30, 55; D., *de don. int. v. et ux.*) Mais dans les divers cas où le donateur peut intenter la *condictio* ou la *rei vindicatio directa* ou *utilis*, l'action ne lui sera donnée que dans les limites où l'époux donataire se trouve enrichi au moment de la *litis contestatio*, et cela quand même cet enrichissement serait inférieur à l'appauvrissement correspondant. (L. 5, § 18.) Ce résultat s'explique très bien par cette considération que, pour la part dont l'enrichissement est supérieur à l'appauvrissement, il y a donation permise puisque l'un des éléments constitutifs de la donation prohibée fait défaut. Pour le même motif, l'époux donataire sera libéré, si la chose vient à périr par cas fortuit avant la *litis contestatio*.

Cette législation se maintint à Rome pendant près de six siècles. Vers la fin du règne de Septime-Sévére, un sénatus-consulte fut rendu, sur la proposition de Caracalla, qui en adoucit les rigueurs. Parti de cette idée, que la volonté constante jusqu'à la mort est une volonté libre et raisonnée, il valida la donation avec effet rétroactif, si l'époux donateur meurt avant l'époux donataire. Mais, en principe, la donation reste nulle (L. 32, § 13. — L. 33), et, par conséquent, si le donateur survit à l'époux gratifié, ou si, pendant le mariage, il vient à se repentir, il peut, suivant les cas, intenter la *condictio sine causa*, la *rei vindicatio*, et même l'action *ad exhibendum*. Le sénatusconsulte de Caracalla est-il général ou bien s'applique-t-il seulement aux *donationes rerum*? Grande est la controverse que je ne veux pas discuter ici; mais, pour la trancher d'un mot, il me paraît que la loi 32, § 23, est formelle en faveur du système qui applique le sénatusconsulte à toutes les donations. *Et generaliter universæ donationes, quas impediri diximus, ex oratione valebunt.*

La donation entre époux, ainsi validée par le prédécès du donateur, avait tous les caractères de la *mortis causa donatio*; les jurisconsultes lui appliquèrent les dispositions de la loi Falcidie, et sauvegardèrent, par ce moyen, les intérêts de la famille que la prohibition avait jusque là complètement protégés. (L. 32, § 1 *in fine*.) Plus tard, lorsque Justinien la fit rentrer définitivement dans la catégorie des libéralités entre vifs, l'action *ad exemplum inofficiosi testamenti*, dont la création remontait déjà au règne d'Alexandre Sévère, conserva intacts les droits du légitimaire. Enfin, pour garantir les enfants issus d'un précédent mariage contre des spoliations injustes, la constitution *Hac edictali* décide que l'époux qui se remarie ne pourra donner à son nouveau conjoint qu'une part d'enfant du premier lit le moins prenant. (L. 6; C., *de sec. nupt.*, 5, 9.)

Voilà, résumé dans ses traits essentiels, le système du droit romain en matière de donations entre époux; je me propose de soutenir qu'il est général et qu'il s'applique à toutes les donations, en particulier aux donations indirectes.

CHAPITRE PREMIER

DES DONATIONS DIRECTES, DES DONATIONS INDIRECTES ET DES
DONATIONS DÉGUISÉES. — DISTINCTION. — CARACTÈRES
GÉNÉRAUX DES DONATIONS INDIRECTES.

En droit romain, nous l'avons vu, donner, c'est, *stricto sensu*, enrichir un tiers en s'appauvrissant volontairement; et, comme la loi ne voit pas dans la donation un acte juridique spécial, elle n'impose aucune forme particulière. Le donateur peu donc user de tous les moyens légaux et atteindre le but qu'il se propose soit directement, soit indirectement : de sorte que, pour être rigoureusement exact, il faut dire que la donation est directe ou indirecte suivant que le moyen qui la réalise est lui-même direct ou indirect, et que l'enrichissement du donataire est le résultat médiat ou immédiat de l'appauvrissement du donateur. Quels sont donc les traits caractéristiques de la donation directe ? Je la définis ainsi : C'est celle qui résulte d'un acte dont l'intention de libéralité est la cause première et le but unique. Cette définition comprend les quatre élément suivants : *a*. La donation directe résulte d'un acte positif et non d'une abstention; *b*. Cet acte, qui peut être une dation, une stipulation, un pacte de remise ou une acceptilation, intervient entre le donateur et le donataire; *c*. Il intervient dans le seul but de réaliser la donation; *d*. Il n'a par lui-même aucune valeur propre, aucune existence indépendante de la volonté de donner qu'il réalise. Il y a donation directe lorsque ces

quatre conditions se trouvent réunies : la dernière seule
exige des explications, elle n'est d'ailleurs que la conséquence des autres. Je prends l'exemple le plus simple, celui
d'une donation par voie de dation : le donateur fait à celui
qu'il veut gratifier la tradition de la chose, que je suppose
nec mancipi. Il est évident que cette tradition n'est un acte
juridique et ne transfère la propriété au donataire que
parce qu'elle est vivifiée par la volonté de donner ; supprimez la volonté de donner, et il ne reste plus qu'un acte
matériel, sans conséquences juridiques. Ce qui est vrai de la
tradition, l'est aussi de la stipulation. La stipulation, en effet,
qui, par hypothèse, intervient entre le donateur et le donataire
dans le seul but de rendre la donation obligatoire, ne se comprend plus si l'on fait abstraction de la volonté de donner.
Et qu'on ne m'oppose pas que les paroles solennelles suffisent seules pour constituer la stipulation, car il m'est facile
de répondre qu'il n'y a pas stipulation sans consentement
ex utriusque consensu stipulatio valet (L. 83, § 1. — L. 37, § 1 ;
D., *de verb. oblig.*, 45, 1), et que dans l'espèce le consentement se confond avec la volonté de donner. Le même raison-
nément peut s'appliquer à l'acceptilation : faite *donationis causa*
et supposant un rapport immédiat entre le donateur et le
donataire, elle puise toute sa raison d'être dans la volonté
de donner qu'elle réalise. Si l'on m'objectait que l'acceptilation, reposant sur l'idée d'un payement fictif est, par suite, un
moyen indirect de parfaire une donation, je répondrais que
cette fiction, contraire à la réalité et d'ailleurs incompatible
avec toute idée de libéralité, n'a été inventée par les jurisconsultes que pour expliquer le mécanisme de l'acceptilation. J'en dirai autant de la *mancipatio* et de l'*in jure cessio*
qui sont incontestablement des moyens directs de parfaire
les donations, bien qu'elles s'expliquent l'une par l'idée
d'une *imaginaria venditio*, l'autre par l'idée d'un procès fictif.

La donation est indirecte lorsqu'elle ne remplit pas les

quatre conditions qui viennent d'être signalées ; c'est donc celle qui résulte soit d'une abstention volontaire ou d'un acte positif constatant une abstention volontaire du donateur, soit accessoirement d'un contrat à titre onéreux intervenu entre le donateur et celui qu'il veut gratifier, soit d'un acte juridique passé entre le donateur et un tiers étranger à la donation. Je prends des exemples : le propriétaire d'un fonds laisse éteindre une servitude par le non-usage, et cela *animo donandi ;* — une vente est conclue, et le vendeur, pour gratifier l'acheteur, lui cède la chose à moitié prix ; — le créancier d'une personne est désintéressé par un tiers qui veut faire une libéralité au débiteur. Dans ces divers cas l'enrichissement du donataire n'est pas la conséquence immédiate de l'appauvrissement du donateur ; il y a, pour ainsi dire, entre ces deux éléments une solution juridique de continuité. L'acte qui conduit à la donation se suffit à lui-même ; il a par lui-même une valeur absolue ; supprimez l'intention de libéralité, et il n'en subsistera pas moins avec ses effets juridiques.

Ces principes posés, examinons quelles conséquences en découlent. La donation directe, supposant un rapport immédiat entre le donateur et le donataire, et étant réalisée par des actes qui, de leur nature, sont consensuels, est nécessairement conventionnelle : il n'y a pas donation sans l'acceptation expresse ou tacite du gratifié. Les textes qui le prouvent sont nombreux. *In omnibus rebus quæ dominium transferunt, concurrat oportet affectus ex utraque parte contrahentium ; nam sive ea venditio, sive donatio, sive conductio, sive quælibet alia causa contrahendi fuit, nisi animus utriusque consentit, perduci ad effectum quod inchoatur non potest.* (L. 55 ; D., *de oblig. et act.*, 44,7.) C'est ce que reconnaît le jurisconsulte Julien dans la loi 36 (D., *de adq. rerum dom.*, 41,1), où, en présence d'une tradition faite à titre de donation et reçue à titre de prêt, il décide qu'il n'y a ni donation ni *mutuum*, et Ulpien approuve cette opinion. (L. 18; D., *de reb. cred.*, 12, 1.) L'antinomie que l'on a relevée dans ces deux textes porte uniquement sur la question subsidiaire, indifférente à cette thèse, de savoir si la propriété a été transférée. D'une donation directe il est vrai de dire : *nolenti liberalitas acquiri non potest.* La donation indirecte, au contraire, qui ne suppose entre le donateur et le donataire qu'un rapport médiat, n'est pas nécessairement conventionnelle, et voici la conséquence : la donation sera parfaite malgré le défaut d'acceptation et même malgré l'ignorance du bénéficiaire ; la connaissance que le donataire peut avoir de la libéralité est, en droit, indifférente. Cette seconde proposition est confirmée par les textes. Venuleius, dans la loi 25, § 1 (D., *quæ in fraud. cred.*, 42, 8), examine une constitution de dot faite au mari par un tiers en fraude des droits de ses créanciers, et, supposant que les deux époux ne sont pas complices de la fraude, il accorde aux créanciers l'action Paulienne contre la femme seulement : le jurisconsulte considère donc la constitution de dot comme une donation à l'égard de la femme, et cependant la dot peut être constituée sans son consentement. Paul reconnaît, dans la loi 53 (D., *de Reg. juris*, 50, 17), qu'il y a donation, lorsqu'une personne, sachant n'être pas débitrice, paye à une autre qui croit être sa créancière ; et Pomponius, plus formel encore, décide qu'un débiteur peut être libéré à son insu et même malgré lui par le paiement qu'un tiers donateur fait de sa dette. (L. 23 ; D., *de sol. et lib.*, 46, 3). Des deux propositions que les textes nous ont autorisés à émettre, il résulte donc que la donation est toujours conventionnelle, si le moyen qui la réalise est direct, et qu'elle peut être un acte unilatéral, s'il est indirect ; mais il résulte aussi que, considérée en elle-même et indépendamment de ses moyens d'exécution, la donation ne suppose pas nécessairement l'accord des volontés, qu'elle n'est pas par essence un contrat. Je me borne à poser ici le principe, et, comme il est contesté par beaucoup d'auteurs, j'essayerai de le démontrer plus loin.

La donation indirecte ne doit pas être confondue avec la donation déguisée. Il y a donation déguisée, lorsque le contrat à titre onéreux, intervenu entre deux personnes, n'est qu'une apparence vaine et a pour but unique de cacher une libéralité. Une vente, par exemple, a été conclue, et les parties ont convenu, au moment même du contrat, que le prix ne serait pas payé. Un tel acte constitue en réalité une donation, puisqu'il a pour effet de faire passer sans équivalent une chose du patrimoine de l'une des parties dans le patrimoine de l'autre; mais la libéralité est dissimulée et, pour la découvrir, il faut déjouer une fraude. *Aliud agitur, aliud simulatur*. La donation indirecte, au contraire, ne suppose pas la fraude. Si, par exemple, je vends une chose à moitié prix dans l'intention d'avantager l'acheteur, le contrat de vente, qui contient la libéralité indirecte, est sérieux, et la donation se combine avec lui d'une manière manifeste, sans simulation; pour l'évaluer, il suffit de décomposer le contrat. Les jurisconsultes romains de l'époque classique ont fait cette distinction avec soin : en principe ils déclaraient valables les donations indirectes, et inexistantes les donations déguisées. Je ne citerai ici que les textes généraux; ils décident tous que le contrat à titre onéreux sous l'apparence duquel se dissimule une libéralité, ne vaut ni comme contrat, car l'action ne peut pas naître, l'un des éléments essentiels à l'existence du contrat faisant défaut, ni comme donation, car un simple pacte ne peut pas créer un lien de droit obligatoire. Labéon reconnaissait déjà qu'une société contractée *donationis causa* était nulle. (L. 16, § 1; D., *de min.* XXV *annis.*, 4, 4.) Paul dit la même chose à propos du louage. (L. 20, § 1; D., *loc. cond.*, 19, 2.) Enfin Ulpien, dans la loi 38 (D., *de contrah., empt.*, 18, 1), résume la théorie romaine sur les donations indirectes et les donations déguisées : *Si quis donationis causa*

minoris vendat, venditio valet. Toliens enim dicimus venditionem
non valere, quotiens universa venditio donationis causa facta est;
quotiens vero viliore pretio res, donationis causa, distrahitur,
dubium non est vendilionem valere. Le texte d'Hermogénien
(L. 6 ; S., *pro. don.*, 41, 6), que l'on a voulu opposer à cette
théorie, ne la contredit point, car il suppose que la chose à
été livrée, ce qui transforme absolument l'opération juridique.

Le but de ce chapitre a été de déterminer les caractères
de la donation indirecte, en la distinguant de la donation
directe et de la donation déguisée. A la donation indirecte,
ainsi limitée et définie, je vais rechercher comment le droit
romain a appliqué les règles restrictives des libéralités
entre époux.

CHAPITRE II

DE LA PROHIBITION DES DONATIONS INDIRECTES ENTRE ÉPOUX

§ 1ᵉʳ. — *Étendue de la prohibition.*

La donation indirecte, nous l'avons vu, n'est pas nécessairement conventionnelle. Certains auteurs ont contesté ce principe, et, en sens contraire, ils ont affirmé que la donation suppose toujours l'accord des volontés. Voici leur théorie : la libéralité qui résulte d'un acte unilatéral n'est pas une donation, et, par conséquent, les restrictions légales ne doivent pas lui être appliquées. Cette théorie est résumée par de Wangerow en ces termes : « Ainsi il n'y a pas vraie donation quand je laisse sciemment usucaper ma chose par un tiers, tant que celui-ci n'a pas conscience de mon droit ; tandis qu'il y aura donation quand le tiers aura mis sciemment à profit cet état de choses. Il ne faut pas dire que l'acte, dans le cas que nous examinons, soit nul jusqu'à l'acceptation du donataire, mais que seulement il n'est pas soumis aux règles des donations. » (Wangerow, *Lehrbuch der Pandecten*, I, § 121.) Ce système est contredit par les textes, car Ulpien, supposant dans les lois 5, § 4, et 7, § 7 (D., *de don. int. v. et ux.*) que le mari a payé une dette de sa femme ou s'est engagé à la payer, applique à ces hypothèses la prohibition des donations entre époux, et Javolenus donne la même solution dans la loi 50 pr. (D., h. t.). J'ajoute qu'il est contraire à l'esprit de la législation romaine en matière de donation : nous savons, en effet, que par le mot *donatio* les jurisconsultes

désignent tout acte de libéralité, consensuel ou non consensuel (L. 5, § 6 ; D., 24, 1. — L. 14 ; D., *de donat.* ; 39, 5. — L.
53., D., *de Reg.juris.*, 50, 17) ; or, pour appliquer les restrictions légales, ils exigent seulement que l'acte de libéralité entraîne un appauvrissement du donateur et un enrichissement
correspondant du donataire. (L. 5, § 8 ; D., *de don. int. v. et ux.*)
Aucun texte ne fait mention d'une troisième condition, qui
serait l'acceptation expresse ou tacite du gratifié ; j'ai donc
le droit de conclure que cette acceptation est indifférente.
D'ailleurs, dans le système que je combats, les restrictions
légales et en particulier la prohibition des donations entre
époux deviennent fatalement des mesures illusoires ; en
effet, pour tourner la loi et pour recevoir une libéralité permise, la femme contractera des dettes que son mari payera
à son insu. A cette objection on a essayé de répondre.
« Pour que la prohibition produise son effet, dit Puchta, il
faut supposer une demande en restitution adressée à la
femme donataire : or, au moins à ce moment, la femme aura
connaissance de la libéralité, et alors, soit qu'elle puisse
encore accepter, soit qu'elle ne le puisse pas, la femme devra, dans les deux cas, rembourser son mari, mais pour des
motifs différents : dans le premier cas, à cause de la prohibition ; dans le second cas à cause du défaut d'acceptation. »
(Puchta, *Cursus der institutionen.* II, § 205.) Cet argument ne
porte pas, car, pour qu'il portât, il faudrait que la demande
en restitution, fut possible ; or cette demande en restitution,
dans le système que je combats, ne repose sur aucun fondement, puisque, tant que le donataire n'a pas acccepté, il
y a libéralité permise.

M. Accarias, qui reconnaît que l'acceptation du donataire
n'est pas un élément essentiel à la validité de la donation, enseigne néanmoins que la prohibition des libéralités entre époux n'est pas applicable aux donations non
conventionnelles. Il base son opinion sur un argument de

texte tiré de la loi 44 (D., *de don. inter vir, et ux.*), et sur cette considération que « les motifs qui expliquent la prohibition manquent absolument dans les cas où le donataire a été gratifié sans le savoir ». (*Précis de droit romain*, t. I, p. 742, note 3.) J'essayerai plus loin de réfuter l'argument de texte, mais à la considération morale il me paraît que, dès à présent, je puis répondre par l'objection que je formulais plus haut. L'époux qui voudra enfreindre les prescriptions légales forcera son conjoint à le gratifier par un acte juridique qui n'exige pas le consentement simultané du donateur et du donataire, et le tour sera joué. Cette influence malheureuse et ces menaces de divorce que la loi redoute et qu'elle a voulu conjurer seront antérieures à l'acte constitutif de la donation, au lieu d'être concomitantes ; voilà tout.

Je conclus donc, en résumant cette discussion, que la prohibition des libéralités entre époux est générale et qu'elle s'applique aux donations non conventionnelles aussi bien qu'aux donations conventionnelles. Le système que j'ai soutenu est, je crois, le seul conforme aux textes et à l'esprit du droit romain.

§ 2. — *Des donations indirectes qui résultent accessoirement de contrats à titre onéreux intervenus entre le mari et la femme.*

Le droit romain n'a jamais restreint la liberté des époux en matière de contrats ; tous les contrats que la loi reconnaît et consacre peuvent licitement intervenir entre eux. Les textes sont formels et les exemples nombreux. Le jurisconsulte Scœvola, supposant dans la loi 28, § 13 (D., *de alim. vel transf. leg.*, 34, 3) qu'un mari a fait un legs ainsi conçu : « j'ordonne à mes héritiers de payer à ma femme les cinquante sous d'or qu'elle m'a prêtés », décide que ce fidéicommis n'est valable que si le mari n'est pas débiteur de sa femme : le jurisconsulte reconnaît donc qu'il est intervenu entre les deux époux un contrat de prêt valable, puisqu'il subordonne la validité du fidéicommis à l'existence même du *mutuum*. D'un autre côté, Ulpien se demande dans la loi 9, § 3, *in fine* (D., *de jure dotium*, 23, 3) par quelle action la femme pourra, à la dissolution du mariage, réclamer les choses à son usage qu'elle a apportées *in domo mariti* et qui ne font pas partie de sa dot; et il répond que la femme pourra agir par l'action *depositi* ou par l'action *mandati*, « *si custodia marito committitur.* » Le *commodat* peut aussi intervenir entre époux, avec ou sans *æstimatum;* il interviendra *cum æstimatione*, lorsque l'époux commodataire promettra à son conjoint de lui restituer la valeur de la chose. (L. 7, § 5; D. 24, 1). Quant au contrat de société, il intervenait souvent entre conjoints, pour atténuer les vices d'un système matrimonial d'où l'on avait banni toute idée de communauté; la *Societas omnium bonorum* était très en faveur à Rome et les textes nous donnent des détails précieux sur son mécanisme. Je ne citerai que la loi 16, § 3 (*De alim. vel. cib. leg.* 34, 1); elle suppose qu'une Société de tous biens avait existé pendant plus de quarante ans entre une femme et son mari, et que ce dernier, dans un testament où il instituait pour héritiers sa femme et son petit-fils par parts égales, avait fait un fidéicommis ainsi conçu : *item libertis meis quos vivus manumisi, ea quæ præstabam*. La question était de savoir si les esclaves qui, affranchis par les deux époux pendant la durée de la société, étaient ainsi devenus des *communes liberti*, avaient le droit de réclamer en vertu du fidéicommis les sommes entières qui leur étaient payées du vivant du mari. Scœvola répond qu'il leur est dû seulement ce que le mari payait pour sa part. Le louage était aussi très usité; mais le contrat qui intervenait le plus fréquemment entre les époux, c'était à coup sûr le contrat de vente. Les jurisconsultes romains l'ont étudié avec un soin particulier, et il suffit, pour s'en convaincre, de jeter un coup d'œil sur le titre *de donationibus inter virum et uxorem;* toutes les difficultés que peuvent faire naître les relations d'époux à époux existant entre le vendeur et l'acheteur y sont examinées et résolues.

Cette liberté trop grande, laissée aux époux de consentir entre eux tous les contrats reconnus et sanctionnés par le droit civil, pouvait être dangereuse : il y avait à craindre qu'une libéralité ne résultât indirectement des clauses d'un contrat à titre onéreux, et que les lois restrictives en matière de donations ne fussent ainsi trop facilement éludées. Ce danger, le droit romain avait su l'apercevoir, et il le conjura. Nous allons rechercher comment il concilia le principe de la liberté des conventions avec la prohibition des libéralités entre époux.

I. — **Contrats synallagmatiques.** — Les jurisconsultes romains, étudiant les effets d'un contrat de vente conclu entre deux époux, prévoient les cinq hypothèses suivantes : *a.* Le prix qui a été convenu représente exactement la valeur de la chose vendue ; *b.* Le prix est inférieur à la valeur de la chose, mais le vendeur qui l'a accepté n'a pas eu l'intention de faire une libéralité à l'acheteur; *c.* Le vendeur, en acceptant un prix inférieur à la valeur de la chose, a voulu gratifier l'acheteur ; *d.* Le prix qui a été convenu n'est pas sérieux ; la vente n'est qu'une forme destinée à déguiser une libéralité ; *e.* Un pacte est adjoint au contrat de vente, et ce pacte a pour effet de modifier son caractère de contrat à titre onéreux. La première hypothèse est l'hypothèse normale. La vente en effet, que les Romains font venir de l'échange, a pour but de transformer en argent une chose déterminée, et il est rationnel de penser que le vendeur ne consentira à se défaire de sa chose que si l'acheteur lui promet en retour le payement d'une somme qui en représente exactement la valeur. La seconde hypothèse est prévue par la loi 31. § 3 *in* *fine* (D., *de don. inter vir. et ux*); elle ne soulève d'ailleurs aucune difficulté, et la solution que donne Pomponius me paraît commandée par les principes. Tout contrat à titre onéreux, en effet, est une spéculation, et il est tout naturel que l'une des parties contractantes cherche à se faire consentir par l'autre les conditions les plus avantageuses. C'est ce que dit Paul dans la loi 22, § 3 (D., *loc. cond.*, 19, 2). « *Quemadmodum in emendo et vendendo naturaliter concessum est, quod pluris est minoris emere ; quod minoris sit, pluris vendere, et ita invicem se circumscribere; ita in locationibus quoque et conductionibus juris est.* » La vente est donc valable, bien que le prix convenu soit inférieur à la valeur de la chose, pourvu, toutefois, que le consentement des parties soit exempt de violence, d'erreur (1) ou de dol. Ce principe, vrai lorsque le contrat de vente intervient entre étrangers, ne pouvait pas cesser de l'être lorsque le contrat de vente intervient entre époux, et la loi romaine, qui reconnaît la parfaite validité de tous les contrats à titre onéreux passés entre conjoints, eût été illogique si elle ne l'avait pas appliqué à cette hypothèse. Le texte de Pomponius, que je visais plus haut, est formel : *Sine dubio licet a viro vel uxore minoris emere, si non sit animus donandi.*

Dans les deux cas que je viens d'examiner, le caractère entièrement onéreux du contrat est évident; les époux ont entendu faire une vente, et une vente seulement. Je vais étudier trois hypothèses dans lesquelles apparait un élément nouveau : l'*animus donandi*. L'un des époux a vendu à l'autre une chose pour un prix inférieur à la valeur réelle, et cela dans l'intention d'enrichir son conjoint : nous nous trouvons ici en présence d'une opération juridique complexe; deux éléments s'y rencontrent : une vente et une donation. Si cette opération juridique intervient entre étrangers, la solu-

---

(1) Cela n'est absolument vrai que jusqu'au règne de Dioclétien.

tion n'est pas douteuse ; la vente et la donation sont valables et obligatoires : la vente, parce que, au consentement des parties que je suppose non vicié par le dol, l'erreur ou la violence, viennent se joindre une *res certa* et un *pretium verum ;* la donation, parce que le donataire trouve dans l'action même du contrat de vente un moyen légal de forcer le donateur à l'exécuter. (L. 38 ; D., *de contrah. empt*, 18, 1.) Mais dans notre hypothèse le *negotium mixtum* est l'œuvre de deux époux, et, dès lors, un conflit semble inévitable entre deux dispositions légales qui agissent en sens contraire, puisque l'une est libérale et l'autre prohibitive. Fallait-il admettre l'indivisibilité du *negotium*, et décider, par conséquent, qu'il était valable pour le tout, ou nul pour le tout, suivant qu'on ferait prédominer les règles de la vente ou les règles de la donation ? Fallait-il, au contraire, distinguer dans le *negotium* l'élément onéreux et l'élément gratuit, et appliquer distributivement les règles de la vente et les règles de la donation ? Ces diverses solutions étaient possibles, mais je vais essayer de démontrer que c'est la dernière qui a définitivement prévalu. Remarquons, tout d'abord, qu'elle est incontestablement la plus logique. L'opération juridique, en effet, dont il s'agit, est double par hypothèse, mais les éléments qui la composent ne sont pas unis de telle façon qu'il soit impossible de les distinguer. Lorsqu'un mari vend à sa femme, pour le prix de six sous d'or, une chose qui vaut dix sous d'or, il y a vente jusqu'à concurrence de six et donation jusqu'à concurrence de quatre. L'opération est donc divisible, et l'on ne comprendrait pas *a priori* que l'élément gratuit absorbât l'élément onéreux, ou réciproquement. Qu'on n'objecte pas que l'acte doit être annulé pour le tout, parce qu'il a pour but de déguiser une donation, car il est facile de répondre que nous nous trouvons ici en présence d'une donation indirecte et non pas d'une donation déguisée ; pour qu'il y ait donation déguisée, il ne suffit pas en effet

qu'une libéralité soit contenue dans un contrat à titre onéreux, il faut encore, nous l'avons vu, que ce contrat n'existe
qu'en apparence. Mais, dira-t-on, le contrat est frauduleux,
parce qu'il contient une donation contre la prohibition de la
loi. Soit ; mais, en tout cas, il n'est frauduleux que pour partie, et, s'il est rationnel d'annuler ce qu'il y a en lui de gratuit, il est aussi rationnel de maintenir ce qu'il y a d'onéreux.
Les textes sont d'accord avec ces principes : *Circa venditionem quoque, Julianus quidem minoris factam venditionem nullius esse momenti ait. Neratius autem (cujus opinionem Pomponius non improbat) venditionem donationis causa inter virum et
uxorem factam, nullius esse momenti : si modo, cum animum maritus vendendi non haberet, idcirco venditionem commentus est, ut
donaret : enimvero, si cum animum vendendi haberet, ex pretio ei
remisit, venditionem quidem valere, remissionem autem hactenus
non valere, quatenus facta est locupletior. Itaque si res quindecim
venierit quinque, nunc autem sit decem, quinque tantum præstanda
sunt, quia in hoc locupletior videtur facta.* (L. 5, § 5, D., *de don.
int. vir et ux.*) Ce texte suppose bien qu'une vente a été conclue
entre époux et que le prix convenu est inférieur à la valeur
réelle de la chose. Julien décidait dans cette hypothèse que
la vente est nulle pour le tout ; mais Neratius et Pomponius,
et Ulpien avec eux, combattent cette solution qu'ils trouvent
trop rigoureuse, et qui, d'après ces jurisconsultes, doit seulement s'appliquer au cas où le prétendu vendeur, qui n'a pas
l'*animus vendendi*, a feint une vente pour cacher une donation.
Mais, dans l'espèce, le vendeur a eu tout à la fois l'*animus
vendendi* et l'*animus donandi* ; l'acte doit être, par conséquent,
déclaré valable pour partie : *venditio valet.* Le même principe
est de nouveau affirmé dans la loi 31, § 3 (D., h. t.) par Pomponius qui, supposant qu'un époux a vendu à son conjoint pour
le prix de cinq sous d'or deux esclaves d'une valeur de vingt-
cinq sous d'or, décide que cette vente est valable pour partie.
Enfin je citerai un texte d'Ulpien, tiré de la loi 32, qui, pour

moi, résume toute cette discussion, et qui distingue d'une manière frappante la donation indirecte et la donation déguisée. Après avoir reconnu dans le § 26 que la vente faite *donationis causa*, c'est-à-dire dans l'unique but de dissimuler une donation, est nulle pour le tout, entre époux aussi bien qu'entre étrangers, il ajoute dans le § 27 : *Plane si minoris res venierit donationis causa, vel postea pretium sit remissum, admittemus donationem valere ad senatusconsultum.* Ce texte, on le voit, ne met pas en doute la validité de la vente, il se borne seulement à reconnaître la nullité de la donation. Pour pouvoir dire, en effet, que la donation sera confirmée par le sénatusconsulte, il faut supposer qu'à la mort de l'époux donateur l'époux donataire aura un moyen légal de forcer les héritiers du donateur à l'exécuter, en cas de refus de leur part; or, ce moyen légal ne peut être évidemment que l'action *ex empto*, action qui ne peut naître que si le contrat de vente est lui-même valable.

Cette théorie, cependant, imposée par les principes et qui, je crois l'avoir démontré, a fini par prévaloir, n'était pas universellement adoptée, et on peut trouver dans le *Digeste* quelques traces du système qui déclarait le *negotium mixtum* nul pour le tout. C'est d'abord la loi 5, § 5, déjà citée, qui rappelle l'opinion de Julien pour la combattre ; c'est aussi la loi 17 princ. (D., *ad. s. c. Vell.*, 16, 1), où Africain décide, dans notre hypothèse, que la vente, *nullius momenti est*. Ulpien lui-même, dans la loi 38 (D., *de contrah. empt.*) semble adopter ce système, qu'il combat dans la loi 5, § 5 : *hoc inter cæteros : inter virum vero et uxorem donationis causa venditio facta pretio viliore, nullius momenti est.* L'antinomie n'est peut-être pas irréductible. Remarquons, en effet, que, tandis que les lois 5 et 32 sont extraites du même traité (*Commentaire à Sabinus*) et d'un livre où le jurisconsulte étudiait spécialement les donations entre époux, la loi 32 est extraite d'un passage des *Disputationes*, où sont exposés les principes de la vente.

Dans la loi 38, Ulpien, distinguant entre la donation indirecte et la donation déguisée, reconnaît qu'un contrat de vente à vil prix, fait *donationis causa*, vaut pour le tout, c'est-à-dire comme vente et comme donation. Cette proposition ainsi formulée était trop absolue, car elle ne pouvait pas s'appliquer à une vente intervenue dans la même hypothèse entre deux époux, vente qui ne vaut que pour partie, c'est-à-dire qui est nulle en tant qu'elle réalise une donation. C'est cette différence que le jurisconsulte a voulu exprimer, en passant, dans des termes peut-être trop absolus, et dont il est permis de croire qu'ils dépassaient sa pensée.

Je viens d'exposer les principes : quelles en sont les conséquences pratiques? Il faut distinguer suivant que le *négotium mixtum* a été ou n'a pas été exécuté. S'il n'a pas été exécuté, l'acheteur intentera l'action *ex empto* pour forcer le vendeur à accomplir son obligation ; la vente est valable en effet, l'action peut donc naître. Supposons que le vendeur ait volontairement accompli son obligation et livré la chose à l'acheteur : la validité du *negotium* n'étant que partielle, le vendeur n'a pas pu transférer l'entière propriété à l'acheteur, qui n'a par conséquent sur la chose qu'un droit de propriété porportionnel au prix convenu : l'acheteur et le vendeur sont donc copropriétaires. C'est Pomponius qui le dit dans la loi 31, § 3 : *Si duo mancipia fuerint, singula quinis digna, sed utrumque unis quinque donationis causa a viro mulieri, vel contra venierint, melius dicetur communia ea esse pro portione pretii.* L'époux donateur qui voudra faire tomber la donation, pourra donc exercer l'action *communi dividundo*, mais il aura toujours à sa disposition la *condictio*, qui lui sera donnée *quatenus locupletior factus est donatarius.* (L. 5, § 5 in fine.) *Itaque si res quindecim venierit quinque nunc autem sit decem, quinque tantum præstanda sunt, quia in hoc locupletior videtur facta.* Remarquons, du reste, que, la valeur de la chose étant dans les deux actions appréciée au moment de la *litis contestatio*, la perte provenant d'une diminution de valeur sera supportée par l'époux donateur, car, dans le second cas, son appauvrissement sera en réalité plus grand que l'enrichissement du donataire, et, dans le premier cas, le prix convenu qui, par hypothèse, n'a pas varié, représentera une part plus considérable de la chose.

J'arrive à la quatrième hypothèse ; elle ne m'arrêtera pas longtemps. Un contrat de vente est conclu entre époux ; mais ce contrat n'est qu'une apparence destinée à cacher une donation. La vente, par exemple, est faite *nummo uno*, ou bien le prix stipulé est tellement vil que les parties n'ont pas pu le considérer comme un prix sérieux. Nous avons vu, en distinguant cette hypothèse de l'hypothèse précédente, qu'une telle opération est nulle comme donation (1), parce qu'elle ne constitue qu'un simple pacte, et comme vente, parce que l'un des éléments essentiels à l'existence de toute vente fait défaut : le *pretium verum :* nulle entre étrangers, elle l'est à plus forte raison entre époux. (L. 38 ; D., 18, 1. — L. 10, § 2 ; D., *de acq. vel. am. poss.*, 46, 2.)

La dernière hypothèse est celle-ci : un pacte est joint *donationis causa* au contrat, et ce pacte modifie le caractère onéreux de la vente. Ce pacte peut porter sur les *substantialia* du contrat, et alors la vente cesse d'exister pour faire place à la donation : les époux, par exemple, ont convenu que le prix ne serait pas payé ou que la chose ne serait pas livrée. Il peut, au contraire, porter sur les éléments naturels du contrat, et alors la vente et la donation peuvent coexister : les époux, par exemple, ont convenu que le vendeur ne serait pas tenu de l'obligation de garantie. Pas de difficulté, si le pacte est joint *ex intervallo ;* constituant une donation, il doit être dans les deux cas considéré comme non avenu. La question est plus délicate, s'il est joint *in continenti*. La

(1) Cela n'est plus vrai à partir de Justinien.

raison de douter vient de ce que un .pacte, joint *in continenti*
à un contrat de bonne foi, se combine et ne fait, pour ainsi
dire, qu'un avec lui (L. 7, § 4 ; D., *de pactis*, 2, 14), et l'on
peut se demander si, étant donnée la situation des parties,
l'opération juridique n'est pas nulle pour le tout à raison
même de cette indivisibilité du pacte et du contrat. Il me
paraît néanmoins que la question peut se résoudre par la
distinction que je viens de faire. Si le pacte joint *in continenti* a pour effet d'anéantir l'un des éléments constitutifs
du contrat, l'obligation de livrer ou l'obligation de payer le
prix, il est certain que la vente n'est plus qu'un prétexte et
que les parties n'ont eu, à aucun moment, l'*animus vendendi* :
il n'y a dès lors qu'une donation qui doit tomber sous le coup
de la prohibition. Si, au contraire, le pacte porte sur un élément accessoire et simplement naturel du contrat, sur l'o-
bligation de garantie, par exemple, ce pacte constitue à
coup sûr une libéralité, mais cette libéralité n'absorbe pas
complètement le *negotium ;* l'*animus donandi* n'exclut pas ici
l'*animus vendendi*, le pacte est distinct du contrat ; l'opération, en un mot, peut être divisée, et le pacte seul doit disparaître. Les textes confirment cet théorie. *Si vir uxori vel
contra, quid vendiderit vero pretio et donationis causa paciscan-
tur, ne quid venditor ob eam rem præstet, videndum est quid de
ea venditione agatur : utrum res venierit, et totum negotium
valeat; an vero ut ea sola pactio irrita sit, quemadmodum
irrita esset, si, post contractam emptionem, novo consilio inito id
pacti fuisset actum? Et verius est, pactum duntaxat irritum esse.*
(L. 31, § 4, D., *de don. int. v. et ux.*) Pomponius distingue,
on le voit, entre le pacte joint *ex intervallo* et le pacte joint
in continenti, et il se prononce catégoriquement pour la nullité du premier et pour la validité complète de la vente
antérieurement convenue entre les deux époux. Relativement au second, il est plus hésitant ; il décide néanmoins
que *pactio sola irrita est* dans cette hypothèse : si les époux

ont convenu *ne quid venditor ob eam rem præstet* ; or, par cette formule, le jurisconsulte fait évidemment allusion à l'obligation de garantie. *Præstare* est en effet le mot technique qui la désigne, comme le prouvent les lois 5, 8, 30 et 31. (D. *de evictionibus*, 21, 2.) Lorsqu'il s'agit de l'obligation principale du vendeur, c'est-à-dire de l'obligation de livrer la chose, les jurisconsultes emploient toujours l'expression suivante : *ipsam rem præstare. Et in primis ipsam rem præstare venditorem oportet,* dit Ulpien dans la loi 11, § 2. (D., *de act. empt. et vend.*, 19, 1.)

Les mêmes hypothèses, *mutatis mutandis,* peuvent se présenter à l'occasion d'un contrat de louage conclu entre deux époux : elles comportent les mêmes solutions. Le louage, comme la vente, vaudra pour le tout, si la *merces* convenue représente exactement la valeur locative de la chose ou si, la *merces* étant inférieure à la valeur locative, l'époux locateur n'a pas eu l'*animus donandi.* Il vaudra pour partie seulement, si l'époux locateur, en acceptant une *merces* inférieure à la valeur locative, a eu l'intention d'enrichir son conjoint. Il ne vaudra enfin ni comme louage ni comme donation, s'il sert uniquement à déguiser une libéralité ; si, par exemple, il est fait *nummo uno* (L. 20, § 1. — L. 46 ; D , *loc. cond.*, 19, 2), ou pour une *merces* dérisoire. (L. 52. ; D., *de don. int. vir. et ux.*)

Nous appliquerons les mêmes principes à la société : comme la vente, elle peut contenir une donation indirecte ; comme la vente, elle peut servir à déguiser une donation. Il y a donation déguisée, lorsque l'un des époux s'engage seul à mettre quelque chose en commun, l'autre époux n'apportant rien ou faisant un apport dérisoire, ou bien lorsqu'un pacte joint *in continenti* au contrat fait disparaître un des éléments essentiels de la Société (1). Une telle opération,

---

(1) Les époux conviennent par exemple que l'un d'eux sera affranchi de toute participation aux pertes.

pour les motifs que j'ai exposés à propos de la vente, ne produit aucune action, elle ne vaut ni comme société, ni comme donation. *Si inter virum et uxorem societas donationis causa contracta sit, jure vulgato nulla est ; nec post decretum senatus, emolumentum ea liberalitas ut actio pro socio constituatur, habere poterit.* (L. 32, § 4 ; D., h. t. (1).) Il y a donation indirecte, lorsque l'un des époux fait à son conjoint des conditions avantageuses, avec intention de l'enrichir ; lorsque, par exemple, les apports étant inégaux, il est convenu que le partage s'effectuera par moitié. La libéralité résulte ici d'un pacte joint à un contrat de société sérieusement existant ; ce pacte doit être considéré comme non avenu, le partage s'effectuera proportionnellement aux apports.

II. — **Contrats unilatéraux.** — Sous cette dénomination de « contrats unilatéraux », je comprendrai les contrats synallagmatiques imparfaits ; je m'y crois autorisé par deux raisons : d'abord parce que cette dénomination de « contrats synallagmatiques imparfaits » n'est pas romaine et que les rares textes qui emploient l'expression « synallagmatique » l'appliquent toujours et seulement aux contrats synallagmatiques parfaits, ensuite parce que les contrats unilatéraux et les contrats que l'on est convenu d'appeler synallagmatiques imparfaits, ont ce caractère commun, qui est capital dans cette étude, de comprendre une seule obligation principale.

Si l'on compare le mécanisme d'un contrat unilatéral à celui d'un contrat synallagmatique, on se convainc facilement qu'il est juridiquement impossible qu'une donation ré-

---

(1) Le texte ajoute : « *Quæ tamen in commune tenuerunt fine præstituto revocanda non sunt.* » La donation qui est ainsi confirmée par la mort du donateur en vertu du sénatusconsulte a été réalisée au moyen d'une tradition à laquelle le contrat simulé de société a servi de juste cause. Mais tant que cette tradition n'est pas faite, la donation n'est pas obligatoire et, par suite, il n'y a point de confirmation possible.

sulte du jeu naturel d'un contrat unilatéral ; pour qu'un contrat unilatéral contienne une donation, il faut nécessairement qu'un élément naturellement étranger à ce contrat vienne s'y joindre. La raison est celle-ci : un contrat unilatéral, considéré absolument et dans ses éléments primordiaux, engendre une seule obligation, qui est toujours la même, et qui, déterminée par la nature du contrat, n'est pas susceptible par elle-même d'être augmentée ou diminuée ; il n'y a donc point place pour une donation. Tout contrat synallagmatique, considéré aussi absolument, suppose, par définition même, deux obligations principales corrélatives, mais ces obligations ne sont pas nécessairement équivalentes, et c'est précisément lorsqu'elles ne le sont pas, qu'il peut y avoir donation : la donation résulte donc de la non-équivalence des obligations principales qu'engendre le contrat. Je prends un exemple, pour rendre ma pensée plus claire. Je vends pour 5 000 une chose qui en vaut 10 000 : voilà une vente aussi simple que possible ; ses éléments essentiels, c'est-à-dire le consentement, la *merx* et le *pretium*, s'y trouvent, mais ils s'y trouvent seuls, aucun élément étranger n'est venu se joindre à eux ; et cependant cette vente contient une donation (1). Et qu'on remarque bien que la donation ne résulte pas ici d'un pacte, même joint *in continenti*, qui aurait fait à l'acheteur remise partielle du prix : telle n'a pas été mon hypothèse (2). J'ai supposé, au contraire, que l'obligation de l'acheteur était restée une, c'est-à-dire telle qu'elle avait été convenue, et n'avait, par conséquent, subi aucune modification ; la donation résulte du jeu naturel des éléments essen-

---

(1) Je suppose, bien entendu, que le vendeur a eu l'intention de faire une libéralité à l'acheteur.

(2) On peut supposer, si l'on veut, que l'acheteur ignore l'intention libérale du vendeur, ce qui exclut bien évidemment toute idée de pacte joint. La vente n'en contiendra pas moins une donation, car nous avons démontré qu'il pouvait y avoir des donations non conventionnelles.

tiels de la vente. Examinons maintenant l'hypothèse d'un contrat unilatéral. Je prête cent sous d'or à Titius ; ce *mutuum* engendre une seule obligation principale, l'obligation pour Titius de me restituer une somme égale à la somme prêtée, mais cette obligation est une et invariable, elle a uniquement pour cause la tradition des deniers qui l'explique et la limite. Si donc je veux que ce contrat de *mutuum* contienne une donation à l'adresse de Titius, il faut que je fasse intervenir un élément nouveau, il faut, que par un pacte joint *in continenti*, je consente à Titius remise partielle de sa dette : une telle opération est juridiquement possible, car la validité d'un pacte joint *in continenti* à un *mutuum ad minuendam obligationem* n'est pas contestée. Supposons maintenant que l'opération dont il s'agit soit intervenue entre époux ; il faudra lui appliquer la règle qui prohibe les libéralités entre conjoints. Or, je remarque que l'élément gratuit résulte ici du pacte joint *in continenti* au contrat, et j'en conclus que ce pacte doit être considéré comme non avenu : le *mutuum* revivant ainsi tout entier, l'époux prêteur pourra, par la *conditio ex mutuo*, poursuivre le payement de la totalité de sa créance.

Ce qui est vrai du *mutuum* est aussi vrai de tous les autres contrats unilatéraux. Prenons le dépôt par exemple : ce contrat engendre une seule obligation principale, elle est à la charge du dépositaire et consiste dans la restitution de la chose déposée. Si le déposant veut faire une donation au dépositaire, il devra, par un pacte joint *in continenti* au contrat, convenir avec le dépositaire que celui-ci restituera une somme d'argent inférieure à la valeur de la chose déposée. Ce pacte, lorsqu'il interviendra entre conjoint, sera considéré comme non avenu, et l'époux déposant pourra par l'action *depositi directa* poursuivre la restitution de la chose elle-même. Le même raisonnement est applicable au *commodat*, au gage, et même au mandat ; une donation peut résulter d'un contrat de mandat, lorsque, par exemple, par un pacte joint *in continenti*, le mandant dispense le mandataire de l'obligation de rendre compte : entre époux, un tel pacte doit être considéré comme n'existant pas.

On peut le remarquer, dans les exemples que j'ai choisis, j'ai toujours supposé que le pacte joint *in continenti* modifiait l'obligation principale née du contrat, sans toutefois l'anéantir complètement ; j'ai toujours supposé, en un mot, que le contrat unilatéral duquel résultait la donation avait une existence sérieuse. Qu'arriverait-il donc si le pacte joint *in continenti* avait pour effet d'anéantir totalement l'obligation principale ? Je n'hésite pas à répondre qu'une telle hypothèse est juridiquement incompréhensible, parce qu'elle repose sur une contradiction. C'est facile à démontrer pour le mandat ; que serait, en effet, un contrat de mandat dans lequel, par un pacte joint *in continenti*, les parties conviendraient que le mandataire est dispensé de l'exécution du mandat ? La démonstration est plus difficile à l'égard des contrats unilatéraux réels, car on peut m'objecter qu'un tel pacte constituera précisément le moyen de déguiser une donation sous l'apparence d'un *mutuum*, d'un *commodat*, d'un dépôt ou d'un gage. Je réponds que, à supposer que l'hypothèse fût réalisable, il y aurait à coup sûr donation, mais donation directe par voie de tradition, et non pas donation déguisée, car il n'y aurait même pas apparence de *mutuum*, de dépôt, de *commodat* ou de gage. Sans doute c'est la tradition qui constitue le contrat unilatéral réel, mais elle ne le constitue que si telle est l'intention des parties ; la tradition n'a que la valeur qui lui est attribuée par la volonté des cocontractants, or, dans notre hypothèse, la volonté des parties est évidemment exclusive de toute idée de contrat unilatéral réel. J'ajoute, d'ailleurs, que cette hypothèse est pratiquement impossible. Le donateur, en effet, n'a intérêt à déguiser sa donation que si une disposition légale lui interdit de donner, par exemple, la disposition qui prohibe les libéralités entre époux ; or, je comprends l'intérêt que peuvent avoir deux conjoints à déguiser une donation sous l'apparence d'un contrat de vente par exemple, car au donateur qui intente la *rei vindicatio*, le donataire peut répondre qu'il a acheté la chose et qu'il en est, par suite, définitivement propriétaire, et il a la chance de triompher, s'il arrive, ce qui est possible, que la fraude ne soit pas prouvée. Mais la situation ne serait plus la même dans l'hypothèse d'une donation déguisée sous l'apparence d'un contrat unilatéral réel ; le donateur, en effet, n'aurait pas intérêt à se prévaloir de la fraude, la restitution de la chose lui étant assurée par l'action même du contrat.

La théorie tout entière que je viens d'exposer trouve sa confirmation dans un texte de Papinien, que je vais essayer d'expliquer. *Si vir uxori donationis causa rem vilius locaverit, locatio nulla est ; cum autem depositum inter eas personas minoris, donativis causa, æstimatur, depositum est. Hæc ideo tam varie ; quia locatio quidem sine mercede certa contrahi non potest ; depositum autem et citra æstimationem quoque dari potest.* (L. 52 pr. ; D., *de don. int. vir. et ux.*) Voici les deux hypothèses que ce texte prévoit : 1° Un contrat de louage a été conclu, mais les *merces* convenue est dérisoire ; 2° Un contrat de dépôt a été conclu, et, par un pacte joint *in continenti*, les parties ont convenu que le dépositaire restituerait au déposant, non pas la chose elle-même, mais une somme inférieure à la valeur de la chose. Dans le premier cas, il y a donation déguisée, puisque à l'obligation du locateur ne correspond, de la part du locataire, aucune obligation sérieuse : le mot *vilius*, en effet, doit s'appliquer non pas à un prix vil, mais bien à un prix non sérieux ; ce qui le prouve, c'est que le jurisconsulte lui-même l'oppose dans la même phrase au mot *minoris* et que, dans la phrase suivante, il le traduit par cette expression *sine mercede certa*. Dans le second cas, au contraire, il

y a donation indirecte résultant d'un contrat sérieusement
existant entre les parties ; il ne s'agit pas, en effet, d'une
estimation faite *vilius*, mais d'une estimation faite *minoris*.
Les deux hypothèses sont donc tout à fait dissemblables ;
pour qu'elles puissent être comparées, il faut supposer avec
le texte que les contrats de louage et de dépôt sont intervenus entre époux, car, le pacte d'estimation joint *in continenti*
au contrat de dépôt constituant une donation et devant, par
suite, être considéré comme non avenu, on se trouve, dès
lors en présence d'un contrat de louage *sine mercede*, et d'un
contrat de dépôt *sine æstimatione*. Or Papinien reconnaît
qu'un contrat de louage *sine mercede* est absolument nul :
il se demande pourquoi il en est différemment du contrat de
dépôt, et il répond avec la logique et les principes : la *merces*
est, relativement au louage, un élément essentiel dont l'absence entraîne l'inexistence du contrat ; la *merces*, au contraire,
n'est, relativement au dépôt, qu'un élément accessoire dont
la présence est, par suite, indifférente à la validité du contrat.

APPENDICE AU § 2.

Des donations indirectes qui résultent de travaux faits par
l'un des époux sur le fonds de l'autre.

Voici l'hypothèse : l'un des époux a élevé des constructions avec ses propres matériaux sur le fonds de son conjoint, et cela *animo donandi*. Par quels moyens pourra-t-il
faire tomber cette libéralité ? Il faut distinguer suivant que
l'époux donateur est ou n'est pas détenteur du fonds de son
conjoint.

1° L'époux donateur n'est pas détenteur. Les lois 45 et 63.
(D., *de don. int. vir. et ux.*) prévoient cette hypothèse. Le
jurisconsulte Neratius, supposant que des matériaux donnés
par la femme avaient servi à élever une construction sur le
fonds du mari, accordait à la femme l'action *ad exhibendum*
qui, ayant pour but la démolition de l'édifice, rendait ainsi

possible la revendication des matériaux ; il écartait, dans ce
cas, l'application de la loi des douze Tables qui, tout en pros-
crivant l'action *ad exhibendum*, donnait au propriétaire des
matériaux une action *in duplum pretii*, par cette considération que les décemvirs n'avaient pas prévu l'hypothèse d'une
donation. Paul, qui expose l'opinion de Neratius, ne l'approuve qu'en partie : il reconnaît bien que la loi des
douze Tables n'est pas ici applicable, mais seulement en ce
qu'elle donne au propriétaire des matériaux une action *in
duplum pretii*, et il conclut que, dans notre espèce, la femme
donatrice aura, non pas une action *ad exhibendum ut tignum
solvatur*, mais l'action en revendication seule, et qu'elle devra
attendre, pour l'exercer, que, par une cause quelconque,
l'édifice ait été détruit. Ulpien enseigne la même opinion
dans la loi 45, où il décide que le mari donateur pourra,
dans notre hypothèse, enlever les matériaux, pourvu toutefois que la femme donataire ne subisse aucun dommage ; le
mari n'a pas à craindre l'application du sénatusconsulte
d'Hadrien, qui n'interdit l'enlèvement des matériaux que
lorsque cet enlèvement est fait *negotiationis. causa*. Qu'arrivera-t-il si, l'édifice n'étant pas détruit, le mari veut faire
tomber la donation ? Aucun texte formel ne prévoit la question, mais il suffit de s'en rapporter aux principes généraux
pour donner à l'époux donateur le droit d'intenter la *condictio sine causa, quatenus conjux factus est locupletior*.

2° L'époux donateur est détenteur du fonds sur lequel il a
fait, *animo donandi*, des impenses utiles. Peut-il, s'il veut
révoquer sa libéralité, opposer l'exception de dol à la *rei
vindicatio* du conjoint donataire ? La raison de douter vient
de ce que les textes refusent l'exception du dol au possesseur
de mauvaise foi ; (L. 7, § 12, D., *de acq. rer. dom.*, 41-1. *Inst.* II.
I, § 30), et que, dans notre espèce, il paraît bien difficile
d'assimiler à un possesseur de bonne foi l'époux donateur,
qui par hypothèse même savait que son conjoint était seul

propriétaire. Je crois, néanmoins, que l'époux donateur pourra user de l'exception de dol, que les textes refusent au possesseur de mauvaise foi ; sa situation, en effet, est tout autre ; il n'a jamais eu, comme le possesseur de mauvaise foi, l'*animus domini*, c'est-à-dire l'intention de s'approprier une chose dont il n'était pas propriétaire ; de plus l'application à l'époux donateur de la règle *donasse censetur* serait un non-sens évident, puisque cette règle est incompatible avec la prohibition des libéralités entre conjoints ; enfin il faut remarquer qu'en opposant l'exception de dol, l'époux donateur n'atteindra pas un résultat différent de celui qu'il atteindrait si, après avoir fait la livraison de la chose, il exerçait la *condictio sine causa*.

§ 3. *Des donations indirectes qui résultent d'une abstention volontaire.*

Lorsque l'un des époux s'abstient, *animo donandi*, de l'exercice d'un droit ou qu'il fait un acte positif constatant cette abstention, par exemple un acte de renonciation, et que de cette abstention volontaire résulte une augmentation du patrimoine de l'autre époux, il y a donation. Mais pour qu'il y ait donation soumise aux restrictions légales, c'est-à-dire dans notre espèce, donation prohibée, il faut qu'à l'enrichissement de l'époux donataire corresponde un appauvrissement de l'époux donateur ; il faut, en d'autres termes, que le droit auquel le donateur a intentionnellement renoncé, soit un droit certain et bien réellement existant dans son patrimoine. Telle est la théorie générale qui ressort des textes. Je vais examiner les hypothèses qu'ils prévoient.

L'un des époux était titulaire d'un droit de servitude sur le fonds de son conjoint ; il laisse écouler deux ans sans l'exercer, et cela *donationis causa* : la servitude est-elle éteinte ? Ulpien résout la question par l'affirmative, en vertu

du principe que toute servitude prédiale est éteinte par le
non-usage de deux ans; mais comme cette inaction du titulaire de la servitude entraîne nécessairement une diminution dans la valeur du fonds dominant et une augmentation
correspondante dans la valeur du fonds servant, et constitue,
par conséquent, une donation prohibée, le jurisconsulte
reconnaît à l'époux donateur le droit d'intenter la *condictio*,
*quatenus locupletior factus est conjux. Puto amitti servitutem;
verum post divortium* (1) *condici posse.* Pourquoi donc les
jurisconsultes romains n'ont-ils pas eu recours à un moyen
plus simple d'annuler la donation ? Pourquoi n'ont-ils pas
décidé que l'acte constitutif de la libéralité, c'est-à-dire, dans
l'espèce, le non-usage pendant deux ans, serait considéré
comme non avenu, comme ils le décident à l'égard d'une
donation par voie de tradition, de mancipation ou de stipulation? Voici, je crois, la raison; elle est absolument logique : ils ont pensé qu'on ne pouvait pas considérer une
abstention comme non existante, précisément parce que
l'essence d'une abstention, qui est le contraire d'un acte
positif, est de n'exister pas. Je m'explique, pour n'avoir pas
l'air de jouer sur les mots. Supposons une donation par voie
de stipulation; qu'on supprime l'acte positif, c'est-à-dire la
stipulation, et la donation qui, dans l'hypothèse, ne peut pas
résulter d'une abstention, sera inexistante. Supposons, au
contraire, une donation résultant d'une abstention : qu'on
supprime l'abstention, la donation n'en subsistera pas moins,
parce que, pour qu'elle ne subsistât pas, il faudrait, dans
l'hypothèse, un acte positif; or, si dans le premier cas la
suppression de l'acte positif entraîne nécessairement l'abstention, dans le second, la suppression de l'abstention n'en-

---

(1) Ulpien suppose que la *condictio* n'est exercée qu'après le divorce,
parce qu'il présume que, tant que dure le mariage, l'époux donateur ne
se repent pas.

traîne pas l'acte positif. Supposez une quantité, supprimez-là, vous aurez zéro : supprimez zéro, vous n'aurez pas une quantité.

La servitude est donc éteinte et le fonds servant est redevenu libre. Les textes donnent une solution analogue dans une hypothèse différente : un débiteur, titulaire d'un droit de servitude, l'a laissé éteindre par le non-usage, et cela pour diminuer frauduleusement le gage de ses créanciers : Paul reconnaît dans la loi 4 (D., *quæ in fraud. cred.*, 42, 8) que le fonds est redevenu libre, mais il accorde aux créanciers l'action Paulienne qui, exercée contre le donataire, aura pour effet de l'obliger ou bien à reconstituer la servitude, ou bien à réparer le préjudice causé jusqu'à concurrence de son enrichissement.

Cette analogie entre les deux situations se retrouve dans d'autres cas. L'un des époux, actionné par son conjoint, néglige, *donationis causa*, d'opposer une exception fondée en droit, par exemple l'exception *rei venditæ et traditæ*, ou un moyen de défense, qui auraient fatalement pour effet de faire repousser la demande ; le juge est par conséquent obligé de rendre une sentence conforme à la demande. Il y a donation prohibée, car il y a appauvrissement volontaire et enrichissement correspondant, mais ici encore les textes reconnaissent à l'époux donateur simplement le droit d'exercer la *condictio*. (L. 5, §7 ; D., *de don. inter vir. et ux.*) Sans doute la sentence du juge est un fait positif, mais on ne pouvait pas logiquement la considérer comme non avenue, car ce n'est pas elle qui, à proprement parler, constitue la donation ; la donation résulte ici de l'abstention de l'époux qui n'a pas voulu se défendre. La solution sera la même si l'un des époux, après avoir actionné son conjoint, laisse volontairement repousser son action par une exception non fondée ; le procès sera irrévocablement perdu, mais l'époux donateur pourra exercer la *condictio*. — Dans ces divers cas, il y a ouverture à l'action Paulienne, qui sera intentée contre le donataire et qui aura pour but immédiat la réparation du préjudice causé. (L. 3, § 1, D., *quæ in fraud. cred.* 42, 8.)

Examinons maintenant une espèce particulière de libéralité par voie d'abstention, qui a donné lieu à une vive controverse : elle est prévue par la loi 44., (D., *de don. int. vir. et ux.*)

Si extraneus rem viri, ignorans ejus esse, ignoranti uxori, ac ne viro quidem sciente eam suam esse, donaverit : mulier recte eam usucapiet. Idemque juris erit, si is qui en potestate viri erat, credens se patremfamilias esse, uxori patris donaverit. Sed si vir rescierit suam rem esse, priusquam usucapiatur, vindicareque eam poterit, nec volet, et hoc et mulier noverit, interrumpetur possessio, quia transiit in causam ab eo factæ donationis. Ipsius mulieris scientia, propius est ut nullum acquisitioni dominii ejus adferat impedimentum : non enim omnimodo uxores ex bonis virorum, sed ex causa donationis ab ipsis factæ, adquirere prohibitæ sunt.

Je la traduis ainsi :

« Si un étranger, croyant donner sa propre chose, a donné à une femme la chose de son mari, et que les deux époux ignorent également que cette chose n'appartient pas au donateur, la femme l'usucapera; et il faudra décider de même, en présence d'une donation faite à une femme par un donateur qui croit être *paterfamilias*, et qui, en réalité, est sous la puissance du mari. Mais si, avant que les délais de l'usucapion soient accomplis, le mari vient à savoir qu'il est propriétaire de la chose, est que, pouvant intenter la revendication, il s'y refuse, l'usucapion sera interrompue, pourvu, toutefois, que la femme elle aussi sache que la chose appartient à son mari, parce que la donation de l'étranger s'est convertie en donation du mari. La connaissance que la femme aurait seule du droit du mari ne l'empêcherait pas d'acquérir la propriété de la chose; la loi, en effet, ne

s'oppose pas en principe à ce que la femme acquière les biens
dé son mari, elle lui défend seulement de les acquérir à titre
de donation. »

L'hypothèse est donc celle-ci : un étranger a donné à la
femme la chose du mari, et la question est de savoir si la
femme peut acquérir par usucapion la propriété de cette
chose. La loi 44 prévoit trois cas distincts : *a*. Les deux
époux ignorent également que la chose appartient au mari ;
b. Ils découvrent, pendant le cours de l'usucapion, que le
mari est propriétaire ; *c*. La femme seule vient à le découvrir.
Le premier cas est facile à résoudre : l'usucapion sera nécessaire, car le donateur n'a pas pu transférer à la femme
donataire la propriété d'une chose qui ne lui appartenait
pas, mais elle s'accomplira dans des conditions normales,
puisque le jurisconsulte suppose un juste titre (1) et la
bonne foi. Le troisième cas n'offre pas une difficulté plus
grande : il n'y a évidemment pas donation prohibée, car le
mari, qui, par hypothèse, ignore que la chose lui appartient,
n'a pas pu avoir l'*animus donandi* : la femme usucapera donc,
puisqu'il suffit, pour que l'usucapion puisse régulièrement s'accomplir, que la bonne foi ait existé au moment de la tradition.

C'est sur le second cas, que la controverse a surtout
porté. Voici l'hypothèse : les deux époux, avant que l'usucapion soit accomplie, apprennent que la chose appartient
au mari, et celui-ci, qui veut faire une donation à sa femme, se
refuse à exercer la revendication. — La solution que donne
le jurisconsulte Neratius est celle-ci : il y a donation prohibée, et c'est parce qu'il y a donation prohibée que l'usucapion est interrompue. — Il faut expliquer ce résultat, et
surtout le justifier.

Et d'abord il y a donation prohibée. Les trois éléments

_____

(1) Le juste titre résulte évidemment ici de la donation non prohibée faite
par l'étranger à la femme.

constitutifs de la donation *sensu stricto*, et nécessaires pour
que la prohibition s'applique, sont, nous l'avons vu, l'*animus donandi*, l'enrichissement du donataire et l'appauvrissement du donateur. — Les deux premiers se retrouvent
évidemment dans l'opération que nous examinons, l'un par
hypothèse même, l'autre par une conséquence nécessaire
de l'augmentation du patrimoine de la femme. Mais y a-t-il appauvrissement dans le sens technique du mot, c'est-à-dire perte pour le mari d'une chose faisant bien réellement
partie de son patrimoine ? Cette question se rattache à
celle, plus générale, de savoir si le propriétaire, en laissant accomplir une usucapion qu'il pouvait empêcher, fait
une aliénation; or les textes sont formels dans le sens de
la négative. Le jurisconsulte Tryphoninus, supposant dans
la loi 16 (D., *de fundo dotali*, 23, 5), qu'une femme s'est constitué en dot un fonds qu'un tiers de bonne foi était en voie
d'usucaper, décide que si le mari néglige d'exercer la revendication, le tiers usucapera valablement malgré la prohibition de la loi Julia. Paul reconnaît aussi que la loi
Julia cesse de s'appliquer lorsque, sur le refus du mari de
fournir la caution *damni infecti* pour une maison dotale qui
menace ruine, le voisin a obtenu le *secundum decretum* du
préteur qui lui confère l'*in bonis* et le met, par conséquent,
en voie d'usucaper. (L. 1, pr. D., h. t.) Voici la raison que
donne ce jurisconsulte : *hæc alienatio non est voluntaria*. Le
mot *non voluntaria* doit être expliqué, car il semble qu'aucun obstacle juridique ne s'opposait à ce que le propriétaire exerçât la revendication ou fournît la caution *damni
infecti :* l'aliénation est *non voluntaria* en ce sens que le
non-accomplissement de l'usucapion ne dépendait pas uniquement de la volonté du propriétaire. Je m'explique : pour
que l'abstention du propriétaire entraînât nécessairement
une aliénation, il faudrait que le contraire de l'abstention,
c'est-à-dire l'exercice de la revendication, entraînât néces-

sairement et par lui seul la conservation de la chose dans le patrimoine du propriétaire, comme nous avons vu que l'exercice de la servitude entraînait par lui seul la conservation du droit. Or, dans les hypothèses prévues par les lois que nous examinons, l'exercice de la revendication suppose un procès, puisque, dans le premier cas, le possesseur de bonne foi peut contester le droit du demandeur en opposant son propre titre, et que, dans le second cas, le défendeur peut arguer du *decretum* du préteur : l'issue du procès est donc douteuse, et, en tout cas, il ne dépend pas du demandeur seul de le gagner. — Il résulte de là que le propriétaire a sur la chose qu'il laisse usucaper un droit simplement aléatoire, et que, l'usucapion une fois accomplie, il n'a pas perdu un droit réellement existant dans son patrimoine ; il n'a donc pas subi un appauvrissement au sens rigoureux du mot, c'est-à-dire un appauvrissement constituant l'un des éléments de la donation prohibée.

Pourquoi donc Neratius décide t-il, dans la loi 44, que le mari qui laisse usucaper par sa femme une chose dont il est propriétaire, fait une aliénation et, par suite, une donation prohibée ? Il faut répondre que l'hypothèse prévue par le deuxième paragraphe de la loi 44 est différente de celles prévues par les lois de Tryphoninus et de Paul que nous venons d'examiner. Dans la loi 44 le droit du mari sur la chose que sa femme est en voie d'usucaper est un droit certain, nullement aléatoire, et la raison est celle-ci : la femme connaissant par hypothèse même la propriété du mari, il n'y a plus aucun débat possible, et celui-ci peut immédiatemmeut recouvrer la possession d'une chose dont il est propriétaire aux yeux mêmes du possesseur : s'il reste inactif, il fait bien réellement une aliénation, car il se dépouille d'une chose dont il est, sans contestation, l'unique propriétaire. Cette aliénation n'est pas ici le résultat d'une abstention ; elle est le résultat d'une tradition *bre-*

vi manu : la femme est censée avoir restitué la chose à son mari et l'avoir ensuite reçue de loi à titre de donation. Il est facile de trouver l'exemple d'une opération analogue au titre même *de donationibus inter virum et uxorem*. Ulpien, dans la loi 3, § 12, suppose qu'un mari, créancier d'un tiers et voulant faire une libéralité à sa femme, a donné l'ordre à son débiteur de payer entre les mains de celle-ci, et il se demande si les deniers sont devenus la propriété de la femme et si le débiteur est libéré. Il décide, avec Celsus, que le débiteur est libéré, mais que les deniers sont devenus la propriété du mari et non pas la propriété de la femme ; et voici sur quel raisonnement il fonde cette solution. Le payement fait à la femme sur l'ordre du mari suppose juridiquement deux traditions sous-entendues : l'une faite par le débiteur au mari lui-même, l'autre par le mari à sa femme, et, n'était la prohibition des libéralités entre époux, ces deux traditions seraient considérées comme légitimement accomplies ; mais la prohibition rend nulle la tradition du mari à la femme, en sorte que la tradition faite par le débiteur au mari, tradition qui libère le débiteur, est seule valable aux yeux de la loi. Le même raisonnement peut s'appliquer à notre hypothèse ; il y a aussi deux traditions sous-entendues : l'une faite par la femme au mari, qui est valable ; l'autre faite par le mari à sa femme, qui est nulle, parce que, consommant une aliénation, elle constitue une donation prohibée. L'opération que nous étudions n'est, en somme, qu'un constitut possessoire, réalisant une donation prohibée. (L. 21, § 1 ; D., *de acq. rec. dom.*, 41, 1.)

Il y a donc, dans l'espèce prévue par le second paragraphe de la loi 44, donation prohibée. Mais il n'en résulte pas nécessairement que l'usucapion commencée par la femme soit interrompue, et il semble, au contraire, que Neratius devrait ici donner une solution analogue à celle donnée par Ulpien dans l'hypothèse d'une servitude éteinte par le non-usage, et décider, en conséquence, que l'usucapion commencée suit son cours et que le mari doit se borner à réclamer la restitution de la chose au moyen d'une *condictio*. Il n'en est rien cependant, et la décision de Neratius, *interrumpetur possessio*, est seule conforme aux principes. Reprenons le raisonnement commencé plus haut. Il y a, nous l'avons dit, deux traditions sous-entendues : la femme est censée avoir restitué la chose au mari, qui est censé la lui avoir de nouveau livrée. Mais cette première tradition, par laquelle s'est opérée la restitution de la chose, a interrompu l'usucapion, et, pour que l'usucapion pût recommencer après la deuxième tradition, il faudrait un juste titre et la bonne foi : or nous savons que par hypothèse même la femme, qui connaît la propriété du mari, est de mauvaise foi ; quant au juste titre, il ne pouvait ici résulter que de la donation faite par le mari à sa femme, donation, qui, violant une prohibition légale, ne peut pas servir de *justa causa* à une usucapion.

Je viens d'examiner les trois hypothèses prévues par la loi 44, et j'ai essayé de démontrer que les décisions de Neratius étaient conformes aux principes. Cette explication, cependant, est repoussée par un grand nombre d'auteurs qui, adoptant une ponctuation différente, arrivent à une solution diamétralement opposée à celle que j'ai cru devoir admettre.

Sed si vir rescierit rem suam esse, priusquam usucapiatur, vindicareque eam poterit nec volet, et hoc et mulier noverit, interrumpetur possessio, quia transiit in causam ab eo factæ donationis ipsius mulieris scientia? Propius est ut nullum, etc., etc.

Ainsi ponctué, le texte de Neratius doit être traduit de la manière suivante :

» Mais si le mari, apprenant que la chose lui appartient, a pu la revendiquer avant l'usucapion, et n'a point voulu le faire, et si la femme elle-même connaît la propriété

du mari, la possesion sera-t-elle interrompue, parce que la
connaissance de la femme a converti la donation de l'étranger en donation du mari ? Il paraît qu'on doit plutôt dire
que rien n'empêche que la femme n'ait acquis la propriété
de la chose, etc., etc. »

Dans cette version, la loi 44 laisse en dehors de ses prévisions le cas où la propriété du mari est connue de la femme
seulement ; elle ne raisonne plus que dans deux hypothèses
et elle suppose que la propriété du mari est ignorée ou connue des deux époux : dans les deux cas, la solution est la
même, il n'y a point de donation prohibée. Ce système est
juridiquement faux, car il met Neratius en contradiction
avec lui-même : le jurisconsulte reconnaît, en effet, positive-
ment qu'il y a donation du mari à la femme ; s'il y a donation, la prohibition doit s'appliquer. On a prévu l'objection
et essayé d'y répondre. On a dit que la donation du tiers
continuait à subsister et servait de *justa causa* à l'usucapion
qui pouvait ainsi suivre son cours : qu'il y avait, en outre,
donation du mari à la femme, donation qui, ne motivant
pas l'usucapion, ne pouvait pas l'interrompre. Ces deux affir-
mations me paraissent contradictoires, car la donation du
tiers et la donation du mari s'excluent l'une l'autre. Si, en
effet, la libéralité de l'étranger subsiste, il n'y a plus place
pour la libéralité du mari, car c'est l'étranger qui, en faisant à la femme la tradition de la chose et en la mettant
ainsi en voie d'usucaper, lui a procuré l'enrichissement
constitutif de la donation ; l'intervention du mari ne pourrait ni l'augmenter, ni le diminuer, elle serait indifférente,
et l'on ne comprendrait pas pourquoi le jurisconsulte la men-
tionnerait. J'ajoute que le système que je combats est contredit par le texte de la loi 44. Si, en effet, la donation, du
tiers subsiste à côté de la donation du mari, l'expression
transiit in causam ab eo factæ donationis devient inexplicable ; le verbe *transire* suppose une transformation, le pas-

sage d'un état à un autre, il exprime, en un mot, la conversion de la libéralité du tiers en libéralité du mari. De plus, le mot *sed*, qui commence le second paragraphe, indique bien que le jurisconsulte va donner une solution contraire à celle que contient la première partie du texte, il relie entre elles et oppose l'une à l'autre ces deux propositions : *mulier recte eam usucapiet* et *interrumpetur possessio*. Enfin il faut remarquer que le mot *ipsius* est surabondant et incompréhensible si on le prend dans son sens habituel : pour qu'il ait une signification précise, il faut le traduire par « elle seule » (L. 17, § 2 ; D., 19, 5. — L. 21 ; D., 39, 2. — Gaï, I, § 190), et, pris dans cette acception, il s'applique évidemment à une tout autre hypothèse.

Nous venons de voir que la loi 44 ne prévoyait explicitement que trois cas ; et, en nous résumant, nous pouvons dire qu'il n'y a pas donation prohibée lorsque la propriété du mari est ignorée des deux époux ou connue de la femme seulement, qu'il y a donation prohibée lorsqu'elle est connue des deux époux. Un quatrième cas reste donc en dehors de ses prévisions : que faut-il décider lorsque le mari seul découvre qu'il est propriétaire ? Les auteurs reconnaissent unanimement qu'il n'y a, dans cette hypothèse, qu'une libéralité non soumise aux restrictions légales, et la plupart d'entre eux fondent leur opinion sur cette considération que la prohibition des donations entre époux est inapplicable aux actes unilatéraux de libéralité ; ceux là mêmes qui reconnaissent la parfaite validité des donations non consensuelles, tirent argument de cette loi pour prouver que les donations conventionnelles sont seules interdites entre conjoints. J'ai soutenu, on se le rappelle, l'opinion contraire. Je dois, maintenant, pour que la preuve soit complète, démontrer que la solution donnée par tous les auteurs à la question qui nous occupe, s'accorde parfaitement avec ce principe, que les donations non conventionnelles, valables en thèse, sont de véritables donations soumises à toutes les restrictions légales et en particulier à la prohibition des libéralités entre époux. Il est donc un point non contesté : c'est qu'il n'y a pas donation prohibée lorsque le mari seul découvre qu'il est propriétaire ; cela découle avec évidence du texte même du la loi 44 qui fait de la mauvaise foi de la femme la condition essentielle de l'interruption de l'usucapion, *et hoc et mulier noverit.* Par un argument *a contrario* qui s'impose il est facile de conclure que l'usucapion suit son cours : pourquoi? Nous avons indiqué plus haut la vraie raison juridique ; nous avons démontré, en effet, en nous appuyant sur des textes formels, que le propriétaire qui laisse usucaper sa chose par un tiers, n'accomplit pas une aliénation, parce qu'il ne se dépouille pas d'un droit certain ; s'il n'y a pas aliénation, il n'y a pas appauvrissement, et s'il n'y a pas appauvrissement, il ne peut pas y avoir donation prohibée. Pour que le droit du mari sur la chose usucapée soit un droit certain, il faut supposer que la femme donataire est de mauvaise foi, parce que alors, la propriété du mari étant reconnue par celle-là même qui avait intérêt à la méconnaître, toute contestation sérieuse devient impossible.

Il me reste, pour terminer ce paragraphe, à examiner une dernière espèce. Le mari qui renonce à une sucession ou à un legs en faveur de sa femme, qui lui est substituée, fait-il une donation prohibée? La question est prévue et résolue négativement par les textes. *Si maritus,* dit Ulpien, *hæres institutus repudiet hæreditatem donationis causa, Julianus scripsit donationem valere : neque enim pauperior fit qui non adquirat, sed qui de patrimonio suo deposuit.* (L. 5, § 13-14 ; D., *de don. int. vir. et ux.*) La raison que donne le jurisconsulte est celle-ci : la renonciation ne constitue pas un appauvrissement, parce que les biens successoraux n'ont jamais fait partie du patrimoine de l'époux renonçant. Aussi bien, cette raison me paraît plus spécieuse que logique : sans doute les biens successoraux n'étaient pas encore entrés dans le patrimoine de l'héritier ou du légataire qui renoncent, mais le droit de les recueillir en faisait partie depuis la mort du testateur ; or, c'était là un droit certain, et, en se dépouillant de ce droit certain, le renonçant s'est évidemment appauvri. Au surplus, la règle formulée par Ulpien n'est point absolue, et les textes y apportent une dérogation remarquable. Paul reconnaît qu'une femme peut se constituer une dot en renonçant à une hérédité ou à un legs en faveur de son mari, appelé à sa place par la loi ou par la volonté du testateur. *Si fundum legatum sibi, dotis causa mulier repudiaverit vel etiam substituto viro amiserit hœreditatem, vel legatum, erit fundus dotalis.* (L. 14, § 3 ; D.,*de fund. dot.*, 23, 5.) Dire que le fonds est dotal, c'est reconnaître bien évidemment que la renonciation de la femme constitue une donation.

§ 4. — *Des donations indirectes* per interpositas personas.

En droit français, on appelle « donation par personne interposée » la donation qui s'adresse à une personne autre que le bénéficiaire apparent : c'est, en somme, une donation déguisée, mais la simulation, au lieu de porter sur la nature de l'acte, porte sur la personne réellement gratifiée de la libéralité. En droit romain, ces sortes de donations étaient connues ; les textes nous prouvent qu'elles étaient fréquentes, mais il ne les désignent pas par ces mots : *donationes per interpositas personas.* Par *donatio per interpositam personam*, il faut entendre une donation qui s'opère au moyen d'un acte juridique passé avec un tiers. Le tiers n'est plus ici le bénéficiaire apparent de la libéralité ; son intervention n'entraîne pas nécessairement une idée de donation, et l'acte juridique auquel il a pris part a par lui-même une signification propre : le tiers, par exemple, a reçu le payement d'une dette, ou bien

il a consenti à une novation. Ce sont là des actes juridiques
qui par eux-mêmes ont une existence indépendante et qui,
pour ainsi dire, portent en eux-mêmes leur explication ;
mais la situation des parties qui, médiatement ou immédiatement, ont collaboré à l'acte juridique peut être telle qu'il
en résulte un appauvrissement chez l'une d'elles et un enrichissement correspondant chez une autre ; il y a, par conséquent, donation dans le sens rigoureux du mot, donation
à laquelle le tiers est resté étranger, mais qu'il a cons-
ciemment ou inconsciemment servi à réaliser : c'est là la
donation *per interpositas personas*. Cette interprétation est
autorisée par les textes, et Ulpien, dans la loi 5, § 2 (D.,
de don. int. vir. et ux.), distingue parfaitement la donation
qui est directement adressée par le donateur au donataire,
la donation qui est faite à un bénéficiaire apparent chargé
de transmettre au bénéficiaire réel l'objet de la libéralité,
et enfin la donation qui résulte d'un acte juridique passé avec
un tiers, c'est-à-dire la donation *per interpositam personam*.

Nous avons à rechercher quel est, sur une donation ainsi
réalisée par l'intermédiaire d'un tiers, l'effet de la prohibition
des libéralités entre conjoints. Et d'abord, voyons les cas
principaux dans lesquels la question peut se poser. La donation peut résulter d'une novation par changement de créancier : l'un des époux est créancier d'un tiers, et, voulant
gratifier son conjoint, il lui permet de stipuler du tiers débiteur le payement de la chose due ; cette novation entraîne
une diminution du patrimoine de l'époux qui a autorisé la
stipulation, puisqu'il cesse volontairement d'être créancier,
et cela sans compensation, et une augmentation correspon-
dande du patrimoine de l'époux qui a stipulé, puisqu'il devient créancier d'une somme qu'il n'a pas déboursée. Il y a
donc donation prohibée. — La donation peut résulter d'une
novation par changement de débiteur : la femme, par exemple,
est débitrice d'un tiers, et le mari, pour la gratifier, s'engage

envers le créancier *novandi animo* et par voie de stipulation à payer la dette de sa femme. Il y a encore ici donation prohibée, car la femme cesse d'être débitrice par le fait du mari qui s'appauvrit intentionnellement, en promettant de payer une somme qu'il n'a pas touchée. — La donation *per interpositam personam* peut aussi résulter d'un payement : on n'a qu'à supposer que l'un des époux paye comptant la dette de son conjoint ou donne à son débiteur l'ordre de la payer. — Elle peut résulter enfin d'un transport de créance opéré par voie de *procuratio in rem suam* : l'un des époux, créancier d'un tiers, donne à son conjoint le mandat de poursuivre le débiteur, et cela avec dispense de rendre compte. Cette énumération n'est pas limitative, mais ce sont là les hypothèses principales prévues par les textes. Dans tous ces cas, où la donation apparaît clairement, comment la prohibition s'appliquera-t-elle ?

En règle générale, nous l'avons vu, l'effet de la prohibition est celui-ci : le moyen qui réalise la donation doit être considéré comme non avenu ; ce principe cesse de s'appliquer là seulement où une impossibilité juridique vient s'opposer à son application. C'est ainsi qué, s'il s'agit d'une donation par voie de tradition, la tradition est censée inexistante et les textes accordent à l'époux donateur l'action en revendication pour recouvrer la possession de la chose. Pour la même raison, si la libéralité résulte d'un pacte joint à un contrat à titre onéreux, tout se passe comme si le pacte n'était pas intervenu. Mais, en sens inverse, ce principe n'est plus vrai à l'égard d'une donation par voie d'abstention, parce qu'il est juridiquement impossible de supposer qu'un fait négatif est non avenu. Voilà la théorie romaine : je l'ai développée plus haut. Je me propose de soutenir qu'elle est générale, et qu'elle s'applique aux donations *per interpositas personas*.

Tout d'abord il me paraît que cette solution est imposée

par la logique. M. de Savigny soutient que les jurisconsultes romains, en l'adoptant, ont eu uniquement en vue l'intérêt de l'époux donateur. Prenant pour exemple l'hypothèse d'un mari qui, voulant gratifier sa femme, s'engage à acquitter sa dette, il dit : « La nullité n'était point indispensable pour le maintien de la prohibition : on pouvait admettre comme valables l'engagement et la libération, et seulement accorder au mari une *condictio* contre sa femme. Néanmoins la nullité est une voie plus sûre, car des circonstances accidentelles, l'insolvabilité de la femme par exemple, peuvent rendre la prohibition illusoire. » Cette raison ne me semble pas convaincante, et, en cas d'insolvabilité de la femme, il me parait qu'on peut légitimement opposer l'intérêt du créancier à l'intérêt de l'époux donateur : celui-là même est plus digne d'être protégé, car, tandis que l'époux donateur sera toujours en faute, il peut se faire que le créancier soit de bonne foi et ait ignoré, au moment de l'engagement, l'intention libérale du mari. Je ne crois pas que les jurisconsultes romains aient eu en vue l'intérêt de l'un plus spécialement que l'intérêt de l'autre ; la solution qu'ils ont adoptée leur était imposée par les principes. L'acte juridique auquel le tiers a pris part a été le moyen qui a réalisé la donation. Cet acte juridique est un fait positif, il doit être considéré comme non avenu. Les parties doivent, en conséquence, être replacées dans la situation qu'elles avaient avant l'accomplissement de l'acte juridique, et, si nous reprenons l'exemple que j'ai cité plus haut, il faudra décider que, l'engagement du mari étant nul, le tiers reste créancier et la femme reste débitrice.

Appuyons cette solution sur des textes. La règle générale est clairement posée dans la loi 5, § 2. (D., *de don. int. v. et ux.*) *Generaliter tenendum est quod inter ipsos, aut qui ad eos pertinent, aut per interpositas personas donationis causa agatur, nihil valere.* Voici l'application de ce principe dans les §§ 3 et

4 de la même loi : *Si debitor viri pecuniam, jussu mariti, uxori promiserit, nihil agitur* ; Et : *Si uxor viri creditori donationis causa promiserit et fidejussorem dederit, neque virum liberari, neque mulierem obligari vel fidejussorem ejus, Julianus ait : Perindeque haberi ac si nihil promisisset.*

La loi 39 prévoit l'hypothèse d'une donation par transport de créance résultant d'une novation. Voici l'espèce : Le mari est créancier d'un tiers, et, pour faire une libéralité à sa femme, il lui permet de stipuler du tiers la somme due. Cette opération constitue une novation par changement de créancier, elle est l'exécution d'une cession gratuite de créance. La stipulation a donc lieu, mais avant que le débiteur ait fait à la femme la tradition des derniers, le divorce intervient entre les deux époux. Julien, supposant que l'époux donateur veut révoquer la libéralité, se pose la question de savoir si le mari a conservé son action contre le débiteur, ou s'il l'a perdue par suite de la novation qu'il a lui-même autorisée. Le jurisconsulte la résout dans le premier sens, et il décide que le tiers est resté débiteur du mari, la stipulation qui a consommé la novation, devant être considérée comme non avenue. *Respondi inanem fuisse eam stipulationem.* Papinien admet une solution analogue dans la loi 52, § 1, dont l'hypothèse complexe mérite une étude spéciale. *Uxor viro fructum fundi ab herede suo dari ; quod si datus non fuisset, certam pecuniam mortis causa promitti curavit : defuncto viro viva muliere, stipulatio solvitur : ut traditio quæ, mandante uxore, mortis causa facta est : nam quo casu inter exteros condictio nascitur, inter maritos nihil agitur.* Une femme a constitué un tiers pour héritier ; de son vivant, elle donne à son héritier l'ordre de promettre à son mari par voie de stipulation l'usufruit d'un fonds ou bien, *mortis causa*, une somme d'argent déterminée. Voilà donc une obligation alternative à la charge de l'héritier, mais il faut remarquer que le second engagement est conditionnel, puisqu'il est fait *mortis causa,* c'est-à-dire sous la condition de prédécès de la femme. Cette stipulation imposée à l'héritier constitue bien une libéralité de la femme vis-à-vis de son mari, car le jurisconsulte suppose que le fonds dont l'usufruit est promis, appartient à la testatrice, et que les deniers à livrer font partie de son patrimoine. Pourquoi la femme, voulant gratifier son mari, ne lui a-t-elle pas légué l'usufruit de fonds ou bien la somme d'argent qu'elle lui a fait promettre par son héritier ? Pourquoi encore ne lui a-t-elle pas elle-même directement fait une *mortis causa donatio* ? Le texte ne le dit point, mais il est permis de conjecturer qu'en imposant cette stipulation, la femme a voulu que son héritier, ainsi tenu par l'action *ex stipulatu,* ne puisse pas opposer la loi Falcidie aux prétentions du mari. Nous trouvons dans la loi 15, § 1 (D., *ad leg. Falc.*) la trace d'une semblable préoccupation chez un testateur. — Le jurisconsulte suppose que, sur l'ordre de la femme, le tiers a fait au mari tradition des deniers, et que le mari vient à mourir avant sa femme ; la condition du prédécès de la femme étant ainsi défaillie, l'obligation est éteinte, *stipulatio solvitur,* et la donatrice a, par conséquent, le droit de recouvrer les deniers indûment livrés à son mari. Par quelle action ? C'est à cette question que Papinien répond en ces termes : *Quo casu inter exteros condictio nascitur, inter maritos nihil agitur.* La tradition des deniers a consommé une donation ; si elle était intervenue entre étrangers, c'est-à-dire entre non-conjoints, elle aurait transféré la propriété au donataire, et, la condition défaillie, le donateur devrait, pour recouvrer la propriété, recourir à une *condictio causa data, causa non secuta.* (L. 1, § 2 ; D., *de cond. sine causa,* 12, 7). Mais dans notre espèce la tradition a consommé une donation entre époux, c'est-à-dire une donation prohibée : cette tradition devant être considérée comme non avenue, il en résulte que l'époux donateur est resté propriétaire des deniers et qu'il peut les revendiquer.

Passons maintenant à une autre hypothèse : l'un des époux donne à son débiteur l'ordre, non pas de s'engager envers son conjoint, mais de lui payer la somme due. Dans la loi 38, § 1 (D., *de solut. et liber.*), et à propos d'un cas étranger à la présente Etude, Africain donne une solution identique à celles que nous venons d'exposer. Voici l'espèce : J'ai donné à mon débiteur l'ordre de payer à Titius la somme qui m'était due, puis j'ai défendu à Titius de recevoir ce payement ; le débiteur, ignorant la révocation de ce mandat, paye à Titius : la question est de savoir si le débiteur est libéré par ce payement. Africain répond que le débiteur n'est pas libéré et qu'il reste propriétaire des deniers, si Titius les a reçus dans l'intention de se les approprier, *quia furtum eorum sit facturus.* Et il ajoute : c'est ce qu'il faut décider, lorsqu'un mari, pour faire une donation à sa femme, donne à son débiteur l'ordre de payer à celle-ci la somme due : dans ce cas aussi, le débiteur n'est pas libéré parce que la tradition devant être considérée comme non avenue, la femme n'a pas pu acquérir la propriété des deniers. La prohibition produit donc le même effet que la révocation du mandat jointe à l'intention dolosive du faux-mandataire.

Dans les hypothèses que nous venons d'examiner, la tradition des deniers que le tiers a faite à l'époux donataire n'a pas pu lui en transférer la propriété, et il en résulte que le tiers a à sa disposition l'action en revendication, si les deniers n'ont pas été consommés, et, s'ils ont été consommés, une *condictio* à l'effet d'en obtenir le remboursement ; mais il en résulte aussi que le tiers est toujours débiteur de l'époux donateur et qu'il reste exposé à son action. Cette conséquence logique de la nullité de l'acte juridique était trop rigoureuse ; les jurisconsultes romains ont compris qu'il était injuste de faire retomber la prohibition sur un tiers étranger à la libéralité, qui pouvait être de bonne foi et qui, en tous cas, n'avait fait qu'exécuter l'ordre de son créancier. Aussi, pour concilier l'équité et la logique, ils ont permis au tiers débiteur de repousser l'action du créancier donateur par l'exception de dol. *Sed si actiones suas marito præstare paratus est, doli mali exceptione se tuebitur.* (L. 39). — *Sed exceptione eum adversus maritum tuendum esse, si condictionem quam adversus mulierem habet, præstet* (1). (L. 38, § 1 ; D., *de solut. et liber.*)

Voilà la théorie romaine en matière de donations indirectes *per interpositas personas*. Il est donc établi que l'acte juridique qui réalise la donation est nul. C'est ici le lieu d'expliquer trois textes qui, au premier abord, semblent contredire ce principe, mais qui en sont au contraire une application rigoureuse. Le premier est d'Ulpien : c'est la loi 3 § 12 (D., *de donat. int. vir. et ux*). Voici l'hypothèse : le mari, qui veut faire une donation à sa femme, a donné à son débiteur l'ordre de lui payer la somme due. Ulpien se pose la question de savoir si le débiteur qui a exécuté cet ordre est libéré, et il se prononce, avec Celsus, pour l'affirmative ; nous avons vu plus haut qu'Africain adoptait l'opinion contraire. Comment donc Ulpien et Celsus peuvent-ils concilier cette solution avec le principe, admis par eux, de la nullité de l'acte juridique qui réalise la donation ? Le texte est très clair à cet égard : les deniers deviennent la propriété, non pas de la femme, mais du mari, *et debitorem liberatum, et nummos factos mariti. non uxoris.* Pour expliquer ce résultat, il suffit d'appliquer à notre hypothèse la théorie Proculienne de la tradition *brevi manu.* En effet, nous savons que d'après Ulpien (L. 15 ; D. *de reb. cred.*, 12, 1) la tradition faite par le débiteur au mandataire du créancier et sur son ordre est la résultante de deux traditions, l'une faite par le débiteur au créancier, l'autre par le créancier à un tiers qui peut être son

_____

(1) Africain ne mentionne pas l'action en revendication : il suppose probablement que les deniers ont été consommés.

propre créancier ou un donataire, traditions qui, si nous faisons pour un moment abstraction de toute idée de donation prohibée, sont parfaitement valables et ont chacune transféré la propriété des deniers. *Nam celeritate conjungendarum actionum unam actionem occultari.* Si donc, dans notre espèce, le donataire n'était pas le conjoint du donateur, la tradition l'aurait rendu propriétaire des deniers ; mais la prohibition des libéralités entre époux vient s'opposer à ce résultat. Or, remarquons que la prohibition ne peut pas s'appliquer à la première tradition, c'est-à-dire à la tradition faite par le débiteur au mari créancier, parce que cette tradition constitue le payement d'une dette ; elle peut et doit uniquement s'appliquer à la seconde tradition, c'est-à-dire à la tradition faite par le mari créancier à sa femme, parce que cette tradition réalise une donation entre époux : cette seconde tradition seule doit être considérée comme non avenue, parce que seule elle est l'acte juridique qui consomme la libéralité prohibée.

On voit que, dans la même hypothèse, Africain et Ulpien, quoique aboutissant à des résultats différents, sont partis du même principe : la nullité de l'acte juridique. Comment donc cette divergence peut-elle s'expliquer ? On a essayé de résoudre l'antinomie et de concilier entre elles les lois 3, § 12 et 38, § 1. La contradiction, a-t-on dit (1), est plus apparente que réelle : d'un côté, en effet, Africain, lorsqu'il dit dans la loi 38, § 1, que le débiteur n'est pas libéré, fait évidemment allusion à une libération *ipso jure* ; car, en accordant l'exception de dol, il admet, par cela même, une libération *exceptionis ope ;* d'autre part, Ulpien, dans la loi 38, § 12, se borne à affirmer avec Celsus que le débiteur est libéré, sans spécifier s'il s'agit d'une libération *ipso jure* ou bien

---

(1) Gentilis. *Tractatus de donationibus inter virum et uxorem.* Liv. I, ch. XXII.

d'une libération *exceptionis ope* : pour accorder ensemble
les deux jurisconsultes, il suffit de voir dans le texte d'Ulpien
une libération *exceptionis ope*. Cette tentative de conciliation
doit être rejetée par cette raison bien simple que dans la loi
3, § 12 la libération *exceptionis ope* du débiteur serait contradictoire avec la théorie de la tradition *brevi manu* : si, en effet,
le débiteur est libéré, c'est qu'il est censé avoir fait à son
créancier la tradition des deniers et s'être ainsi acquitté
de sa dette : il est donc libéré *ipso jure*. L'antinomie, au contraire, me semble irréductible, et je crois qu'il faut dire, avec
le président Fabre et M. de Savigny, qu'Africain et Ulpien
ont eu sur la question qui nous occupe une opinion différente :
on sait, d'ailleurs, que le premier rejetait en principe la
théorie de la tradition *brevi manu* et ne l'appliquait que dans
des hypothèses exceptionnelles, comme *benigna interpreta-
tio*.

Julien et Paul admettaient le même système qu'Ulpien,
comme le prouvent les lois 3, § 13 et 26 pr. (D., h. t.). Dans la
loi 3, § 13, Julien suppose qu'un tiers veut faire une donation
au mari et que celui-ci lui donne l'ordre d'adresser la libéralité à sa femme ; il décide que le tiers n'a pas transféré à
la femme la propriété de la chose, et que tout doit se passer
comme si le mari lui-même l'avait livrée à la femme après
l'avoir reçue du tiers donateur : la même solution est admise
dans la loi 4 (1). La loi 26 prévoit l'hypothèse d'une vente ;
le mari acheteur a ordonné au vendeur de livrer à la
femme la chose vendue. Paul décide que par l'exécution de
cet ordre le vendeur sera libéré à l'égard du mari.

---

(1). Nous avons vu que la loi 39, qui est aussi de Julien, donne une solution contraire et conserve au tiers débiteur la propriété des deniers. Il n'y
a cependant point antinomie entre ces deux textes : l'hypothèse n'est pas
la même. Dans la loi 39, en effet, le débiteur n'a pas payé sur l'ordre du
mari, il a payé parce qu'il s'était personnellement engagé envers la femme;
il n'a donc pas eu, en livrant les deniers, l'intention de faire une tradition
brevi manu.

Il nous reste à examiner une dernière hypothèse : le mari, pour faire une donation à sa femme, paye comptant le créancier de celle-ci. La femme est-elle libérée à l'égard de son créancier? Il est évident que non, si l'on applique la théorie d'Africain : l'acte juridique qui réalise la donation, c'est-à-dire, dans l'espèce, le payement effectué par le mari étant nul, la femme reste débitrice et le mari reste propriétaire des deniers qu'il a livrés. Qu'arrive-t-il, au contraire, si l'on applique la théorie plus nouvelle de la tradition *brevi manu*? Le mari est censé avoir remis les deniers à sa femme qui, à son tour, les a livrés à son créancier : la tradition faite par le mari à sa femme réalisant une donation prohibée doit être considérée comme non avenue, et il en résulte que la femme a payé son créancier avec des deniers qui ne lui appartiennent pas. Le cas d'un payement fait avec l'argent d'autrui est prévu par Pomponius dans la loi 17 (D., *de solut. et liber.*, 46, 3). *Cassius ait : si cui pecuniam dedi ut eam creditori meo solveret, si suo nomine dederit, neutrum liberari; me quia non meo nomine data sit; illum quia alienam dederit, cœterum mandati eum teneri : sed si creditor eos nummos sine dolo malo consumpsisset, is, qui suo nomine eos solvisset, liberatur ; ne, si aliter observaretur, creditor in lucro versaretur.* — Appliquons cette solution à notre hypothèse : la femme a payé son propre créancier avec des deniers dont le mari n'a pas pu lui transférer la propriété; s'ils existent encore, pas de difficulté; le mari, resté propriétaire, peut les revendiquer. Supposons qu'ils ont été consommés sans dol par le créancier; la femme est libérée, car, dit le jurisconsulte, décider autrement ce serait donner au créancier la possibilité de se faire payer deux fois; mais cette libération, la femme la doit à son mari; elle s'est donc enrichie à ses dépens, et elle doit, par suite, le rembourser jusqu'à concurrence de son enrichissement.

Un texte nous autorise à penser que c'est bien là le système qui a fini par prévaloir ; c'est la loi 7, § 7, (D., *de don.*

int. vir. et ux). Si uxor rem emit, et maritus pretium pro ea numeravit, interdum dicendum est totum a muliere repetendum, quasi locupletior ex ea in solidum facta sit ; ut puta si emit quidem rem mulier, et debebat pecuniam, maritus autem a debitore eam liberavit : quid enim interest creditori solvat, an venditori ?

— Voici l'espèce : la femme a acheté une chose et, pour la gratifier, le mari a payé le prix au vendeur. Remarquons que le texte accorde au mari une *condictio* contre sa femme, *quatenus locupletior facta est;* or, si l'on applique à notre espèce la doctrine d'Africain, cette *condictio* est inutile, puisque le mari, ayant payé l'indû, est nanti contre le créancier de l'action en revendication ou, si les deniers ont été consommés, de la *condictio indebiti.* On peut objecter que, même dans le système d'Africain, cette *condictio* contre sa femme, le mari la trouve dans ce principe de droit commun, que nul ne peut s'enrichir aux dépens d'autrui ; sans doute, mais alors le texte n'accorderait pas au mari cette *condictio in solidum,* il ne lui donnerait pas le droit de répéter dans tous les cas toute la somme payée. Qu'on suppose, en effet, que depuis le payement du prix, la valeur de la chose ait diminué ; l'enrichissement de la femme est, par conséquent, moindre que les déboursés du mari : celui-ci ne pouvant la poursuivre que jusqu'à concurrence de son enrichissement, n'obtiendrait donc pas par la *condictio* une somme égale à la somme qu'il a payée. (L. 5, § 5. — L. 7, § 4 ; D., h. t.) — Si, au contraire, l'on applique à notre espèce le système Proculien de la tradition *brevi manu,* tout s'explique. La *condictio* est donnée contre la femme parce que, le jurisconsulte supposant que les deniers ont été consommés, le mari n'a aucun recours contre le créancier, c'est-à-dire contre le vendeur. (L. 17 ; D., *de solut. et liber.*) De plus, elle lui est toujours donnée *in solidum,* parce que dans ce système l'enrichissement de la femme est toujours égal aux déboursés du mari. Le mari, en effet, est censé lui avoir fait la tradition des deniers ; c'est précisément cette tradition qui constitue la donation et qui procure à la donataire un enrichissement évidemment équivalent à la somme livrée. Sans doute, elle est censée avoir remis ces deniers à son créancier, mais elle les lui a remis pour l'acquittement de sa dette ; elle se trouve donc enrichie du montant même de cette dette, qui est invariable et qui, par hypothèse, est égal à la somme donnée par le mari.

CHAPITRE III

DE LA CONFIRMATION DES LIBÉRALITÉS INDIRECTES

Nous venons d'étudier l'effet de la prohibition des libéralités entre époux sur les donations indirectes : la nullité resta absolue jusqu'au règne de Septime-Sévère. A cette époque, un sénatusconsulte, rendu sur la proposition de Caracalla, vint adoucir les rigueurs de l'ancien droit : la donation, toujours prohibée en principe, est désormais validée par le prédécès de l'époux donateur. (L. 32 pr., §§ 2 et 10 ; D., *de don. int. vir. et ux.*) Le sénatusconsulte de Caracalla, s'applique-t-il indistinctement à toutes les donations entre époux, ou bien seulement aux *donationes rerum ?* La question est encore très vivement discutée. Je n'entrerai pas dans les détails d'une controverse qui est trop connue pour que j'aie besoin d'insister. Parmi les arguments nombreux qui ont été invoqués dans l'un et dans l'autre sens, je me bornerai à recueillir et à examiner ceux qui touchent directement à l'objet de cette étude.

Examinons, tout d'abord, la position même de la question. Le siège de la controverse est dans la loi 23 (D., h. t.), où Ulpien expose et semble approuver l'opinion de Papinien, qui restreignait l'application du sénatusconsulte aux *donationes rerum ;* le jurisconsulte, en opposant, dans la suite, aux *donationes rerum* les donations par voie de simple promesse, indique lui-même ce qu'il faut entendre par *donationes rerum.* Le problème est donc celui-ci : le sénatusconsulte est-il applicable à toutes les donations, ou bien seulement aux donations déjà accomplies ? La raison de douter en dehors de l'opposition plus ou moins caractéristique des textes est facile à comprendre : celui qui promet de donner une chose ne paraît pas avoir au même degré l'intention de se dépouiller que celui qui la livre immédiatement ; un appauvrissement consommé est plus significatif qu'un appauvrissement éventuel.

Le problème dont je viens d'indiquer les termes se pose à l'égard des libéralités indirectes, comme il se pose à l'égard des libéralités directes. Voici, par exemple, une donation indirecte résultant d'un contrat à titre onéreux : le mari a vendu à sa femme pour 4000 une chose qui vaut 10,000, le seul consentement des parties rend le contrat obligatoire et donne ouverture aux actions *empti et venditi*. Supposons que l'époux donateur vienne à mourir avant l'exécution du contrat : ses héritiers pourront-ils opposer l'exception de dol à l'action de la femme donataire ? Non, si la donation est confirmée : oui (1), si elle ne l'est pas. Voici une autre hypothèse : l'un des époux s'engage envers le créancier de son conjoint qu'il veut gratifier, et il meurt avant d'avoir exécuté sa promesse : les héritiers pourront-ils être actionnés par le créancier ? Oui, si l'on admet l'application générale du sénatusconsulte ; non dans le cas contraire. Si maintenant on cherche des exemples de donations indirectes accomplies, on n'a qu'à supposer que, dans notre première hypothèse, l'époux donateur a fait à son conjoint la tradition de la chose vendue. De même la libéralité indirecte qui résulte d'une abstention volontaire, est toujours une libéralité accomplie ; le mari, en effet, qui intentionnel-

---

(1) Dans le cas même où l'on admettrait la non-application du sénatus-consulte à notre hypothèse, on devrait se borner à accorder aux héritiers l'exception de dol, car on se rappelle que l'acte juridique dont il s'agit est valable pour partie.

lement laisse éteindre la servitude qu'il avait sur le fonds de sa femme, se dépouille actuellement et non point éventuellement. Enfin on trouvera un dernier exemple dans le cas d'une cession gratuite de créance: le mari, pour gratifier sa femme, la constitue *procurator in rem suam* ou bien lui permet de stipuler de son débiteur la somme due: le mari cesse immédiatement d'être créancier.

Je me prononce pour l'application du sénatusconsulte de Caracalla a toutes les donations. Il ne me paraît pas en effet juridique de distinguer entre les donations exécutées et les donations qui résultent d'une promesse non encore réalisée. L'intention de se dépouiller est évidente dans les deux cas, et, aux yeux de la loi, la promesse obligatoire doit avoir la même force juridique que la promesse exécutée. Le texte de la loi 32 est d'ailleurs formel en faveur de ce système : *Oratio autem non solum ad ea pertinet, quæ nomine uxoris a viro comparata sunt, sed ad omnes donationes inter virum et uxorem factas.* Et plus loin, le jurisconsulte ajoute, comme pour se résumer. *Et generaliter omnes donationes, quas impediri diximus, ex oratione valebunt.* Pour donner une preuve de cette affirmation, il prévoit aussitôt l'hypothèse d'une société contractée entre époux *donationis causa.* Il n'y a là, dit-il, que l'apparence d'un contrat : l'action *pro socio* qui, dans cette espèce, ne pourrait pas naître entre étrangers, ne peut pas naître entre époux ; la nature même du contrat de société qui, par essence, est un contrat à titre onéreux, s'y oppose : de sorte que, ajoute le jurisconsulte, même depuis le sénatusconsulte, l'époux donataire n'aura aucun moyen légal de forcer son conjoint à exécuter sa promesse : *Nec post decretum Senatus, emolumentum ea liberalitas ut actio pro socio constituatur, habere poterit.* Que résulte-t-il de ce texte ? C'est que, si le sénatusconsulte est inapplicable à notre espèce, cela tient non pas à la non-exécution de la libéralité, mais à ce fait que la libéralité n'est pas contenue dans un acte obligatoire ; d'où, par un argument *a contrario*, il est facile de conclure que, si la donation est contenue dans un acte obligatoire, si, pour suivre l'exemple prévu par le texte, l'action *pro socio* a pu naître, le sénatusconsulte s'appliquera, et l'époux donataire pourra, après la mort de son conjoint, intenter l'action *pro socio*. Le jurisconsulte lui-même autorise et consacre cette conclusion, en adaptant ce raisonnement à une vente faite *donationis causa*. Le sénatus-consulte n'est pas applicable parce que l'action *empti* ne naît point ; et il ajoute : *Plane si minoris res venierit donationis causa... admittemus donationem valere ad senatusconsultum.* Si, pour lui faire une libéralité, le mari vend à sa femme une chose à un prix inférieur à la valeur réelle, le sénatusconsulte devra s'appliquer et la donation, quoique non exécutée, pourra être confirmée par le prédécès de l'époux donateur : pourquoi? Parce que la donation résulte ici d'un acte obligatoire, l'élément onéreux qui fait partie du *negotium mixtum* étant suffisant pour faire naître l'action *empti*. — Un texte du Code vient confirmer cette solution, c'est la constitution 2 (C., *de dote cauta*, 1, 15). Elle suppose que le mari, pour faire une libéralité à sa femme, a reconnu pendant le mariage avoir reçu en dot plus qu'il n'a effectivement reçu, et elle décide que cette donation, pourvu qu'elle ne soit pas révoquée, sera confirmée par le prédécés du mari, *quatenus ea liberalitas interposita munita est ;* c'est-à-dire, si toutefois elle est contenue dans un acte obligatoire.

Ces arguments me paraissent péremptoires. On a cependant essayé d'y répondre, et le système contraire compte de nombreux partisans. On a d'abord refusé toute autorité à l'argument tiré du paragraphe 24 de la loi 32, en disant qu'une théorie ne pouvait pas être fondée sur un argument *a contrario*. Soit ; mais lorsque c'est la loi elle-même qui l'expose, l'argument *a contrario* devient un argument direct. On peut m'objecter, sans doute, que le § 26 prévoit l'hypothèse d'une donation exécutée ; je réponds que la suite logique des idées et l'enchaînement des textes s'opposent à une telle interprétation. Les paragraphes 24, 25 et 26 ne doivent pas être séparés. Le jurisconsulte examine d'abord le cas d'une donation déguisée sous l'apparence d'un contrat à titre onéreux, et il décide que le sénatusconsulte n'est pas applicable parce qu'il n'y a pas donation obligatoire ; il examine aussitôt après le cas d'une donation indirecte résultant des clauses d'un contrat à titre onéreux, et il décide que le sénatusconsulte est applicable, parce que l'existence sérieuse d'un élément onéreux rend l'action possible et, par suite, la donation obligatoire. — Pour réfuter l'argument tiré de la Constitution 2, on a dit que l'application du sénatusconsulte s'explique, dans ce cas, par la tradition *brevi manu* : le mari est censé avoir fait la tradition d'une somme d'argent à sa femme, qui est censée, à son tour, la lui avoir retransférée pour augmenter la dot. C'est aussi par ce moyen que les partisans du système que je combats prétendent démontrer qu'une remise gratuite de dette puisse être confirmée par le prédécès de l'époux donateur. Mais ce sont là des suppositions faites à plaisir et que rien n'autorise. D'ailleurs, la tradition *brevi manu* est une fiction imaginée par les jurisconsultes pour concilier les exigences de la pratique avec les principes du droit pur, et nos adversaires sont en contradiction avec eux-mêmes lorsqu'ils abritent leur théorie derrière une fiction, qui, par définition, est contraire à la réalité. Ils partent en effet de cette idée que le dépouillement actuel, c'est-à-dire la dépossession immédiate de l'objet donné, fait seul présumer une intention libérale assez forte pour rendre la confirmation possible ; la dépossession de l'objet est, en d'autres termes, la condition essentielle de la confirmation ; or la tradition *brevi manu* est la négation même de cette dépossession, puisqu'on la fait intervenir précisément afin d'expliquer pourquoi cette dépossession n'a pas lieu.

Enfin au texte si décisif d'Ulpien (L. 32, § 1 et 23), l'on oppose la loi 23 : *Papinianus recte putabat, orationem divi Severi ad rerum donationem pertinere.* Si le mot *recte* n'existait pas, il serait facile de répondre qu'Ulpien se borne à exposer l'opinion de Papinien ; mais le mot *recte* semble indiquer qu'Ulpien veut l'approuver. Les partisans du système que j'adopte ont donné de ce passage diverses explications, qui toutes sont plausibles, mais sur lesquelles je ne reviendrai pas : je rappellerai seulement celle qui a été proposée par M. de Savigny, et qui ne paraît être la plus probable. La question qui nous occupe était controversée à Rome, et Papinien décidait que le sénatusconsulte ne s'appliquait qu'aux *donationes rerum.* Ulpien veut combattre cette opinion dans son Commentaire à Sabinus, et, pour la combattre, il l'expose et la divise ; il approuve Papinien lorsqu'il enseigne que les *donationes rerum* pourront être confirmées par le prédécès de l'époux donateur, mais il le réfute lorsqu'il décide le contraire à l'égard des donations simplement obligatoires. Les compilateurs de Justinien, en transcrivant le fragment d'Ulpien, se sont précisément arrêtés là où cette réfutation commençait.

Le sénatusconsulte de Caracalla pose donc une règle générale : toutes les donations entre époux, tant indirectes que directes, sont confirmées par le prédécès de l'époux donateur. Les obstacles à la confirmation sont : le prédécès de l'époux donataire, le divorce et la révocation. La révocation n'exige aucune forme spéciale, toute déclaration de volonté suffit. Depuis les innovations consacrées par le sénatusconsulte, la donation entre époux se rapprochait singulièrement de la donation à cause de mort, dont la validité entre conjoints n'avait jamais été contestée; aussi les jurisconsultes romains finirent-ils peu à peu par les confondre, et appliquèrent-ils aux libéralités entre vifs toutes les règles de fond des libéralités à cause de mort. Je rappellerai les principales. Il serait hors de mon sujet d'entrer ici dans les détails. On sait que la capacité de recueillir par legs ou par hérédité entre époux avait été restreinte par les lois Caducaires, et que les époux ne pouvaient recevoir l'un de l'autre, qu'un dixième de la succession : ces dispositions des lois Caducaires furent appliquées, depuis le sénatusconsulte de Caracalla, aux donations entre vifs. (*Règles d'Ulpien*, tit. XV.) Je veux mentionner spécialement la loi 32, § 24 (D., *de don. int. vir. et ux.*) et l'expression *fine præstituto* que nous avons traduite plus haut par ces mots « selon les clauses du contrat ». Il est évident que cette traduction, vraie au temps de Justinien et depuis l'abrogation des lois Caducaires, ne l'était point à l'époque d'Ulpien, et que dans la pensée du jurisconsulte ces mots *fine præstituto* étaient synonymes de ceux-ci *fine decimarum*. — On sait aussi que les jurisconsultes romains avaient appliqué aux donations à cause de mort les règles de la loi Falcidia et celles de la *querela inofficiosi testamenti* ; après le sénatusconsulte ils les étendirent aux donations entre vifs faites entre conjoints. (L. 32, § 1 ; D., h. t. — C. *de inofficiosis donat.*, 3, 29.) — On sait enfin que, pour sauvegarder les droits des enfants issus d'un premier mariage, Justinien, dans les Constitutions restées célèbres *hac edictali et generaliter*, avait fixé une quotité disponible extraordinaire que ne pouvait point dépasser l'époux marié en secondes noces ; ces dispositions furent étendues aux libéralités entre conjoints. Aucun texte ne vise spécialement les donations indirectes ; ils s'expriment tous en termes généraux, et c'est ce qui me permet d'être sur ce point sobre de détails.

Les règles de forme de la *mortis causa donatio* furent aussi appliquées à la donation entre époux ; elle ne put pas se former par simple pacte, et, comme la *mortis causa donatio*, elle exigea, pour sa perfection, une tradition, une promesse, une acceptilation ou tout autre acte juridique obligatoire.

Cette assimilation presque entière se maintint jusqu'au règne de Justinien. Cet empereur rendit deux décisions qui modifièrent complètement le caractère de la donation entre époux, en la faisant rentrer définitivement dans la catégorie des libéralités entre vifs. Il décida qu'elle pourrait désormais se constituer par simple pacte, et il la soumit à la formalité de l'insinuation, si elle excédait 500 solides. (*Nov.* 162, cap. I. -- L. 25; C., *de don. int. vir. et ux.*, 5, 16.) L'insinuation devint la condition même de la rétroactivité.

Il nous reste à rechercher quelles sont les conséquences du défaut d'insinuation ; la question est intéressante, elle est prévue par les textes, et plusieurs d'entre eux visent spécialement le cas d'une donation indirecte. Voici la règle : toute donation, dont la valeur est supérieure à 500 solides, doit être insinuée ; le défaut d'insinuation entraine la nullité de la donation, mais seulement pour ce qui dépasse les 500 solides : cette nullité est absolue, comme était absolue la nullité qui frappait les libéralités entre époux avant le sénatusconsulte de Caracalla. Nous allons étudier l'application de cette règle dans les lois 21, § 1, (D., *de donat.*, 39, 5) et 5, § 5 (D., *de doli mali except.*, 44, 4.) *Sed si debitorem meum tibi donationis immodicæ causa promittere jussi, an summoveris donationis exceptione, necne, tractabitur? Et meus quidem debitor exceptione te agentem repellere non potest, quia perinde sum, quasi exactam a debitore meo summam tibi donaverim, et tu illam ei credideris. Sed ego (si quidem pecuniæ a debitore meo nondum solutæ sint) habeo adversus debitorem meum rescissoriam in id, quo supra legis modum promisit : ita ut in reliquum tibi maneat obligatus. Sin autem pecunias a debitore meo exegisti, in hoc quod modum legis excedit, habeo contra te condictionem.* (L. 21, § 1.) Celsus suppose que *Primus* voulant faire à *Secundus* une donation supérieure au taux fixé par la loi, lui a délégué son débiteur *Tertius*, et il se demande si le débiteur délégué pourra repousser par une exception l'action du délé-

gataire. Fidèle à la théorie de la tradition *brevi manu*, le jurisconsulte répond qu'il ne le pourra pas : le déléguant, en effet,
est censé avoir reçu du débiteur délégué la somme due et
l'avoir ensuite donnée au délégataire, qui, à son tour, est
censé l'avoir prêtée au débiteur délégué. Mais le texte ajoute :
si *Tertius* n'a pas encore désintéressé *Secundus*, il faut accorder à *Primus* contre *Tertius* une action *rescissoria* jusqu'à concurrence de ce qui dépasse le taux légal, de sorte que *Tertius*
(le débiteur délégué) restera débiteur de cet excédant envers
Primus (le créancier déléguant). Si, au contraire, *Tertius* a
désintéressé *Secundus*, il faut accorder à *Primus* une *condictio*
contre *Secundus*, jusqu'à concurrence de l'excédant.

Cette loi contient une application évidente des principes
de l'insinuation. La donation non insinuée est valable jusqu'à concurrence de 500 solides ; au-dessus de ce taux elle
constitue une *injusta causa* ; la délégation n'est donc légitime
que dans les limites du taux fixé par la loi. Comment donc
expliquer que le texte de Celsus, qui vivait bien avant que la
théorie de l'insinuation ait été imaginée, en relate une application aussi certaine? Evidemment par une interpolation des
rédacteurs du Digeste, qui ont remanié le texte pour l'adap-
ter à la théorie nouvelle. La contexture même de la loi 21,
§ 1, prouve, me semble-t-il, que la première partie seule, jusqu'aux mots *sed ego*, appartient bien réellement au jurisconsulte. Celsus suppose que, voulant faire à une *persona non
excepta* une libéralité supérieure au taux fixé par la Loi
Cincia, je lui ai délégué mon débiteur; et il se demande si
ce débiteur pourra opposer à l'action du donataire l'exception de la Loi Cincia, exception que, moi donateur, j'aurais
pu lui opposer, si je m'étais directement engagé envers lui.
La raison de douter pour Celsus, qui est Proculien, vient de
ce que l'école Proculienne décidait que l'exception de la Loi
Cincia était une *exceptio popularis* et pouvait, par conséquent,
être opposée par tout intéressé : il résout néanmoins la

question dans le sens de la négative, et cela, parce que, grâce à la tradition *brevi manu*, le débiteur délégué est censé avoir emprunté au donataire la somme due.

Le seconde partie du texte ne cadre point avec ces prémisses ; elle contredit même le principe de la Loi Cincia. Le caractère essentiel de la Loi Cincia est, en effet, d'être une *lex imperfecta*, c'est-à-dire d'être inapplicable toutes les fois que le donateur s'est définitivement dessaisi à l'égard du donataire : or, dans notre hypothèse, le dessaisissement du donateur est complet (c'est précisément ce qui décide Celsus à refuser l'exception), aucun lien de droit ne le rattache au donataire ; la donation est donc parfaitement valable, et je ne vois pas quel pourrait être le fondement de l'action *rescissoria.*

M. de Savigny, qui ne croit pas à une interpolation des rédacteurs du Digeste, soutient que le texte tout entier est de Celsus et contient une application de la Loi Cincia. Le fondement de l'action (action *rescissoria* ou *condictio*) est dans ce principe qu'il y a payement de l'indû et, par conséquent, ouverture à l'action en répétition toutes les fois que l'on a payé malgré la protection d'une exception perpétuelle. La condition de l'erreur n'est pas, d'après lui, indispensable, et il fonde son opinion sur le § 266 des *Fragmenta Vaticana*. Je ne crois pas que ce texte autorise une pareille solution ; mais, même en admettant que l'erreur ne soit pas une condition essentielle de l'exercice de la *condictio*, encore faudrait-il, pour être logique, accorder cette *condictio* pour le tout, car, et les textes sont formels sur ce point, l'effet de la Loi Cincia n'est pas limité à la portion qui excéde le *modus*. (*Fragm. Vatic.*, §§ 259 et 293. — L. 5, § 2 ; D., *de dol. mal. et met. except*). La loi 21, § 1, en donnant l'action *rescissoria* ou la *condictio in id quod modum legis excedit* prouve donc par là même qu'elle ne vise point un cas d'application de la Loi Cincia.

Que faut-il conclure de là ? De deux choses l'une : ou bien le jurisconsulte Celsus a voulu appliquer à l'espèce qu'il résolvait la théorie de l'insinuation, ce qui est une impossibilité chronologique et, par conséquent, une absurdité ; ou bien le texte a été remanié par les compilateurs de Justinien qui ont voulu le mettre d'accord avec les principes nouveaux ; c'est là la seule solution acceptable.

Il faut donner de la loi 5, § 5, une explication analogue. Elle suppose que le donataire a délégué le donateur à son créancier, et, comme la donation dépasse le *modus legitimus*, Paul se demande, comme Celsus tout à l'heure, si le donateur délégué pourra repousser l'action du créancier par l'*exceptio donationis*. Il résout lui aussi la question dans le sens de la négative, et pour la même raison : *quoniam creditor suum petit*. Mais la fin du texte ajoute : le donateur délégué aura contre le déléguant une *condictio* jusqu'à concurrence de ce qui excède le *modus*, à l'effet de se faire libérer, s'il n'a pas encore payé, et de se faire rembourser, s'il a déjà payé. L'interpolation ici aussi est évidente ; elle est d'autant plus évidente qu'on peut trouver au Digeste et même au Code des Textes, auxquels les compilateurs de Justinien n'ont fait subir aucune correction, et qui, prévoyant la même hypothèse, donnent des solutions absolument conformes aux principes de la Loi Cincia. C'est d'abord la loi 2, § 2, au titre *de donationibus*, qui suppose une donation par voie de délégation et qui décide en termes formels : *inter omnes perfecta est donatio*. C'est aussi la loi 23, § 3, au même titre, plus explicite encore ; c'est enfin une Constitution de Dioclétien (*Const. 2 ; C., de acceptilationibus*, 8, 44) qui fait cesser tous les doutes : *Si donationis gratia novatione facta per acceptilationem præstiti liberationem, omnis agendi via perempta est*. Mais les textes de Celsus et de Paul, quoique remaniés, ont une valeur juridique incontestable, puisqu'ils nous montrent quelles étaient sur une donation indirecte les conséquences du défaut d'insinuation. A ce titre, ils étaient précieux pour nous et méritaient une étude particulière.

DROIT FRANÇAIS

INTRODUCTION

THÉORIE GÉNÉRALE DES DONATIONS ENTRE ÉPOUX
DANS L'ANCIEN DROIT FRANÇAIS, DANS LE DROIT INTERMÉDIAIRE
ET DANS LE DROIT FRANÇAIS ACTUEL.

Le législateur qui veut régler équitablement les rapports pécuniaires des époux pendant le mariage doit éviter un double écueil. S'il reste indifférent, il est à craindre que l'époux, trop faible pour résister aux séductions intéressées de son conjoint, ne se dépouille inconsidérément en sa faveur. S'il intervient trop sévèrement, il risque de rendre impossible entre le mari et la femme tout témoignage pécuniaire de reconnaissance; il peut empêcher un époux fortuné de préserver son conjoint pauvre contre les conséquences malheureuses d'une mort prématurée. Dans le mariage, l'affection n'exclut pas l'indépendance : l'une est la garantie de l'autre, et le législateur doit chercher à les concilier. Le problème est délicat; nous avons vu comment le droit romain l'avait compris et résolu.

Ce droit, tel que nous l'avons étudié dans ses transformations successives, avait été le droit de la Gaule romaine tout entière jusqu'à l'invasion des Barbares; il resta celui des pays de droit écrit jusqu'à la Révolution française. Dans l'est et le midi de la Gaule, on le sait, les violences de la conquête s'étaient bientôt apaisées ; les Barbares avaient été séduits par les mœurs polies des Gallo-Romains, que le luxe de la vieille Rome n'avait point corrompues, par les douceurs du climat, qui contrastait si singulièrement avec celui qu'ils fuyaient; les vainqueurs s'étaient civilisés au contact des vaincus. « Les Goths surtout, dit M. Augustin Thierry, montraient du penchant pour les mœurs romaines, qui étaient alors celles de toutes les villes gauloises. Leurs chefs se faisaient gloire d'aimer les arts et affectaient la politesse de Rome. Aussi l'industrie et la science reprenaient de l'essor ; le génie romain reparaissait dans ce pays où les vainqueurs semblaient abjurer leur conquête. » Ce respect des vainqueurs pour les usages et les mœurs des vaincus se traduisit par la rédaction de deux œuvres législatives, destinées à mettre le droit romain à la portée des juges barbares. Le *Papiani Responsum* n'est qu'un abrégé, une sorte de manuel, mais le *Breviarium Alarici*, ou *Lex Romana Visigothorum*, est un Code complet où les textes des jurisconsultes romains sont, à peu près tous, textuellement reproduits, et qui contient les principes du droit romain en vigueur à cette époque.

La tradition romaine se maintint dans les pays de droit écrit pendant une longue suite de siècles ; sans doute les principes en furent parfois modifiés par les Ordonnances royales qui, on le sait, s'appliquaient à toute l'étendue de la France ; mais, quant au point spécial qui nous occupe, elle subsista dans toute sa pureté. L'Ordonnance de 1731, en effet, qui établit un droit uniforme en matière de donations, ne régit pas les donations entre époux. L'article 46 ne laisse aucun doute à cet égard : « N'entendons comprendre dans les dispositions de la présente Ordonnance ce qui concerne les dons mutuels et autres donations entre mari et femme, autrement que par le contrat de mariage, à l'égard desquelles donations il ne sera rien innové jusqu'à ce qu'il y ait été autrement par nous pourvu. »

Dans le nord de la Gaule, le joug des envahisseurs avait été plus dur. Sans doute, il n'est pas vrai que les conquérants aient traité en esclaves les Gallo-Romains soumis, qu'ils aient renversé d'un seul coup leurs institutions et leurs lois pour les remplacer par le droit barbare, qui ne pouvait convenir ni aux mœurs ni aux besoins des vaincus ; mais il est tout aussi faux de soutenir, comme on l'a fait, que les Francs avaient été non pas les vainqueurs mais les alliés des Gallo-Romains, que la conquête, en un mot, avait été pacifique, et que le droit romain et le droit barbare avaient coexisté, imposant un respect égal et revêtus d'une égale autorité. Ces deux systèmes sont l'un et l'autre exagérés. Ce qui est vrai, c'est que les Francs, plus nombreux et plus forts que les Visigoths et les Burgundes, ne traitèrent les Gallo-Romains ni en esclaves ni en alliés ; ils les soumirent peu à peu ; l'élément germanique finit par absorber l'élément indigène, et si le droit romain ne disparut pas tout à fait, c'est que Clovis, converti au christianisme, respecta en lui le droit de l'Église. Ce droit des Barbares, quel était-il ?

Les monuments législatifs qui nous sont parvenus sont assez obscurs sur notre matière. Néanmoins, des divers textes épars qui s'en occupent, on peut déduire que, même dans le droit barbare, les libéralités entre époux pendant le mariage ont été vues avec défaveur. La loi lombarde de Luitfrand les interdit catégoriquement : « *Nulli sit licentia conjugi suæ de rebus suis dare amplius per qualecumque ingenium, nisi quod ei in die votorum in methio et morgengab dederit, secundum anterius edictum ; et quod superdederit non sit stabile.* » (Ch. CII.) La loi des Ripuaires ne les permet que dans le cas où les époux n'ont pas d'enfants. « *Si quis procreationem filiorum vel filiarum non habuerit, omnem facultatem suam in præsentia Pegis, sive mulieri vir, sive mulier viro, seu cuicunque libet de pro-*

ximis vel extraneis adoptare in hereditatem vel adfatomi per scripturarum seriem seu per traditionem, et testibus adhibitis secundum legem Rhipuariorum licentiam habent.» Tit. XLVIII). La loi des Visigoths est plus large, elle ne défend les donations entre époux que dans l'année qui suit le mariage. « *Certe si jam vir uxorem habens, transacto scilicet anno, pro dilectione vel merito conjugalis obsequii, ei aliquid donare elegerit, licentiam incunctanter habebit. Nam non aliter infra anni circulum maritus in uxorem, seu mulier in maritum excepta dote, ut prædictum est, aliam donationem conscribere poterint, nisi gravati infirmitate periculum sibi mortis imminere perspexerunt.* » La loi Salique est moins claire; néanmoins en comparant certains textes de cette loi avec les formules d'actes qui sont parvenus jusqu'à nous, on peut induire que les époux pouvaient se faire des libéralités en usufruit, et que ces libéralités, quoique limitées à l'usufruit, n'étaient permises que si aucun enfant n'était né du mariage (1).

Ces lois des Barbares, corrigées mais non transformées par les Capitulaires de Rois carlovingiens, conservèrent leur autorité jusqu'à la fin du IX⁰ siècle. A cette époque, le droit revêt un caractère nouveau; de personnel qu'il était, il devient territorial. Le Capitulaire de Kiersy-sur-Oise (877), qui instituait l'hérédité des fiefs, avait porté un coup mortel à l'autorité royale, déjà affaiblie par les démembrements successifs de l'empire de Charlemagne ; une force nouvelle, toute-puissante, se substitua à elle, la féodalité. La souveraineté fut morcelée à l'infini, comme le territoire, et ce morcellement éteignit peu à peu le sentiment de la nationalité. On distingua désormais les individus, non pas d'après la race à laquelle ils appartenaient, mais d'après le lieu qu'ils habitaient. Cette confusion des races amena la confusion des lois ; la loi du plus grand nombre finit par absorber la loi du plus petit

(1) Pardessus, *Textes de la loi Salique,* 1843, p. 378.

nombre, et, comme l'autorité royale n'était plus assez forte pour la promulguer de nouveau, la loi de la minorité fut bientôt tout à fait oubliée. La loi de la majorité, de son côté, et par la même raison, ne se maintint que par l'application qui en était faite par des juges qui ne connaissaient qu'elle, et dont la compétence était territoriale : elle devint coutume et coutume territoriale.

Ce phénomène juridique se produisit dans toute la France ; mais tandis que, dans le Midi, le droit romain se maintint un dans son application, comme il était un dans son origine, dans le Nord, le droit germanique, moins homogène et, par conséquent, plus facile à manier, se diversifia à l'infini, subissant fatalement l'influence des personnes et des lieux. De là ces divergences nombreuses et inexplicables au premier abord entre les coutumes, divergences que les rois de France cherchèrent souvent à atténuer par leurs Ordonnances, mais qui se conservèrent pendant toute la durée de l'ancien régime.

Cette diversité dans le droit des Coutumes se manifeste dans notre matière comme partout ; néanmoins, un point reste certain, c'est que les libéralités entre époux n'ont jamais été soumises au régime de la liberté. Les plus anciens monuments du droit coutumier sont explicites à cet égard. Nous lisons dans le *Miroir de Saxe* (art. 31, § 2) : « Dès qu'un homme se marie, il prend comme légitime tuteur tous les biens de la femme en saisine : c'est pourquoi la femme ne peut faire à son époux aucune donation mobilière ou immobilière, au préjudice de ses héritiers légitimes. » Les Etablissements de Saint-Louis sont plus formels encore : « Dame na peut rien donner à son seignour en aumosne tant come soit siene que li dons fuest estables, car, par aventure, elle ne l'aurait pas fait en bonne volonté : ains li aurait doné pour qu'il ne li en fist pis, ou le grand amor que elle aurait à li et pour ce li peut elle doner de son mariage ; mes avant que

elle l'eust pris elle li porrait bien donner le tiers de son héritage, ou à sa mort, quand elle serait malade, pour qu'il n'y
eust hoir masle. » On a soutenu que de Fontaine et Beau-
manoir reconnaissaient la parfaite validité des donations
entre époux pendant le mariage, et on a fondé cette opinion
sur ce passage du Conseil à un amy : « Ce qu'en peut lessier
à étrange personne, on peut en lessier à un de ses anfants
et à sa femme meisme. » (Ch. XXXIII), et sur cet autre des
Coutumes de Beauvoisy. « Il est costume bien approvée que
li hom, toutes ces cozes dessus dictes, puet lessier à sa
femme ou à la femme de son seignour. » (Ch. XII-4.) Mais il
me paraît évident que ces textes font allusion, non pas à des
donations entre vifs, mais à des donations testamentaires.

La rédaction officielle des Coutumes laissa subsister toutes
ces divergences, et Pothier constate dans son *Traité des donations entre époux* (art. Ier, n° 7) que « à l'égard de nos Coutumes, il y a beaucoup de variété entre elles sur les donations
entre mari et femme ». Les unes, comme les Coutumes de
Chartres, de Péronne, de Châteauneuf, de Reims, d'A-
miens, etc., défendaient aux époux toute donation entre vifs,
mais autorisaient sous certaines conditions les donations
testamentaires. D'autres, comme la Coutume de Touraine et
la Coutume du Poitou, avaient adopté le système romain et
validaient les libéralités entre époux pendant le mariage,
lorsque le conjoint donateur était prédécédé sans avoir révoqué. Quelques-unes, plus larges (Coutumes d'Angoumois et
de Montfort), permettaient les donations entre époux, mais en
usufruit seulement ; enfin la Coutume de Saint-Jean d'An-
gély, plus favorable encore, autorisait toute donation
entre époux pendant le mariage, sauf certaines restrictions
dans le cas où il y avait des enfants.

Mais ces diverses Coutumes, que je viens de citer, constituaient des exceptions. Le droit commun de la France cou-
tumière était plus rigoureux : la prohibition des libéralités

entre époux était générale, et s'appliquait aux donations testamentaires, aussi bien qu'aux donations entre vifs, sauf
aux dons mutuels. L'art. 282 de la Coutume de Paris est
formel à cet égard : « Homme et femme conjoints par mariage, constant icelui, ne se peuvent avantager l'un l'autre,
par donation entre vifs, par testament ou ordonnance de
dernière volonté, ne autrement, directement, ne indirectement, sinon par don mutuel, comme dessus. »

Cette divergence dans les Coutumes que nous avons si-
gnalée se perpétua jusqu'à la Révolution. L'ordonnance de
1731 laisse en effet en dehors de ses prévisions les libéralités entre époux : c'était du moins l'opinion de Furgole et de
tous nos anciens jurisconsultes ; l'opinion contraire de Pothier ne saurait prévaloir contre le texte formel de l'art. 46.
Le droit révolutionnaire, rompant avec les traditions de
tous les temps, et, comme s'il avait eu à cœur de détruire
systématiquement toutes les institutions de l'ancien régime,
sans discerner celles qu'il fallait réformer et celles qu'il fallait conserver, adopta le principe, nouveau en la matière, de
la liberté presque illimitée. La loi du 17 nivôse an II qui,
dans ses articles 1 et 16 restreint jusqu'à l'anéantir le droit
de disposition à l'égard des étrangers et des successibles,
décide dans les art. 13 et 14 que les époux qui n'ont pas
d'enfants, peuvent se donner irrévocablement la pleine propriété de tous leurs biens. On a cherché des causes
sérieuses à ce changement subit de législation ; on n'en a
trouvé aucune. Je ne m'attarderai point à faire cette recherche, désormais sans intérêt pratique, et je me bornerai
à constater que la loi du 17 nivôse an II régla le droit des
libéralités entre époux jusqu'à la rédaction du Code civil.

Les législateurs de 1804 pouvaient donc choisir entre le
système romain de la validité conditionnelle, le système
coutumier de la nullité absolue et le système révolutionnaire
de la validité complète. S'inspirant des causes qui avaient

motivé l'excessive sévérité du droit romain et de nos Coutumes, ils ont créé un système nouveau, plus large et plus moral, dont voici le principe : la donation entre époux pendant le mariage est valable, elle est même, à certains points de vue, mieux traitée que la donation entre non-conjoints, puisqu'elle peut avoir pour objet des biens à venir (art. 947), mais elle est toujours révocable au gré de l'époux donateur (art. 1096). « On ne pourra plus douter, dit l'orateur du Gouvernement au Corps législatif, que les donations ne soient l'objet d'un consentement libre, et qu'il ne faut les attribuer ni à la subordination, ni à une affection momentanée ou inconsidérée, quand l'époux, libre de les révoquer, y aura persisté jusqu'à sa mort ; quand la femme n'aura besoin, pour cette révocation, d'aucune autorisation. »

La faculté de révocation n'enlève pas à la donation entre époux son caractère de donation entre vifs. Ce principe, aujourd'hui reconnu par la plupart des auteurs et par une jurisprudence constante, a été contesté, et l'on a soutenu, dans une première opinion, que les donations entre époux constituaient de véritables donations à cause de mort, et, dans une seconde opinion, qu'elles participaient tout à la fois des donations à cause de mort et des donations entre vifs. Mais ces deux systèmes tombent devant le texte formel de l'art. 893 qui ne reconnaît plus que deux manières de disposer à titre gratuit : la donation entre vifs et le testament. L'expression de l'art. 1096 « quoique qualifiée entre vifs », sur laquelle on a voulu les édifier, doit s'entendre en ce sens, que la qualification de « donation entre vifs », donnée à la libéralité que l'un des époux adresse à son conjoint, ne peut pas faire obstacle à la faculté de révocation. Pour qu'il en fût autrement, il faudrait que la révocabilité, édictée par l'art. 1096, fût contraire à l'essence des donations entre vifs ; or il n'en est pas ainsi. Un contrat, en effet, n'est pas nécessairement irrévocable ; sans doute il ne peut pas dépendre de la seule volonté de l'une des parties contractantes d'en arrêter l'exécution, mais il leur est parfaitement loisible de convenir que la résolution du contrat pourra dépendre de la seule volonté de l'une d'elles : c'est là une nouvelle convention qui n'est contraire ni à l'ordre public ni à la nature des choses, et les textes du Code fournissent des preuves à l'appui de cette vérité. Prenons l'exemple d'une vente : ce contrat est irrévocable en ce sens que le vendeur ne peut pas se soustraire à l'exécution de son obligation sans le consentement de l'acheteur; mais au moment où le contrat est passé, et même après sa formation, le vendeur peut, d'accord avec l'acheteur, se réserver le droit de reprendre la chose vendue moyennant la restitution du prix ; c'est le pacte de réméré, consacré par l'art. 1659. Il y a mieux ; et la loi, toute puissante, permet, dans certains cas, que la volonté de l'une des parties contractantes suffise pour résoudre la convention. La société, par exemple, est un contrat, bien que l'art. 1865 décide qu'elle peut finir « par la volonté qu'un seul ou plusieurs expriment de n'être plus en société », et il en est de même du mandat (art. 2003-2004). Ce qui est vrai des contrats en général, et en particulier des contrats synallagmatiques, l'est, à plus forte raison, des actes de pure libéralité. La règle « donner et retenir ne vaut », de l'aveu même de nos anciens auteurs qui l'ont formulée et des rédacteurs du Code qui l'ont conservée, n'est pas une règle de droit naturel ; elle est une règle de droit positif, qui, imaginée à une époque où l'unique souci des législateurs était de conserver les biens dans les familles, n'a plus aujourd'hui sa raison d'être.

La donation entre époux est donc une donation et une donation entre vifs.

De ce que la donation entre époux est une donation, il faut conclure qu'elle est soumise à toutes les règles de fond des dépositions à titre gratuit, et en particulier, aux règles, du rapport et de la réduction. En matière de rapport ce sont les règles ordinaires qui doivent être appliquées (art. 829 et suiv.) ; la question d'ailleurs ne se posera pas souvent, car, pour qu'elle se pose, il faut supposer, ce qui est rare, que les deux époux sont parents l'un de l'autre au degré successible. Il n'en est pas de même en matière de réduction : le système du Code civil étant sur ce point tout à fait exceptionnel, quelques détails sont ici nécessaires. Les législateurs de 1804 n'ont pas voulu que la quotité disponible entre époux fût celle du droit commun : ils ont prévu deux situations qu'ils ont, et avec raison, réglées différemment. La première est celle de l'art. 1094, c'est le cas normal : les deux époux n'ont contracté l'un et l'autre qu'un seul mariage ou, si l'un d'eux est binube, il ne lui reste aucun enfant issu de sa précédente union. S'inspirant de la faveur qui s'attache au mariage, le Code a dans cette hypothèse élevé la quotité disponible au-dessus des limites ordinaires et décidé que « l'époux pourra, pour le cas où il ne laisserait point d'enfants ni de descendants, disposer en faveur de l'autre époux, en propriété de tout ce dont il pourrait disposer en faveur d'un étranger et, en outre, de l'usufruit de la totalité de la portion dont la loi prohibe la disposition au préjudice des héritiers. — Et pour le cas où l'époux donateur laisserait des enfants ou descendants, il pourra donner à l'autre époux, ou un quart en pleine propriété et un autre quart en usufruit, ou la moitié de tous ses biens en usufruit seulement. » Le législateur, en fixant deux quotités disponibles distinctes, l'une en pleine propriété, l'autre en usufruit, a, par cela même, écarté l'application de l'art. 917 à notre hypothèse ; si donc l'un des époux a fait à son conjoint une libéralité en usufruit supérieure à la moitié de ses biens, cette disposition devra nécessairement être réduite à la moitié, et le conjoint donataire ne pourra pas forcer les héritiers du donateur à exécuter la libéralité tout entière ou à lui abandonner, outre un quart en usufruit, un quart en pleine propriété. L'art. 1094 laisse, d'après nous, en dehors de ses provisions l'hypothèse où les deux époux ont moins de trois enfants ; il faut lui appliquer les règles du droit commun et décider en conséquence que l'époux donateur pourra disposer en faveur de son conjoint de la moitié de tous ses biens en pleine propriété, s'il n'y a qu'un enfant, et du tiers, s'il y en a deux. Ce système, qui est celui de Bénech et de Zachariæ et qui a été adopté par MM. Aubry et Rau, me paraît incontestablement plus raisonnable que celui de la jurisprudence, d'après lequel l'alinéa 2 de l'art. 1094 fixerait une quotité disponible invariable. Le législateur a voulu, et cela ressort avec évidence du texte même de l'article tout entier, soumettre au point de vue spécial de la disponibilité des biens, les donations entre conjoints à un régime de faveur : le silence de la loi dans le cas où les époux ont moins de trois enfants ne doit pas logiquement s'interpréter contre l'époux donataire.

L'art. 1098 fixe la quotité disponible entre époux lorsqu'il y a des enfants issus d'un précédent mariage. Le législateur a redouté que l'influence du second époux ne dépouillât trop facilement les enfants du premier lit, et, au régime de faveur que nous venons d'analyser, il a substitué un régime de défiance. Nous en avons déjà trouvé l'idée première dans les Constitutions de l'empereur Justinien ; dans notre ancien droit français, un Édit célèbre, rendu par François II en 1560, reproduisit les dispositions du droit impérial. Cet Édit des secondes noces contenait deux chefs : par le premier chef, il était décidé que : « Les femmes veuves ayant enfants ou enfant, ou enfants de leurs enfants, ne peuvent et ne pourront, en quelque façon que ce soit, donner de leurs biens meubles, acquêts ou acquis par elle, d'ailleurs que de leur premier mari, ni moins leurs propres à leurs nouveaux maris, pères, mères ou enfants desdits maris, ou autres personnes qu'on puisse présumer être par dol ou fraude interposées, plus qu'à l'un de leurs enfants, ou enfants de leurs enfants, et s'il se trouve division inégale de leurs biens faite entre leurs enfants ou enfants de leurs enfants, les donations par elles faites à leurs nouveaux maris, seront réduites et mesurées à la part de celui des enfants qui aura le moins. » Bien que la prohibition contenue dans ce premier chef de l'Édit ne s'appliquât rigoureusement qu'aux veuves, une jurisprudence constante l'avait étendue aux veufs. Par le second chef il était défendu aux veufs et aux veuves qui se remariaient « de donner à leur nouveau conjoint aucune part des biens dont ils avaient été gratifiés par le premier conjoint » ; ils devaient les réserver aux enfants issus du précédent mariage. Cette dernière disposition n'était plus compatible avec le droit nouveau qui rejetait le principe de la distinction des biens d'après leur origine. Les législateurs de 1804 l'ont écartée, mais ils ont reproduit, en l'aggravant, le premier chef de l'Édit. L'art. 1098 décide, en effet, que l'homme ou la femme remariés ne peuvent donner à leur second conjoint qu'une part d'enfant légitime le moins prenant.

B. De ce que la donation entre époux est une donation entrevifs, il faut tirer les conclusions suivantes :

1° La donation entre époux opère un dessaisissement actuel de l'époux donateur : cela est vrai même lorsque la libéralité a pour objet des biens à venir, en ce sens que l'époux donataire est, au décès de son conjoint, dispensé de toute demande en délivrance.

2° La donation entre époux qui porte sur des biens présents n'est pas caduque par le prédécès du conjoint donateur. L'opinion contraire est aujourd'hui définitivement abandonnée ; elle a été soutenue par ceux des premiers commentateurs du Code civil qui, imbus outre mesure des idées romaines, voyaient dans la donation entre époux une disposition à cause de mort. Pour faire tomber une telle théorie, il suffit de remarquer qu'aucune assimilation n'est possible entre le système romain qui déclarait la donation entre époux nulle dès le principe, et le système du Code civil qui lui fait produire un effet actuel. La jurisprudence, qui a été plusieurs fois appelée à juger la question, n'a pas hésité à repousser la théorie que je combats. Je ne veux citer qu'un arrêt ; il a été rendu par la Cour de Grenoble, le 30 juin 1827, et il se rapporte directement au sujet de cette Étude. — Deux époux s'étaient conjointement portés acquéreurs d'une maison, et, pour faire une libéralité à sa femme, le mari avait payé la part du prix dont celle-ci était débitrice. Le conjoint donateur étant mort avant sa femme, ses héritiers prétendaient que la donation était caduque. La Cour de Grenoble rejeta cette demande dans un arrêt très juridiquement motivé, dont voici les principaux considérants : « Attendu qu'à supposer que Françoise G. n'eût pas payé de ses propres deniers la portion la concernant de l'acquisition constatée par l'acte du 13 germinal an XI, mais que la totalité du prix eût été payée des deniers de Jean B., il faudrait, dans ce cas, admettre que B. aurait voulu faire une libéralité indirecte à sa femme. — Attendu que Jean B. étant décédé sous l'empire du Code civil, sans qu'aucune révocation de cette libéralité ait été faite par le dit B., la conséquence serait qu'elle aurait dû être exécutée, — etc. » (Dalloz, J. G. *Dispositions entre vifs* n° 2428.)

3° L'époux mineur ne peut faire aucune donation à son conjoint pendant le mariage, bien que l'art. 904 lui permette de disposer par testament « de la moitié des biens dont la loi permet au majeur de disposer ».

4° L'action en réduction d'une donation entre époux n'est recevable que si le retranchement de toutes les dispositions testamentaires n'est pas suffisant pour constituer la réserve ; lorsqu'elle porte sur des biens présents, la donation entre époux ne doit être réduite qu'à sa date.

Le Code civil a édicté, en faveur des libéralités entre époux, certaines règles exceptionnelles qu'il faut rappeler :

1° Les art. 943, 944, 945, 946 ne leur sont pas applicables.

2° Elles ne sont pas révoquées par la survenance d'enfants.

3° Elles sont révocables au gré de l'époux donateur. Je n'insisterai pas sur ce caractère; j'ai déjà démontré que, quoique révocable, la donation entre époux restait donation entre vifs. Il me suffira de rappeler que la révocation peut-être expresse ou tacite; la révocation tacite doit s'induire de tout fait qui suppose nécessairement chez l'époux donateur l'intention de révoquer la libéralité dont il est l'auteur.

4° Elles sont révoquées de plein droit par le divorce prononcé contre le conjoint donataire. La loi du 27 juillet 1884, qui rétablit le divorce, a modifié, en ces termes, l'ancien art. 299 du Code civil : « L'époux contre lequel le divorce aura été prononcé perdra tous les avantages que l'autre époux lui avait faits, soit par contrat de mariage, soit depuis le mariage. » Le fondement de cette disposition légale est facile à comprendre et Treilhard l'avait déjà indiqué dans son rapport au Corps législatif : « L'époux coupable s'est placé au rang des ingrats, il sera traité comme eux; il a violé la première condition du contrat, il ne sera pas reçu à en réclamer les dispositions. » — Bien que l'expression « avantage » soit générale, il est évident qu'elle ne s'applique qu'aux libéralités proprement dites et qu'elle laisse en dehors de ses prévisions les bénéfices que le conjoint coupable a pu retirer des conventions matrimoniales. La doctrine des auteurs est unanime sur ce point. — L'art. 299 est-il applicable à la séparation de corps? Jusqu'en 1845, la Cour de cassation a admis la négative; à cette époque, revenant sur sa jurisprudence, elle a adopté l'opinion contraire qui était celle de la plupart des Cours d'appel et qui me paraît la plus raisonnable. (Cass., 23 mai 1845; D P., 45, 1, 230.) L'art. 299 est sans doute une disposition exceptionnelle, mais les raisons qui l'ont fait édicter expliquent et justifient son extension à la séparation de corps.

Voilà, résumée dans ses traits essentiels, la théorie générale du droit français en matière de donations entre époux. Cette étude préalable était, d'après moi, nécessaire; elle évitera des redites et elle délimite le chemin à parcourir. La suite de cette thèse ne doit être, en effet, que l'application aux libéralités indirectes des principes que je viens d'ex poser.

PREMIÈRE PARTIE

DISTINCTION DES DONATIONS DIRECTES, DES DONATIONS INDI-
RECTES ET DES DONATIONS DÉGUISÉES. — EXPLICATION DE
L'ART. 1099.

J'ai essayé d'analyser, dans la première partie de cette
thèse, la notion que le droit romain avait conçue de la donation. La donation n'a jamais été à Rome un acte juridique
spécial, soumis, pour sa validité, à des formes déterminées,
et nous avons vu avec quel art les jurisconsultes romains
savaient la découvrir dans les actes les plus divers. Dans le
droit moderne, la notion de donation est tout autre. L'art.
894 du Code civil définit la donation « un acte par lequel le
donateur se dépouille actuellement et irrévocablement de la
chose donnée, en faveur du donataire qui l'accepte », et l'art.
931 la soumet à des formes solennelles : « tous actes
portant donation entre vifs seront passés devant notaires,
dans la forme ordinaire des contrats, et il en restera minute
sous peine de nullité. » Cette transformation de l'idée de
donation n'est pas un phénomène juridique inexplicable, dû
à un caprice législatif, irraisonné et subit. Pour en trouver
les causes purement juridiques, il faut remonter jusqu'à
cette Constitution, emphatique et obscure, de l'empereur
Constantin, qui, sous prétexte de faire cesser les incertitu-
des et d'éviter les procès en rendant plus facile la preuve de
la donation, avait imaginé trois formalités spéciales : la rédaction d'un acte écrit en présence de témoins, la tradition réelle

de la chose donnée, et l'insinuation. En faisant de la tradition une formalité essentielle, cette Constitution tendait à
confondre la donation avec la dation. Certainement les jurisconsultes du Bas-Empire ne l'interprétèrent jamais ainsi;
d'ailleurs, s'il y avait eu des doutes, Justinien les aurait levés
en mettant la donation au nombre des pactes légitimes.
Mais il faut se rappeler que l'Edit de Constantin fut inséré
au Code Théodosien et que le Code Théodosien a été pour
partie la source de la *lex Romana Visigothorum*. L'erreur que
n'avaient point commise les jurisconsultes du Bas-Empire
s'imposa pour ainsi dire aux rédacteurs du Bréviaire d'Ala-
ric, et nous la trouvons exprimée en ces termes : « *Directa
(1) donatio est ubi in præsenti res donata traditur.* » Cette interprétation, qui s'accordait admirablement avec le principe
nouveau introduit par le droit germanique, de la conservation des biens dans les familles, se perpétua dans nos Coutumes, et certains auteurs y ont vu l'origine de la fameuse
règle : Donner et retenir ne vaut. Il serait intéressant d'étudier dans les écrits de nos anciens jurisconsultes et jusque
dans le Traité de Pothier sur les libéralités entre vifs, quel
a été le rôle considérable de la tradition en matière de donation ; mais cette recherche nous entraînerait trop loin ; elle
est, d'ailleurs, en dehors du sujet spécial qui m'occupe, et j'ai
voulu simplement signaler le point de départ et le point d'ar-
rivée. Aujourd'hui, d'après la définition même de l'art. 894,
le Code civil considère la donation comme un acte juridique,
et un acte juridique solennel. Ce principe, accepté et consacré
par les législateurs de 1804 et qui semble à l'heure actuelle
au-dessus de toute atteinte, est-il absolu? C'est ce que je vais
examiner.

Les éléments constitutifs de la donation proprement dite
sont, nous l'avons vu : l'enrichissement du donataire, l'ap-

---

(1) Il faut traduire « *directa donatio* » par « donation entre vifs ».

pauvrissement du donateur et l'intention de libéralité. Or, ces trois éléments ne sont pas toujours et nécessairement isolés dans un acte indépendant ; ils peuvent se trouver réunis dans un contrat à titre onéreux; ils peuvent résulter d'un acte unilatéral ; ils peuvent être la conséquence fatale d'une abstention. Le législateur devait-il, dans toutes ces hypothèses, imposer l'observation des formes solennelles ? Il ne l'a point pensé. Déjà, dans notre ancienne jurisprudence, les auteurs reconnaissaient que certaines donations étaient dispensées des règles de la solennité. Furgole, dans son Commentaire de l'Ordonnance de 1731, s'exprime ainsi sur l'art. Ier : « Mais que doit-on penser des donations tacites? Faut-il que les faits sur lesquels on fonde la présomption de la donation, soient constatés par acte public, ou ces donations tacites sont-elles abrogées par notre article ? — Il me semble que l'intention des législateurs n'a pas été de supprimer ou d'abroger les donations tacites, mais seulement de régler la forme des donations expresses, et qui sont pratiquées le plus communément ; cela paraît des premières paroles de notre texte. Il faut prendre garde que notre article ne dit pas toutes donations entre vifs, il dit tous actes, pour décider qu'il ne peut point y avoir de donation entre vifs d'écriture privée qui soit valable. » Dumoulin avait déjà dit sur l'art. 133 de l'Ordonnance de 1539 : « *Illud duntaxat habet locum in donatione quæ debet fieri expresso pacto hominis; non autem habet locum in quacumque oblatione aut donatione tacita judicata vel præsumpta a lege.* » Cette vérité a été reconnue par tous les jurisconsultes modernes. « La donation, dit M. Demolombe, est de toutes les conventions, peut-être celle qui est susceptible de revêtir les formes les plus diverses et de se produire dans les occasions les plus nombreuses et les plus variées; et c'était une tâche impossible que d'entreprendre d'en subordonner la validité partout et toujours à des conditions de forme solennelles. — Telle était l'ancienne doctrine française. Et voilà ce que notre Code a aussi reconnu. On ne saurait même contester la tendance évidente et excessive peut-être de nos mœurs modernes à élargir considérablement le cercle de ces exceptions. » (Demolombe, t. III, *des donations et des testaments*, p. 49-50.) Quelles sont donc ces donations, non soumises à la règle de la solennité?

En étudiant, plus haut, les moyens de parfaire une donation, nous avons distingué la libéralité directe et la libéralité indirecte. Ces données, qui sont celles de la raison, sont vraies partout, aussi bien dans le droit moderne qu'en droit romain. La donation directe, avons-nous vu, est celle qui résulte d'un acte dont l'intention de libéralité est la cause première et le but unique, et ses caractères distinctifs sont les suivants : la donation directe résulte d'un acte positif, et non d'une abstention; cet acte intervient sans intermédiaire entre le donateur et le donataire, dans le seul but de parfaire la donation, et il puise, par conséquent, sa raison d'être dans l'intention de libéralité qu'il réalise. La donation indirecte au contraire est celle qui résulte soit d'une abstention, soit d'un acte, unilatéral ou synallagmatique, qui a par lui-même une existence propre et qui se comprend indépendamment de l'intention de libéralité qu'il sert médiatement à réaliser. En comparant les éléments essentiels de cette distinction à la notion juridique de la solennité, il est facile de se convaincre que les formes solennelles ne s'imposent nécessairement qu'à la donation directe. Qu'est-ce, en effet, qu'un acte solennel? C'est celui qui est juridiquement inexistant s'il ne revêt pas la forme déterminée par la loi : la forme seule lui donne l'être. La donation est un acte solennel; cela veut dire que la réunion des éléments constitutifs de la donation ne peut pas suffire pour créer un acte juridique obligatoire, il faut, en outre, l'obsertion des formes légales. Or, la donation directe est précisément celle qui résulte de la réunion dans un acte isolé des éléments qui constituent la donation, enrichissement du donataire, appauvrissement du donateur et intention de libéralité; il faut donc que cet acte revête la forme solennelle. Mais on comprend que cette règle cesse de s'appliquer lorsque la donation trouve en quelque sorte en dehors d'elle-même un principe de vie, c'est-à-dire lorsqu'elle est la conséquence d'un acte licite, non frauduleux, existant par lui-même, qui la supporte; on comprend, en un mot, que la règle cesse de s'appliquer lorsque la donation est indirecte. — Cette théorie est celle du Code civil. Il ressort, en effet, de textes nombreux que le législateur a distingué deux sortes de donations : à la donation directe, il applique toutes les règles de fond et toutes les règles de forme des libéralités entre vifs; à la donation indirecte, il applique seulement les règles de fond. L'art. 931, qui édicte les formes solennelles de la donation, vise uniquement « les actes portant donation », et exclut par là même les libéralités qui résultent soit d'une abstention, soit d'un acte qui n'a pas pour seul objet la réalisation de la donation. L'article 1595, en réservant dans les trois hypothèses où la vente entre époux est permise, « les droits des héritiers des parties contractantes, s'il y a avantage indirect, prouve deux choses : d'abord qu'un contrat de vente peut contenir une libéralité, ensuite que cette libéralité est soumise à l'action en réduction. L'art. 843 soumet les dons indirects au rapport, en décidant que « tout héritier, même bénéficiaire, venant à une succession, doit rapporter à ses cohéritiers tout ce qu'il a reçu du défunt par donation entre vifs, directement ou indirectement. » Enfin l'art. 1099 déclare que les règles exceptionnelles de la quotité disponible entre époux sont applicables aux donations indirectes comme aux donations directes.

Il résulte de cet exposé que la donation directe seule est solennelle. L'est-elle toujours est nécessairement? La solennité est une création du droit positif; cette création peut être juste et parfois nécessaire, mais, à coup sûr, elle est toujours arbitraire. En matière de donation, par exemple, le législateur a pensé que la sécurité des familles, l'intérêt même du donateur, qui se dépouille sans compensation, exigeaient que l'acte de donation ne fût pas régi par les principes du droit commun, et il a édicté la rédaction notariée devant témoins. Mais on comprend très bien qu'il n'en soit pas ainsi; le législateur, moins rigoureux, pouvait rester indifférent; il pouvait donc, en intervenant, apporter des exceptions au principe arbitraire qu'il posait : c'est ce qu'il a fait dans deux hypothèses. La première de ces exceptions n'est écrite dans aucun texte, elle est le résultat d'une tradition constante qu'impose, d'ailleurs, la nature même des choses : je veux parler du don manuel. L'opinion unanime des auteurs et de la jurisprudence reconnaît la parfaite validité des dons manuels indépendamment de toute forme ; or il ne peut pas être contesté que le don manuel constitue une libéralité directe ; il suppose, en effet, une relation immédiate entre le donateur et le donataire, et l'acte qui le consomme, c'est-à-dire la tradition, intervient uniquement pour le réaliser.

La seconde exception est implicitement contenue dans les dispositions des art. 1282, 1283 et 1284 qui, de l'aveu de tous, dispensent la remise de dette des formes solennelles. Je considère la remise de dette comme une donation directe ; elle entre, en effet, dans la définition que j'ai donnée plus haut; il est évident qu'elle suppose une convention, et, par conséquent, une relation immédiate entre le créancier et le débiteur, et qu'elle ne puise sa raison d'être que dans l'intention de libéralité qu'elle réalise. — On peut objecter sans doute que la remise de dette ne suppose pas nécessairement une donation ; cela est vrai, mais on peut en dire autant de la tradition, et ce n'est pas une raison pour mettre les dons manuels au rang des donations indirectes. La remise de dette n'est pas un acte indépendant, ayant par lui-même une valeur propre ; elle est, pour ainsi dire, un distrat de donation, et, par conséquent, un acte portant donation. Elle devrait donc, en principe, être soumise aux formes solennelles, et, si le législateur l'en a dispensée, c'est qu'il a voulu favoriser l'extinction des obligations. Nos anciens auteurs ne s'étaient point trompés sur la nature de la remise de la dette. Pothier décide qu'elle ne peut pas être assimilée à un acte pur et simple de renonciation ; elle suppose le consentement des deux parties et devrait plutôt être considérée comme un don de créance fait par le créancier au débiteur. « Je conviendrais volontiers, dit-il, qu'en supposant un cas métaphysique, un créancier qui aurait une volonté absolue d'abdiquer son droit de créance, pourrait par sa seule volonté l'éteindre ; mais lorsqu'un créancier déclare qu'il fait remise à son débiteur de sa dette, ce n'est pas cette volonté absolue d'abdiquer sa créance qu'on doit supposer en lui, mais plutôt la volonté d'en faire don à son débiteur. » (*Traité des obligations*, t. II, n° 578.) L'art. 1285 du Code civil adopte le même principe, parce qu'il voit dans la remise de la dette une « décharge conventionnelle ». L'opinion de Pothier est encore plus formellement exprimée au *Traité des donations entre époux*. Le jurisconsulte, qui veut expliquer l'art. 282 de la Coutume de Paris, divise son Commentaire en deux chapitres : « Nous traiterons, dit-il, dans un premier chapitre, des avantages directs qui sont défendus entre mari et femme, et, dans un second, des indirects. » Or, parmi les avantages directs, il place, à côté « des donations d'héritages » et « des donations de meubles », « la remise gratuite qu'un créancier fait à son débiteur de ce qu'il lui doit », tandis qu'il traite des renonciations à succession ou à legs à propos des avantages indirects. (*Traité des donations entre mari et femme*, n°s 39-88.)

Je me hâte d'ajouter d'ailleurs que la question que je discute
n'a qu'un intérêt théorique : en décidant que les régles de
la solennité n'étaient pas applicables à la remise gratuite
de la dette, la loi lui a enlevé son intérêt pratique.

Nous venons d'étudier les exceptions au principe de la
solennité posé par l'art. 931, et les raisons qui les expliquent. Faut-il aller plus loin, et décider qu'un donateur
peut encore s'affranchir des formes de la donation, en dé-
guisant sa libéralité sous l'apparence d'un contrat à titre
onéreux, d'une vente, par exemple ? Je n'hésite pas à répondre négativement, malgré une jurisprudence unanime à
laquelle beaucoup d'auteurs se sont ralliés, plutôt peut-être
par découragement que par conviction. En effet la donation
déguisée n'est pas une donation indirecte. Sans doute, une
donation indirecte peut se combiner avec les éléments naturels d'un contrat à titre onéreux; elle résulte alors,
comme nous l'avons vu plus haut, de la non-équivalence
des obligations qu'il contient, mais encore faut-il que ce
contrat soit sérieux et que les obligations qui normalement
en découlent, existent bien réellement. Si l'une de ces obligations fait défaut, il n'y a point contrat, et la donation,
par suite, manque de support; or on ne peut pas dire
qu'une donation déguisée résulte de la non-équivalence
des obligations d'un contrat de vente, par exemple, puisque,
par hypothèse, le vendeur seul est obligé. La donation
déguisée est, en dernière analyse, une convention pure
et simple de donation, c'est-à-dire une donation directe, inexistante aux yeux de la loi, puisqu'elle n'est pas
revêtue des formes solennelles et qu'elle n'est ni une remise de dette ni un don manuel. Ce raisonnement est celui
que tient Ferrière dans son Commentaire sur la Coutume de
Paris. « Il y a avantage nul, dit-il, quand on fait un avantage par les contrats qu'on déguise du nom de vente, d'é-
change, de société ou autre, sous lesquels on prétend faire des

avantages à ceux auxquels on ne peut pas donner ; car on ne s'arrête pas aux noms qu'on donne aux contrats, mais à leur force et à leur substance : ainsi quoiqu'un contrat fût fait par lequel un particulier donnerait à un autre une maison qui vaudrait 20,000 livres pour 100 livres, et que ce contrat fût nommé par les contractants un contrat de vente, il ne serait pas néanmoins réputé tel ; parce qu'il ne dépend pas des parties de donner d'autres noms aux contrats que ceux qu'ils doivent avoir selon leur forme et leur substance. — Le contrat de vente consiste dans le consentement des parties touchant la chose et son prix ou sa juste valeur, et, par conséquent, lorsqu'il n'y a point de prix, il n'y a point de vente. Il n'est pas difficile de juger que les parties n'ont pas eu l'intention de vendre, mais de faire une donation. Nous avons une infinité de lois qui le décident ainsi ; en sorte que faute d'avoir observé les solennités requises ; le contrat est nul et de nul effet. » Ce sont là des arguments sans réplique, et si la jurisprudence ne les a pas vus, c'est qu'elle n'a pas voulu les voir. Au surplus, je n'insisterai pas sur une question qui peut paraître, aujourd'hui, oiseuse : mon but a été simplement, en la résolvant, de distinguer la libéralité indirecte et la libéralité déguisée et de bien montrer que la libéralité déguisée n'est pas, comme on le dit quelquefois, une libéralité indirecte.

Je résume cette longue discussion en posant ce triple principe : la donation directe est soumise aux règles de fond et aux règles de forme des donations entre vifs ; la donation indirecte n'est soumise qu'aux règles de fond ; la donation déguisée est nulle. L'art. 1099 vient confirmer cette théorie.

L'article 1099 est ainsi conçu : « Les époux ne peuvent se donner indirectement au delà de ce qui leur est permis par les dispositions ci-dessus. — Toute donation, ou déguisée, ou faite à personnes interposées, sera nulle. » Ce texte, si clair et si précis, a donné lieu aux plus vives controverses.

La lutte, ouverte dès la promulgation du Code civil, semble terminée depuis quelques mois à peine ; la jurisprudence, en effet, paraît s'être définitivement arrêtée à l'interprétation suivante : la loi distingue la donation indirecte et la donation déguisée ; la donation indirecte est simplement réductible, la donation déguisée est nulle, soit qu'elle excède, soit qu'elle n'excède pas la quotité disponible, mais cette nullité, qui est une garantie de la réserve, ne peut être invoquée que par les héritiers réservataires. Cette thèse a été adoptée par la Cour de cassation, le 25 juillet 1881 et le 22 juillet 1884. L'arrêt de 1884 cassait un arrêt de la Cour de Montpellier et renvoyait les parties devant la Cour de Toulouse qui s'est ralliée aux décisions de la Cour suprême. Cette théorie, aujourd'hui victorieuse, est vivement combattue, et on lui oppose trois systèmes, tous soutenus en doctrine par des auteurs considérables, et appuyés en jurisprudence par ses arrêts nombreux et récents. Je vais exposer et discuter chacun de ces systèmes.

A. Les deux paragraphes de l'art. 1099 prévoient une seule et même hypothèse. Il n'y a pas lieu de distinguer entre la libéralité déguisée et la libéralité indirecte entre époux ; l'une et l'autre sont simplement réductibles jusqu'à concurrence de la quotité disponible. Ce système est celui de MM. Coin-Delisle, Duranton, Vazeille, Taulier, Bugnet, Valette et Merville ; il a été adopté par les arrêts suivants : Toulouse, 21 mai 1829 (Dalloz, J. G., au mot *Dispositions entre vifs*, n° 938). — Bourges, 9 mars 1836 (id., n° 948). — Paris, 21 juin 1836 (id., n° 944). — Caen, 13 nov. 1847 (D. P., 1849, 1, 12). — Cass. req., 16 août 1853 (D. P., 54, 1, 390). — Orléans, 10 février 1865 (D. P., 1865, 2, 64). — Grenoble, 21 mars, 1870 (D. P., 1870, 2, 190). — Cass. Belgique (*Pasicrisie*, 1, 241). — Lyon, 23 déc., 1862.

B. Les deux paragraphes de l'art. 1099 prévoient deux

hypothèses distinctes : le paragraphe 1 soumet la libéralité indirecte à l'action en réduction ; le paragraphe 2 annule la libéralité déguisée. Mais la juxtaposition de ces deux paragraphes prouve que la loi n'annule la donation déguisée que si elle excède les limites de la quotité disponible. Ce système, qui est celui de MM. Troplong et Aubry et Rau, a été adopté par les arrêts suivants : Cass., 30 nov. 1831 (Dalloz, J. G., *Disp. entre vifs*, n° 945). — Cass., 2 mai 1855. (D. P., 1855, 1, 193). — Cass. req., 11 mars 1862 (D. P., 1862, 1, 277). — Caen, 30 avril 1853 (D. P., 1854, 2, 259). — Rouen, 15 février 1854 (D. P., 1854, 2, 266). — Orléans, 23 fév. 1861 (D. P., 61, 2, 84). — Toulouse, 26 fév., 1861 (D. P., 1861, 2, 58).

C. Il n'y a aucun rapport entre les deux paragraphes de l'art. 1099. La libéralité indirecte est réductible ; la libéralité déguisée est nulle, et cette nullité, qui est d'ordre public, peut être invoquée par tous les intéressés. Ce système, radical mais logique, compte, parmi ses partisans MM. Marcadé et Bonnet. Il a été adopté par la Cour de Bordeaux, le 5 juillet 1864 (Sirey., 1864, 2, 218) et par deux arrêts récents de la Cour de Montpellier, 28 février 1876 (D. P., 79, 2, 249) ; 9 août 1882.

Le premier système est exposé par M. Merville, dans un article de la *Revue Pratique* (t. XV, 1863, p. 74). Voici les principaux arguments qu'il invoque. — La distinction entre les donations indirectes et les donations déguisées ne repose sur aucun fondement sérieux ; elle existait peut-être en droit romain, mais à coup sûr notre ancienne jurisprudence ne l'avait pas admise. Pothier (*Traité des donations entre époux*, n° 77) et Basnage (*Coutume de Normandie*, sur l'art. 434) confondent les donations déguisées et les avantages indirects. « Une première espèce d'avantage indirect, dit Pothier, qu'un mari fait assez souvent à sa femme pendant le mariage, est l'acte par lequel il reconnaît avoir reçu d'elle plus qu'il

n'a effectivement reçu. » Et plus loin : « La fausse énoncia-
tion du prix porté par le contrat de vente d'un héritage
propre de l'un des conjoints, renferme une pareille espèce
d'avantage indirect. » D'ailleurs, le plus souvent, la libéralité
indirecte sera déguisée ; un don manuel, par exemple, ne
s'accomplira jamais ouvertement, et c'est en se cachant que
le donateur remettra les valeurs mobilières au donataire.
L'antithèse que l'on voudrait établir entre les deux paragraphes de l'art. 1099 est donc injustifiable, et il faut nécessairement interpréter ce texte en ce sens que le § 2 est un
commentaire de § 1 : « nul » veut dire « nul au delà des
limites de la quotité disponible. » L'étude des travaux préparatoires prouve que cette interprétation est celle des
rédacteurs du Code : « Il fallait prévenir, dit M. Favard,
rapporteur au Corps législatif, les donations indirectes
entre époux par personnes interposées, de la portion des
biens qu'ils ne peuvent pas se donner. » Sans doute, l'art.
1099 est mal rédigé, mais le législateur, qui ne fait pas
œuvre scientifique, ne se rend pas toujours un compte bien
exact des expressions qu'il emploie, et on trouve dans beaucoup de textes des vices de rédaction analogues ; il suffit de
citer les art. 844 et 918 qui confondent le rapport avec la
réduction, et l'art. 911 qui déclare nulles les donations
déguisées faites à des incapables, au lieu de les déclarer
simplement réductibles. D'ailleurs cette distinction entre les
libéralités déguisées et les libéralités indirectes est aussi
injustifiable en fait qu'en droit. « Le plus souvent, en effet,
dit en terminant M. Merville, on déguise, non pas pour
frauder, mais pour ménager l'amour-propre d'une famille,
prévenir des rancunes domestiques, ou atténuer la percep-
tion fiscale. »

Voilà le système. J'ai développé plus haut les considérations purement juridiques qui, en droit, imposent et justifient
a distinction entre les donations indirectes et les donations

déguisées ; je n'y reviendrai pas, et je me bornerai à réfuter
ici l'argument puisé dans les textes du Code et l'argument
tiré de l'ancien droit. Nos anciens auteurs connaissaient et
approuvaient la distinction que M. Merville combat. J'ai
cité l'opinion de Ferrière qui, dans son *Commentaire* sur
l'art. 282 de la Coutume de Paris, définit la donation déguisée
et la déclare nulle « faute d'avoir observé les solennités
requises pour les donations ». Pothier est plus formel encore,
et, pour se conformer à la tradition romaine et à la vérité
juridique, il distingue en termes exprès la libéralité qui
résulte ouvertement d'un contrat à titre onéreux réellement
existant et celle qui se cache sous les apparences trompeuses
d'un contrat qui n'est pas sérieux. « A l'égard des contrats
qui renfermaient quelque avantage fait à l'un des conjoints
aux dépens de l'autre, les jurisconsultes romains faisaient
une distinction entre ceux qui étaient simulés et ceux qui,
sans être simulés, renfermaient quelque avantage. Ceux qui
étaient simulés, qui n'étaient faits que pour couvrir et
déguiser une donation que l'un des conjoints voulait faire à
l'autre, étaient déclarés nuls ; les autres étaient valables ;
on réformait seulement l'avantage prohibé qu'ils renfermaient, en obligeant celui au profit de qui il était fait, à
suppléer le juste prix. » Il est vrai que, plus loin, Pothier
semble oublier cette distinction fondamentale, puisqu'il
considère comme un avantage indirect « l'acte par lequel un
mari reconnait avoir reçu de sa femme plus qu'il n'a effectivement reçu ». Mais cela peut aisément s'expliquer. Pothier,
en effet, comme tous nos anciens jurisconsultes, est avant
tout un praticien ; or, à l'époque où il écrit, la distinction
qui nous occupe n'offre qu'un intérêt théorique ; il la fait
pour l'honneur des principes, mais, lorsqu'il arrive à l'application, il la perd de vue parce qu'elle est inutile. Je m'explique : l'intérêt de la distinction était celui-ci, en droit romain :
si la donation est indirecte, elle est nulle en tant que dona-

tion entre époux, mais le contrat dont elle est l'accessoire subsiste ; si, au contraire, la donation est déguisée, l'acte tout entier est nul. Or, Pothier écrit sous l'empire d'une Coutume qui interdit non seulement les donations, mais encore, du moins à son avis, les contrats à titre onéreux entre époux. Cette double prohibition rend la distinction inutile, puisqu'elle a pour effet d'annuler, dans les deux cas, l'acte tout entier (1).

Je ne m'arrêterai pas à l'objection tirée des travaux préparatoires, qui sont une mine inépuisable où tous les systèmes trouvent des arguments. Les paroles de Favard ne sont d'ailleurs rien moins que décisives, car on peut très bien les interpréter en ce sens que « pour prévenir les donations indirectes entre époux par personnes interposées de la portion de biens qu'ils ne peuvent pas se donner », le législateur a dû les déclarer nulles.

Les arguments de texte sont loin d'être convaincants. Dire que l'art. 1099, al. 2, emploie le mot « nulles » dans le sens de « réductibles », parce que l'art. 911 confond la nullité avec la réduction, c'est faire une pétition évidente de principes, car il faudrait tout d'abord prouver, ce qui est plus que contestable, que le législateur, dans l'art. 911, n'a pas voulu annuler les donations déguisées adressées à des incapables. Quant au mot « rapport », employé par les art. 844 et 918, il peut s'entendre dans le sens de « rapport fictif » ; l'expression peut être ambiguë, mais elle n'est pas impropre. Enfin les considérations de fait invoquées par M. Merville n'auraient quelque valeur que si elles étaient toujours vraies ; d'ailleurs, elles ne peuvent pas prévaloir contre des principes juridiques certains et contre le texte formel de la loi.

(1) Il n'en est pas de même de la distinction entre la donation directe et la donation indirecte. Pothier devait la préciser avec exactitude, pour expliquer les termes mêmes de l'art. 282 de la Coutume.

Ce système, auquel M. Merville a prêté l'appui de son talent, est déjà bien ancien : il semblait abandonné lorsque la Cour de Lyon le rajeunit, en adoptant les conclusions de son avocat général. La Cour de Toulouse l'avait admis le 21 mai 1829, mais elle revint bientôt sur sa jurisprudence, et, le 13 mai 1835, elle rendit un arrêt fortement motivé, qui a fait époque et que je veux analyser. En 1809, le comte d'H., veuf et père de quatre enfants, se remariait, et sa seconde femme se constituait en dot une somme de 80,000 francs, que le mari reconnut avoir touchée. En 1828, le comte mourut, et la veuve assigna les enfants issus du premier mariage en restitution des sommes dotales : ceux-ci articulèrent que leur père n'avait réellement touché que 21,000 francs qu'ils se déclaraient prêts à payer, et que, pour le surplus, il y avait donation déguisée, et par conséquent donation nulle en vertu de l'art. 1099, § 2. Après une enquête qui établit la vérité des faits allégués par les héritiers du comte d'H., le Tribunal de Gaillac décida que la reconnaissance constituait une donation déguisée jusqu'à concurrence de 59,000 francs, mais que cette donation déguisée était simplement réductible à une part d'enfant le moins prenant (art. 1098). Sur l'appel interjeté par les héritiers d'H., la Cour de Toulouse infirme le jugement de première instance et annule la reconnaissance jusqu'à concurrence de 59,000 francs. Voici les principaux considérants de cet arrêt qui distingue, en termes précis, les libéralités déguisées et les libéralités indirectes :

« Attendu que s'il est de principe général que les libéralités excédant la quote disponible ne sont pas nulles, mais sont seulement réductibles, c'est parce qu'elles n'étaient pas frappées d'une nullité absolue, tandis que, au contraire, on voit dans le § 2 qu'il présente une disposition spéciale contre les donations déguisées de la part de l'époux ayant des enfants d'un premier lit, en faveur du nouvel époux, et qui en les déclarant nulles sans aucune restriction, ne permet pas de les maintenir jusqu'à la quote disponible (1). — Attendu que, s'il en est autrement dans le § 1 de l'art. 1099 où les libéralités indirectes ne sont prohibées qu'au delà de cette quotité, ce ne peut être un motif pour que la nullité prononcée par le § 2 doive subir la même modification, ce serait les confondre l'un avec l'autre : le second ne serait qu'une répétition insignifiante du premier; confusion inadmissible, repoussée, d'ailleurs, par la différence entre les donations indirectes et les donations déguisées. — La donation indirecte est celle qui n'a pas été faite en termes directs par le donateur, mais qui résulte indirectement des effets d'un acte de nature différente, sans fraude et sans déguisement; ainsi un cohéritier renonce à une succession, sa portion accroît à son cohéritier, et, s'il résulte pour celui-ci un avantage indirect excédant la quotité disponible, cet avantage sera conservé jusqu'à cette quotité, parce qu'il est l'effet d'une renonciation licite, faite suivant le mode prescrit par les lois, et qui, dans sa substance, ne présente aucun déguisement. De même dans une association; si elle doit procurer à des intéressés des avantages excédant la quotité disponible, il y aura lieu seulement à réduction, parce que l'association est la véritable convention par laquelle ils ont voulu se lier et qui, dès lors, n'est point déguisée..... La donation déguisée, au contraire, est un acte simulé où, sous les apparences d'un contrat à titre onéreux et licite, on a déguisé la véritable intention des parties qui cherchaient, par cette fraude, à maintenir une libéralité prohibée par les lois... etc., etc... (Toulouse, 13 mai 1835; D. P., 1835, 2, 117) ». La veuve d'H. se pourvut en cassation, mais la Cour supprême rejeta le pourvoi dans un arrêt

---

(1) Dans ce considérant, la Cour de Toulouse semble implicitement admettre que la donation déguisée entre époux n'est entachée de nullité que si l'époux donateur est binube. Cette interprétation, aujourd'hui abandonnée, se heurte contre le texte formel de l'art. 1099 qui renvoie, non pas à l'article précédent, mais « aux dispositions ci-dessus ».

du 29 mai 1838 (D. P., 1838, 1, 225). Concluons donc, avec la Cour de Toulouse, que l'art. 1099 prévoit deux hypothèses distinctes : la donation indirecte est réductible, la donation déguisée est nulle.

Quel est le fondement de cette nullité ? La controverse recommence sur ce point, et, comme nous le verrons, la lutte est, en jurisprudence, sans issue. Le second système répond : L'art. 1099 a un but : assurer le respect dû à la réserve et l'exercice du droit de révocation ; il est la sanction des art. 1096, 1094 et 1098. Cette sanction est plus radicale dans le § 2 que dans le § 1, mais il n'en est pas moins vrai que les deux parties de l'art. 1099 forment un tout complet qui ne peut pas être divisé. Et voici la conclusion qu'on tire de ces prémisses : en tant qu'elle forme la sanction des art. 1094 et 1098, la nullité prononcée par le § 2 de l'art. 1099 ne peut être invoquée que par les héritiers réservataires de l'époux donateur et seulement dans le cas où la donation dépasse la quotité disponible ; en tant qu'elle forme la sanction de l'art. 1096, elle peut être invoquée par l'époux donateur. Ce système, séduisant au premier abord, est battu en brèche par des arguments irrésistibles. La nullité, en effet, doit être inhérente à l'acte, elle ne peut pas dépendre d'un événement extérieur et qui peut être fortuit. Un acte nul est, dès le principe, inexistant aux yeux de la loi ; un fait postérieur ne peut pas lui donner l'existence juridique ; or les partisans de ce système subordonnent la validité de l'acte à l'excès de la quotité disponible ; mais c'est là un élément variable, qui peut n'avoir point existé au moment où l'acte a été accompli, et qui, par suite, est impuissant à donner une base juridique à la nullité prononcée par l'art. 1099. L'art. 1096 ne peut pas davantage lui fournir un fondement certain ; si, en effet, l'art. 1099, § 2, a sa source de l'art. 1096, il faut accorder au conjoint donateur seulement le droit de demander la nullité, et c'est là méconnaître ce principe certain, que toute nullité est perpétuelle. Il est d'ailleurs admis par une jurisprudence constante que le déguisement d'une donation n'est pas un obstacle à l'exercice du droit de révocation soit pour ingratitude soit pour survenance d'enfants. Le droit de révocation du conjoint donateur est de même nature; le législateur n'avait donc pas besoin d'édicter une nullité puisque, par hypothèse, l'exercice de ce droit était sauvegardé.

Le troisième système cherche dans l'acte lui-même la cause de la nullité. Il y a, d'après ses partisans, dans le déguisement et dans l'interposition de personnes une présomption absolue de captation et de suggestion; la loi considère que l'époux qui a déguisé sa libéralité, ou qui l'a adressée à son conjoint par l'intermédiaire d'un tiers interposé, n'a pas été libre, et elle annule la donation. Cette nullité est, par suite, une nullité d'ordre public qui peut être invoquée même par les héritiers non réservataires. « Attendu, dit la Cour de Montpellier, que l'action en nullité a pour cause une fraude à la loi qui a voulu, par une sanction énergique, prévenir les dangers considérables résultant de sa violation; que le législateur a voulu, dans un intérêt d'ordre public, maintenir la dignité et la pureté de l'union conjugale et mettre obstacle à des donations *constante matrimonio* qui seraient l'effet, soit de la captation de la part de la femme, soit de l'abus d'autorité de la part du mari, etc. » (28 février 1876; D. P., 1879, 2, 249.) Cet arrêt a été cassé par la Chambre civile le 25 juillet 1881 (D. P., 1882, 1, 177); mais, avec une persévérance digne d'un meilleur sort, la même Cour de Montpellier, fidèle à sa jurisprudence, infirmait, le 9 août 1882, un jugement du Tribunal de Villefranche qui déclarait irrecevable l'action d'un héritier non réservataire. Cet arrêt, déféré à la Cour de cassation, a été cassé le 22 juillet 1884, malgré les conclusions de M. l'avocat général Ronjat; et la Cour de Toulouse, le 17 déc. 1885, a confirmé le jugement du Tribunal de Villefranche. La Cour de Paris et la Cour de Nîmes s'étaient déjà ralliées à cette théorie. (Nîmes, 27 nov. 1882; D. P., 1883, 2, 224.)

Il est assez difficile de trouver des arguments décisifs dans les arrêts précités de la Cour de cassation; elle se contente d'affirmer et n'essaye même pas de prouver. « Attendu, dit l'arrêt de 1884 (D. P., 1885, 1, 164; Sir., 1885, 1. 112), que l'art. 1099 a pour objet d'empêcher les donations excessives entre époux; que, dans ce but, après avoir déclaré réductibles les donations indirectes entre époux, il prononce la nullité de celles qui sont déguisées sous la forme d'un contrat à titre onéreux. — Attendu que la nullité prononcée par cet article contre les libéralités déguisées ne peut donc être invoquée que par les héritiers réservataires. — Attendu que l'arrêt attaqué s'est fondé sur ce que la donation était radicalement nulle, et que la nullité pouvait être opposée par les héritiers même non réservataires. Par ces motifs, etc. » La Cour de Toulouse n'est pas plus explicite; la Cour de Paris seule a esquissé une théorie.

C'est un système illogique que ce système de la jurisprudence moderne. La Cour de cassation reconnaît que la nullité édictée par l'art. 1099, § 2 est absolue, puisqu'elle ne recherche pas si la donation excède ou n'excède pas la quotité disponible; mais, par une étrange anomalie, elle accorde aux seuls réservataires le droit d'intenter l'action. L'argument que j'invoquais contre le second système me paraît, ici aussi, sans réplique. Ce système subordonne la nullité de la donation à l'existence d'héritiers réservataires, c'est-à-dire à un événement indépendant de l'acte lui-même et qui peut ne pas se produire. La Cour de Paris a prévu l'objection et a tenté de la réfuter : « Considérant qu'en vain dirait-on que la nullité est intrinsèque et que son existence ne saurait dépendre d'un événement postérieur à la donation. — Que cette objection est fondée sur une confusion entre la nullité et l'action qui en découle ; que, sans doute, la nullité en soi, résultant de la fraude qui a présidé à la donation et la vicie dans son origine, existe par là même ; mais que l'action qui appartient à celui dont elle viole le droit ne peut évidemment apparaître qu'au moment où ce droit est ouvert. » Mais accorder l'action aux seuls héritiers réservataires, n'est-ce pas décider implicitement, ce qui est contraire au texte du Code, que la donation ne sera pas frauduleuse, si elle est l'œuvre d'un époux qui, au moment où il donne, n'a ni ascendants ni descendants ? — Pourquoi donc la Cour de cassation s'est-elle arrêtée à ce système mixte ? Pourquoi a-t-elle repoussé par deux fois le système plus radical, mais aussi plus logique, de la Cour de Montpellier ? La Cour suprême s'est crue liée par cette jurisprudence, aujourd'hui élevée à la hauteur d'une règle de droit, qui valide en principe les donations déguisées. Son raisonnement, dont on peut retrouver les traces dans l'arrêt précité, semble en effet assez concluant contre la théorie de la Cour de Montpellier. Puisque le déguisement n'est pas en principe une cause de nullité des donations, pourquoi serait-il une cause de nullité des libéralités entre époux ? Sans doute, le déguisement est une fraude ; mais, dit la Cour de Paris, il est une fraude « légalement présumée et consommée ». Qu'on remarque, en effet, que les époux ne sont pas incapables de se donner ; ils ont même quelquefois une capacité supérieure à celle du droit commun ; donc, puisqu'ils sont pleinement capables, ils peuvent faire d'une manière détournée ce qu'ils peuvent faire sans déguisement, et le déguisement n'est coupable que parce qu'il est présumé avoir pour but de soustraire la donation aux règles restrictives des libéralités entre époux, c'est-à-dire aux règles de la révocabilité et de la quotité disponible : le conjoint donateur et les réservataires ont, par suite, seuls le droit d'invoquer la nullité.

Ce raisonnement concilie peut-être la nullité que nous

étudions avec le principe jurisprudentiel de la validité des donations déguisées ; mais, en subordonnant cette nullité à l'existence d'héritiers réservataires, il la limite, il distingue là où la loi ne distingue pas, et, de ce chef, il doit être repoussé. D'ailleurs, en admettant qu'il soit vrai des donations déguisées entre époux, il cesse de l'être à l'égard des donations par personne interposée. Si, en effet, le déguisement est, aux yeux de la jurisprudence, une forme légale des donations qui est censée ne point faire obstacle à l'application des règles du fond, il n'en est plus de même de l'interposition de personnes ; ici la fraude n'est pas « légalement consommée », et, comme elle revêt le plus souvent les formes de droit, elle est presque impossible à découvrir. Aussi la loi présume-t-elle que ce mode de disposer est l'effet d'une captation exercée par l'époux donataire ; cette présomption, elle la fait absolue et elle annulle la donation. Sur ce point, le système de la Cour de Montpellier me paraît inattaquable.

J'ai dit que la solution de cette controverse était impossible en jurisprudence ; je crois l'avoir prouvé. Si l'on part de ce principe que les donations déguisées sont valables en thèse, l'art. 1099 est inexplicable. Le fondement de la nullité qu'il édicte, ne peut être, en effet, ni dans la protection due à la réserve ou à l'exercice du droit de révocation, puisque, d'une part, l'excès de la quotité disponible et l'existence d'héritiers réservataires sont des événements extrinsèques à l'acte, et que, d'autre part, une jurisprudence constante admet que les donations déguisées, comme les donations ordinaires, sont soumises aux actions en révocation ; il ne peut pas être dans le déguisement, puisque les époux sont pleinement capables de se donner. Si, au contraire, l'on part de ce principe, d'après nous incontestable en droit, que la donation déguisée est inexistante, le problème n'est plus insoluble ; l'art. 1099 n'est alors que l'application rigoureuse des principes généraux. — Mais alors, peut-on m'objecter, cet art. 1099 était inutile ; si la nullité découle des principes généraux, la loi devait garder le silence. Répondons que la nullité de la donation par personne interposée ne s'imposait pas en droit, et qu'il fallait un texte formel pour l'édicter : ce texte, c'est l'art. 1099. De la libéralité par personne interposée, le législateur a rapproché la libéralité indirecte et la libéralité déguisée ; pour éviter les confusions, il a rappelé les principes.

J'ai légitimé la distinction fondamentale entre les libéralités déguisées et les libéralités indirectes ; je ne m'occuperai plus désormais que de ces dernières, et j'étudierai dans quatre chapitres différents : 1° Les libéralités indirectes qui sont contenues dans un contrat à titre onéreux ; 2° Celles qui sont la conséquence d'une abstention ou d'un acte constatant l'abstention de l'un des époux ; 3° Celles qui sont faites par l'intermédiaire d'un tiers. 4° Celles qui résultent des conventions matrimoniales.

DEUXIÈME PARTIE

CHAPITRE PREMIER

DES LIBÉRALITÉS INDIRECTES QUI RÉSULTENT DE CONTRATS
A TITRE ONÉREUX INTERVENUS ENTRE ÉPOUX

§ 1. — *De la validité des contrats à titre onéreux entre époux.*

Il est difficile de trouver dans notre ancien droit français
une théorie bien arrêtée des contrats à titre onéreux entre
époux. Les pays de droit écrit, qui avaient conservé la législation romaine, reconnaissaient sans difficulté qu'ils pouvaient valablement intervenir entre conjoints, mais les
textes de la plupart des Coutumes semblaient au contraire
catégoriques dans le sens de la prohibition. « Gens mariés,
dit la Coutume de Normandie (ch. XV, art. 410), ne peuvent
céder, donner ou transporter l'un à l'autre quelque chose
que ce soit ; ni faire contrats ou concessions, par lesquels
les biens de l'un viennent à l'autre, en tout ou en partie. »
La Coutume du Nivernais est plus formelle encore : « Gens
mariés, constant leur mariage, ne peuvent contracter au
profit l'un de l'autre, ni eux avantager par contrats entre
vifs. » (Ch. XXIII, art. 27.) L'interprétation des commentateurs
fut moins rigoureuse : nos anciens jurisconsultes bornèrent
la prohibition aux contrats « qui renfermaient quelque
avantage fait à l'un des conjoints aux dépens de l'autre ».
Dumoulin, commentant l'art. 282 de la Coutume de Paris,

reconnaît déjà que la prohibition n'est pas absolue : « *Nullum ergo contractum, etiam reciprocum, facere possunt, nisi ex necessitate.* » Et Pothier ajoute sur ce même article : « Notre droit français a été beaucoup plus attentif à prévenir tous les avantages indirects que des conjoints par mariage pourraient se faire par les différentes espèces de contrats qui interviendraient entre eux pendant leur mariage, par lesquels ils transporteraient l'un à l'autre quelque chose de leurs biens. » Dans son Commentaire sur la Coutume de Nivernais, Guy Coquille s'exprime ainsi : « Contracter ni eux avantager, il faut joindre les deux ensemble, car les contrats entre vifs ne sont pas interdits aux mariés, mais seulement ceux qui contiennent avantage pour l'un ou pour l'autre, » et Basnage trouve que « la Coutume de Normandie avait parlé trop généralement sur l'art. 410..., car l'on pouvait induire de cette disposition qu'un mari ne pouvait bailler de ses biens à sa femme pour le remploi de ses héritages qu'il avait aliénés ». La prohibition des contrats à titre onéreux entre époux était donc plus apparente que réelle dans notre ancien droit, et on peut même dire que, grâce à l'interprétation des jurisconsultes, leur validité était en principe reconnue : ceux-là seuls étaient prohibés, qui contenaient quelque avantage. « Il y a des cas, dit Lebrun, où la femme peut contracter avec son mari. Rien n'empêche que mari et femme séparés contractent l'un envers l'autre, pourvu qu'ils ne se donnent ni directement ni indirectement. »

Quelle est sur ce point la doctrine du Code ? Les contrats à titre onéreux peuvent-ils valablement intervenir entre conjoints ? Cinq articles se rapportent directement à cette question ; quatre d'entre eux restreignent à l'égard des époux le principe de la liberté des conventions ; l'art. 1595 qui leur interdit la vente et la dation en payement, l'art. 1840 qui leur défend de contracter ensemble une société universelle de biens présents, l'art. 1451 qui, prévoyant l'hypothèse où les époux veulent rétablir une communauté dissoute par la séparation de biens, annule « toute convention par laquelle ils la rétabliraient sous des conditions différentes de celles qui la réglaient antérieurement », enfin l'art. 2144 qui soumet à l'avis préalable d'un conseil de famille la restriction de l'hypothèque légale de la femme sur les biens du mari ; l'art. 1577, seul reste dans les limites du droit commun lorsqu'il décide : « Si la femme donne sa procuration au mari pour administrer ses biens paraphernaux, avec charge de lui rendre compte des fruits, il sera tenu vis-à-vis d'elle comme tout mandataire. » Que faut-il conclure de là ? Certains auteurs ont prétendu que le Code civil prohibait en principe les contrats à titre onéreux entre époux, et ils ont fondé leur opinion sur ces deux raisons principales : *a.* les motifs de l'art. 1595 étant vrais de tous les contrats, la prohibition qu'il édicte doit être généralisée ; le législateur interdit la vente entre époux parce qu'il présume que ce contrat sert le plus souvent à déguiser une donation, or tous les contrats à titre onéreux peuvent, comme la vente, se prêter à ce déguisement ; *b.* l'incapacité de la femme mariée rend impossible tout contrat à titre onéreux entre époux : la femme, en effet, devrait se faire autoriser par son mari pour contracter avec lui, ce qui constituerait une violation de la règle « *Nemo postest auctor esse in rem suam* ». « Il répugne, disait Portalis, que l'on puisse à la fois être juge et partie ; or, quand on autorise, on est juge, et l'on est partie quand l'on traite. » Répondons à ce second argument que l'incapacité de la femme mariée ayant été établie dans l'intérêt collectif de la famille, le mari n'est pas, lorsqu'il autorise, « *auctor in rem suam* » ; les paroles de Portalis son l'expression d'une opinion personnelle que les rédacteurs du Code n'ont pas adoptée. Quant au premier argument, on doit l'écarter si l'on considère que l'art. 1595 constitue une dérogation au droit commun et qu'il faudrait un texte formel

pour la généraliser ; la capacité de contracter est la règle
(art. 1123), l'incapacité l'exception. D'ailleurs il n'est pas
vrai de dire que les motifs de l'art. 1595 s'appliquent à tous
les contrats ; si le législateur a interdit la vente entre époux,
c'est que la vente est de tous les contrats celui qui peut le
plus facilement déguiser une donation, la disparition de l'un
de ses éléments suffisant pour transformer en libéralité le
contrat à titre onéreux. Remarquons enfin que le législateur
eût été inconséquent si, après avoir autorisé les donations
entre époux, il avait interdit les contrats à titre onéreux.

Les contrats à titres onéreux peuvent donc valablement
intervenir entre conjoints, mais sous la double condition de
ne pas constituer une vente et de ne pas porter atteinte aux
conventions matrimoniales. L'art. 1395 décide, en effet, que
« elles ne peuvent recevoir aucun changement après la célébration du mariage ». Mais quelle est la sanction de ce
texte ? Toullier a prétendu que, la loi ne prononçant aucune
nullité et laissant par conséquent toute liberté à l'interprète,
il fallait décider que le contrat qui modifiait les conventions matrimoniales était simplement révocable ; dans notre
ancien droit il était nul, parce que les donations entre
époux étaient frappées de nullité ; sous l'empire du Code
civil il n'est que révocable, parce que les donations entre
époux ne sont que révocables. Ce système arbitraire est aujourd'hui abandonné ; il n'y a aucun lien entre l'art. 1395
et la révocabilité des donations entre époux, et les principes
veulent que tout acte passé en violation d'une loi soit frappé
de nullité.

J'examinerai successivement les principaux contrats à
titre onéreux qui peuvent intervenir entre époux, et, à propos de chacun d'eux, j'essaierai de résoudre les deux questions suivantes : 1° Quand et comment une libéralité indirecte peut-elle résulter des clauses du contrat ; 2° Comment

les règles de fond des donations entre époux lui seront-elles appliquées.

§ 2. — *De la vente.*

L'art. 1595 s'exprime ainsi : « Le contrat de vente ne peut avoir lieu entre époux que dans les trois cas suivants : 1° Celui où l'un des époux cède des biens à l'autre, séparé judiciairement d'avec lui, en payement de ses droits ; 2° Celui où la cession que le mari fait à sa femme, même non séparée, a une cause légitime, telle que le remploi de ses immeubles aliénés ou de deniers à elle appartenant, si ces immeubles ou deniers ne tombent pas en communauté ; 3° Celui où la femme cède des biens à son mari en payement d'une somme qu'elle lui aurait promise en dot, et lorsqu'il y a exclusion de communauté. — Sauf, dans ces trois cas, les droits des héritiers des parties contractantes, s'il y a avantage indirect. » L'art. 1595 confond la vente avec la dation en payement. Il y a sans doute une grande analogie entre ces deux opérations : comme l'acheteur, le créancier a transféré la propriété d'une somme d'argent ; comme le vendeur, le débiteur transfère la propriété d'une chose ; mais il y a aussi des différences notables. Il suffit de rappeler que la dation en payement suppose une dette préexistante et que, si la dette n'existe pas, le prétendu débiteur qui a payé peut répéter la chose. Néanmoins le texte de l'art. 1595 est formel, et il faut l'interpréter tel qu'il a été écrit : il en résulte que le législateur interdit aux époux la vente et la dation en payement ; en tant qu'elle vise la vente, cette prohibition est absolue ; en tant qu'elle vise la dation en payement, elle souffre trois exceptions.

La première exception est commune au mari et à la femme et suppose une séparation de biens judiciaire. Pour éviter une expropriation forcée, le législateur permet à l'époux débiteur de donner des immeubles à son conjoint en payement de ses droits. La deuxième exception est particulière au mari. La cession en payement n'est valable que si elle a une cause légitime, et c'est là une circonstance que les tribunaux ne peuvent apprécier arbitrairement ; il y aura cause légitime, si la cession est faite pour éteindre une dette antérieure et non contemporaine, et si cette dette est telle qu'elle puisse être actuellement acquittée. La troisième exception est particulière à la femme : le législateur suppose que la femme a promis à son mari une dot en argent qui n'a point été payée, et, encore ici, pour éviter une expropriation forcée, il donne à la femme débitrice le droit de céder à son mari un de ses immeubles en payement. Cette dation en payement peut avoir lieu sous tous les régimes : sous le régime dotal, elle pourra porter sur un bien paraphernal, et même sur un bien dotal, pourvu qu'il ne soit pas soumis à la règle de l'inaliénabilité ; sous le régime de séparation de biens, elle pourra porter sur tous les immeubles de la femme, et il en sera ainsi sous le régime exclusif de communauté ; enfin, sous le régime de communauté, elle ne pourra avoir pour objet qu'un immeuble propre. Dans ces divers cas, il est possible aux époux de s'avantager indirectement. L'hypothèse sera rare dans le premier cas, car la séparation de biens aura le plus souvent rompu la bonne harmonie du ménage, mais elle n'est pas juridiquement impossible ; on peut d'ailleurs supposer que l'un des époux veut faire une donation à son conjoint pour frauder ses créanciers. Je dis que l'hypothèse n'est pas impossible ; si, en effet, la valeur de l'immeuble cédé en payement n'est pas équivalente à l'objet de la dette, cette non-équivalence entraîne nécessairement un appauvrissement de l'un des époux et un enrichissement de l'autre, et il y a donation si à ces deux éléments vient se joindre l'intention de libéralité de la part de l'époux qui s'appauvrit. La donation s'adresse à l'époux créancier si la valeur de l'immeuble cédé est supérieure à l'objet de la dette ; elle s'adresse à l'époux débiteur si cette valeur est inférieure. Dans les deux autres cas, le même raisonnement entraîne les mêmes conséquences. Prenons deux exemples. Le mari a aliéné, pour la somme de 10,000 francs, un immeuble propre de sa femme ; il est donc envers elle débiteur de cette somme ; pour éteindre sa dette, usant du droit que lui confère l'art. 1595, il donne en payement à sa femme un immeuble dont la valeur est de 15,000 francs, et cela dans l'intention de la gratifier : il y a dans cette opération une libéralité indirecte jusqu'à concurrence de 5,000 francs. — La femme avait promis en dot à son mari une somme de 30,000 francs, intentionnellement elle lui donne en payement un immeuble dont la valeur est de 40,000 francs ; il y a encore ici une libéralité indirecte jusqu'à concurrence de 10,000 francs. Je dis qu'il y a libéralité indirecte et non pas libéralité déguisée, et ceci est facile à démontrer. En effet, les éléments essentiels de la dation en payement sont : 1º une dette à éteindre, 2º une chose cédée ; or ces deux éléments se retrouvent dans les diverses hypothèses que je viens d'analyser. Il y aurait, au contraire, donation déguisée si l'un d'eux faisait défaut, et il faut dire que l'un des éléments d'une dation en payement fait défaut, non seulement lorsqu'il est simulé, mais encore lorsque la disproportion entre l'objet de la dette et la chose cédée est telle que les époux n'ont pas pu avoir l'intention sérieuse de faire un contrat à titre onéreux.

La libéralité indirecte qui résulte de la non-équivalence des deux éléments constitutifs de la dation en payement est une libéralité valable, soumise aux règles de fond des donations entre époux. M. Colmet de Santerre enseigne qu'elle est frappée de nullité. « Les ventes permises entre époux, dit-il, ne sont autorisées qu'à la condition de ne pas contenir d'avantage indirect, c'est-à-dire de n'être pas, même pour partie, une libéralité faite par l'un des époux à l'autre. La loi réserve au cas d'avantage indirect le droit des héritiers. Elle ne caractérise pas ce droit, mais, par la généralité même de ses expressions, elle fait une sorte de renvoi aux principes sur les donations déguisées faites entre époux. Les donations sont nulles et non pas seulement réductibles... Il faut remarquer que nous appliquons la partie de l'art. 1099 qui règle le sort des donations déguisées et non celle qui concerne ce que cet article appelle les donations indirectes, bien que l'art. 1595 suppose un avantage indirect. C'est que l'art. 1595 appelle avantage indirect ce que l'art. 1099 qualifiait donation déguisée, quand il faisait une opposition entre ces deux expressions. »(T. VII, n° 23 *bis*.) Cette doctrine, qui confond les donations indirectes et les donations déguisées, et qui contredit formellement le texte de l'art. 1595, est la conséquence logique d'un principe faux. M. Colmet de Santerre définit. en effet, la libéralité indirecte « celle qui gratifie le donataire sans qu'un bien du donateur soit devenu bien du donataire ». (C. de S. sur l'art. 1099, t. IV, n° 279 *bis*, I.) Or cette définition trop spéciale n'embrasse évidemment pas les donations qui résultent indirectement des clauses d'un contrat à titre onéreux intervenu entre les parties, et, comme ces donations ne peuvent pas être mises au rang des donations directes, M. Colmet de Santerre les confond avec les donations déguisées. La distinction fondamentale que nous avons établie entre ces deux catégories de libéralités est la réfutation même de ce système, que la Cour de cassation a repoussé dans un arrêt du 11 mai 1868. Voici les faits du procès : A la suite d'une séparation de biens, un mari avait cédé à sa femme, en payement de ses reprises, un immeuble dont la valeur atteignait 27,000 francs. La femme était créancière de 23,000 francs seulement, et il était prouvé que le mari avait voulu lui faire une libéralité indirecte ; ses créanciers intentèrent une action en nullité fondée sur le dernier alinéa de l'art. 1595, et la Cour repoussa leur prétention par les motifs suivants : « Attendu qu'aux termes de l'art. 1595 le contrat de vente peut avoir lieu entre époux, lorsque l'un des époux cède des biens à l'autre, séparé judiciairement d'avec lui, en payement de ses reprises; — Que la disposition finale de cet article réserve les droits des parties contractantes, s'il y a avantage indirect, mais que cette réserve ne peut être invoquée que par les héritiers réservataires qui, aux termes de l'art. 1099, ont le droit de demander la réduction des donations indirectes qui excèdent la quotité disponible; — Que ce droit ne saurait appartenir aux créanciers de l'époux vendeur qui peuvent seulement, en vertu de l'art. 1167, attaquer en leur nom personnel les actes faits par leur débiteur en fraude de leurs droits ; — Que l'arrêt attaqué constate que cette vente est sérieuse et que les deux époux ont agi de bonne foi... » (D. P., 1868, 1, 456.)

Quels sont ces droits des héritiers que l'article réserve? Il s'agit d'appliquer à notre hypothèse les règles du rapport et de la reduction. On sait que, en vertu des dispositions de l'art. 858, le rapport des donations entre vifs se fait en nature ou en moins prenant, qu'il ne se fait qu'en moins prenant si la donation est mobilière, qu'en principe, au contraire, il doit se faire en nature si la donation porte sur un immeuble. Le rapport des libéralités indirectes résultant des clauses d'un contrat à titre onéreux doit se faire en moins prenant, et cette règle n'est qu'une conséquense logique des principes de la matière. En effet, pour que le rapport s'opère en nature, il faut que la donation ait eu lieu par voie de transmission. Sans doute, dans notre hypothèse l'immeuble cédé est passé du patrimoine de l'époux donateur dans celui de l'époux donataire, mais il y est passé à titre de bien cédé en payement, et non pas à titre de bien donné, de sorte que, à vrai dire, la libéralite a eu pour objet, non pas l'immeuble lui-même, mais une valeur égale à la différence entre le montant de la dette eteinte et la valeur de l'immeuble au jour de la dation en payement. C'est la valeur de cette différence que le conjoint donataire doit rapporter à la masse. Si, au contraire, la donation était déguisée, le rapport pourrait être exigé en nature, car dans ce cas la donation aurait eu directement l'immeuble pour objet. Je n'insiste pas davantage sur cette question qui, je le répète, ne peut se poser que si l'époux donataire est le successible de l'époux donateur, et j'aborde immédiatement l'étude des conditions d'exercice de l'action en réduction.

L'action en réduction, on le sait, suppose que la quotité disponible a été dépassée; c'est donc là une question qui doit être préalablement examinée, et l'art. 922 édicte les règles qui président à cette vérification. Il faut reconstituer le patrimoine du défunt, tel qu'il serait composé s'il n'y avait eu ni donation entre vifs ni donation testamentaire, et pour cela réunir fictivement aux biens extants ceux dont le défunt a disposé par la libéralité entre vifs; il faut évaluer les biens compris dans cette masse, et, après en avoir déduit les dettes, classer les différentes donations suivant qu'elles s'imputent sur la quotité disponible ou sur la réserve. Ces deux dernières opérations, déduction des dettes et classification des libéralités, s'accomplissent sans difficulté dans notre hypothèse, il s'agit uniquement d'appliquer les règles du droit commun. La première opération est plus délicate, et la question à résoudre est celle de savoir quel est, en cas d'avantage indirect résultant des clauses d'un contrat à titre onéreux, le « bien » qui doit être réuni fictivement à la masse. Les principes que nous venons d'exposer à propos du rapport doivent, ici encore, régler notre hypothèse. Ce qui doit être réuni fictivement à la masse, c'est l'objet de la donation; or la donation a porté, non pas sur l'immeuble cédé en payement, mais sur une valeur qu'il faut déterminer. Cette détermination est le but de la seconde opération. L'art. 922 s'exprime en ces termes : « On y réunit fictivement les biens dont il a été disposé entre vifs, d'après leur état à l'époque des donations et leur valeur au temps du décès du donateur ». « Ainsi, disent MM. Aubry et Rau, l'on fait abstraction, dans l'évaluation des biens donnés entre vifs, des améliorations et des dégradations provenant du fait des donataires et des tiers possesseurs. Mais on prend en considération l'augmentation de valeur ou la dépréciation que ces biens peuvent avoir reçue ou subie par des circonstances purement fortuites. En un mot on procède comme si les biens donnés n'avaient pas cessé d'être la propriété du donateur. » (T. VII, § 684 *bis*.) Ces règles sont-elles applicables à l'hypothèse que j'examine? Je ne le crois pas, et je déciderai que la valeur à rapporter fictivement par l'époux donataire est une valeur égale à la différence entre l'objet de la dette éteinte et la valeur de l'immeuble cédé au jour de la dation en payement. Quel est le motif de cette solution? Je ne puis pas la justifier ici par cette considération que la libéralité indirecte n'a porté que sur la valeur de cette différence, car on pourrait victorieusement m'objecter que, même dans l'hypothèse d'une donation directe d'immeuble, hypothèse à laquelle l'art. 922 est sans contredit applicable, la libéralité a eu pour objet l'immeuble apprécié au jour du contrat. Il est certain que dans les deux cas le donataire ne s'est enrichi au détriment du donateur que d'une valeur à apprécier au moment même de la libéralité. Voici quelle est, je crois, la raison de décider. Pour exiger le rapport fictif d'un immeuble suivant sa valeur au jour du décès, il faut pouvoir supposer que cet immeuble n'est jamais sorti du patrimoine du donateur; ces deux propositions se complètent l'une par l'autre, et la première est la conséquence de la seconde; or cette fiction n'est possible que s'il s'agit d'un immeuble donné, car elle a pour cause une présomption de fraude à la réserve, présomption de fraude qui n'a plus sa raison d'être lorsque l'immeuble a été l'objet d'une dation en payement, d'une vente ou de tout autre contrat à titre onéreux. Concluons donc que le mode d'évaluation prescrit par l'article 922 ne doit pas s'appliquer aux libéralités indirectes qui nous occupent. C'est ce que la jurisprudence à plusieurs fois décidé. La Cour de Bordéaux, dans un arrêt du 8 mai 1878 (D. P., 1879, 2, 184), cassa un jugement qui avait appliqué à l'hypothèse d'une donation indirecte résultant d'un contrat de vente le second alinéa de l'art. 922, et, évoquant l'affaire, elle ordonna aux experts désignés de rechercher quelle était la valeur de l'immeuble vendu au jour du contrat. La Cour de cassation s'est prononcée dans le même sens à propos d'un bail dont le prix était inférieur à la valeur locative réelle de l'immeuble loué. L'arrêt est formel : « Attendu que l'article 922 qui ordonne de former une masse de tous les biens de la succession, en y réunissant fictivement ceux dont il a été disposé entre vifs, d'après leur état à l'époque de la donation et leur valeur au temps du décès, ne doit s'appliquer qu'aux actes d'aliénation, et non aux baux constituant des avantages indirects... lesquels donnent lieu à l'appréciation des avantages résultant, aux termes de l'art. 853, de conventions faites entre le défunt et son héritier ; — Que ces conventions doivent être considérées, par rapport à ces avantages, eu égard au temps où elles ont été faites ; que l'avantage à rapporter ne doit donc consister que dans la différence entre le prix stipulé et la valeur réelle au temps du bail, etc. » (Cass., 29 juillet 1863 ; D. P., 1863, 1, 110. — Id. Bruxelles, 11 juin 1866, *Pasicrisie*, 1867, 2, 58.)

Lorsque l'ensemble des libéralités entre vifs faites par le défunt dépasse la quotité disponible, il faut les réduire. Cette réduction, en vertu de l'art. 923, s'opère « en commençant par la dernière donation et ainsi de suite en remontant des dernières aux plus anciennes », sans distinguer entre les libéralités entre époux et les libéralités entre non-conjoints. L'action en réduction est, en principe, une action réelle, en ce sens que la réduction s'opère en nature, soit que la libéralité ait eu des meubles, soit qu'elle ait eu des immeubles pour objet; de plus, en cas d'insolvabilité du donataire, elle peut être exercée, d'après l'art. 930, « contre les tiers détenteurs des immeubles faisant partie des donations et aliénés par les donataires ». Ces principes sont-ils vrais en matière de libéralité indirecte? Il est évident que le caractère indirect de la libéralité ne peut faire obstacle ni à l'exercice de l'action en réduction ni à l'application de l'art. 923; mais il transforme l'action réelle en action personnelle. La réduction, en effet, dans notre hypothèse, ne peut pas s'opérer sur l'immeuble lui-même, puisque le donataire l'a reçu à titre de cession en payement; elle doit s'opérer sur la valeur de la différence entre le montant de la dette éteinte et la valeur de l'immeuble au jour du contrat. L'héritier réservataire sera, par suite, créancier de cette valeur tout entière, ou d'une partie de cette valeur, suivant que la réduction portera sur la totalité ou sur une partie seulement de la donation indirecte. La conséquence pratique de ce principe est grave : si l'on suppose que le conjoint donataire a aliéné l'immeuble cédé en payement, l'héritier ne pourra pas poursuivre le tiers détenteur, de sorte que l'insolvabilité du donataire sera, en définitive, supportée par le réservataire.

Les mêmes principes doivent être appliqués lorsque le conjoint donateur veut révoquer la libéralité indirecte qu'il a adressée à son conjoint. L'action en révocation, elle aussi, est en thèse une action réelle, et, en cas d'aliénation par le donataire du bien donné, elle peut atteindre le tiers détenteur; bien plus, une déclaration de volonté suffit pour que la propriété soit de nouveau acquise au donateur. Le caractère indirect de la libéralité fait obstacle dans notre hypothèse à l'application de ces règles, et les principes que j'ai exposés à propos du rapport et de la réduction engendrent les conséquences suivantes : l'époux qui voudra révoquer sa libéralité aura une action personnelle contre son conjoint, et sa créance sera équivalente à la valeur de la différence entre le montant de la dette éteinte et la valeur, au jour du contrat, de l'immeuble cédé en payement. Sans doute une simple déclaration de volonté suffira pour révoquer la libéralité ; mais cette déclaration le constituera créancier et non propriétaire.

Il faut décider, pour les mêmes motifs, et par application de l'art. 299 civ., que l'admission de la demande en divorce ou en séparation de corps, formée par le conjoint donateur, le constituera de plein droit créancier d'une somme équivalente à la valeur de la différence entre le montant de la dette éteinte et la valeur, au jour du contrat, de l'immeuble cédé en payement. La question de savoir si, en principe, la révocation établie par l'art. 299 atteint ou n'atteint pas les tiers détenteurs est donc indifférente à notre point de vue.

S'il s'agissait d'une libéralité déguisée, nous donnerions des solutions opposées, et nous déciderions que la réduction devrait s'opérer en nature sur l'immeuble donné, et que l'action des héritiers réservataires pourrait atteindre les tiers détenteurs ; nous déciderions aussi que ces tiers pourraient être frappés par l'action en révocation de l'époux donateur, et qu'une simple déclaration de volonté suffirait pour que la propriété de l'immeuble donné lui fût de nouveau acquise.

§ 3. — *De l'échange, de la transaction, du contrat de rente viagère.*

Le contrat d'échange peut-il valablement intervenir entre époux ? Il me paraît que sur ce point l'affirmative doit être admise : l'art. 1595 constitue, en effet, une dérogation au droit commun, qu'il ne faut pas étendre. On objecte que l'art. 1707 renvoie aux règles du contrat de vente, mais ce texte n'est pas assez impératif pour imposer l'application de l'art. 1595. D'ailleurs, les motifs qui ont fait prohiber le contrat de vente entre époux cessent d'être vrais à l'égard de l'échange ; on ne retrouve pas, en effet, dans l'échange cet élément pécuniaire, essentiellement mobile, qui, parce qu'il se prête facilement à la fraude, a éveillé les soupçons du législateur ; les obligations des coéchangistes sont de même nature, et chacune d'elles porte sur un corps certain. La jurisprudence, néanmoins, se prononce pour la nullité du contrat d'échange entre époux. (Pau, 5 janvier 1885 ; D. P., 1886, 2, 44.)

Il est facile de comprendre dans quelles circonstances une libéralité indirecte peut résulter d'un contrat d'échange ; on n'a qu'à supposer que la valeur de l'un des immeubles échangés est supérieure à la valeur de l'autre, et que celui des deux époux auquel cet immeuble appartenait a voulu gratifier son conjoint. La donation a, dans ce cas, pour objet, comme plus haut, la valeur d'une différence ; les règles que nous avons exposées à propos de la cession en payement autorisée entre époux, sont évidemment applicables à notre matière ; nous n'y reviendrons pas.

Nous déciderons aussi que le contrat de transaction peut intervenir valablement entre époux, malgré l'opinion contraire de M. Troplong. Il peut en résulter un avantage indirect, lorsque l'un des époux, pour gratifier son conjoint, renonce à un droit dont la valeur dépasse celle du droit abandonné par l'autre époux. Sans doute, comme l'enseignent MM. Aubry et Rau, « il n'est pas nécessaire que les concessions respectives des parties soient de la même importance et forment l'équivalent exact les unes des autres », mais il est certain qu'on peut voir une donation indirecte dans ce fait que l'un des époux a sciemment renoncé à un droit plus important, alors surtout qu'il est prouvé que le sacrifice d'un droit moindre n'aurait pas empêché l'autre conjoint de consentir à la transaction.

Quant au contrat de rente viagère, je déciderais qu'il faut l'interdire aux époux, lorsque la rente est constituée à titre onéreux. La rente viagère, en effet, qui, aux termes de l'art. 1968, suppose l'aliénation d'une somme d'argent, d'un chose mobilière ou d'un immeuble, rentre dans la prohibition édictée par l'art. 1595. Il faut, d'ailleurs, remarquer que je ne fais ici allusion qu'à la rente viagère constituée à titre onéreux ; constituée à titre gratuit, elle peut intervenir entre époux ; mais alors elle est une donation directe qui doit être revêtue des formes solennelles (art. 1969).

§ 4. — *Du contrat de louage.*

En principe, il n'est pas interdit aux époux, de faire entre eux soit un louage d'ouvrage soit un louage de choses, mais il faut distinguer suivant les régimes. Un contrat de louage peut évidemment intervenir sous le régime de séparation de biens, sous le régime dotal, et même sous le régime de la communauté, si la femme s'est réservé une part de ses revenus ; il ne peut intervenir sous le régime exclusif de communauté que si l'on admet, avec MM. Aubry et Rau et Demolombe, que le mari n'a pas droit, en tant qu'usufruitier des biens de sa femme, aux produits de son industrie. Quand un avantage indirect résultera-t-il d'un contrat de louage ? Pas de difficulté s'il s'agit d'un louage d'ouvrage ; on n'a qu'à supposer que l'époux locateur a intentionnellement consenti un prix supérieur à la valeur du travail fourni. La question est plus délicate en ce qui concerne le louage des choses ; car, d'un côté, il est certain que le prêt à usage, qui est un contrat à titre gratuit, peut valablement intervenir entre époux, et d'un autre côté, on peut dire qu'un contrat de louage, même à vil prix, est plus avantageux pour l'époux locateur qu'un simple *commodat*. La question de savoir si, dans tel cas donné, il y a ou il n'y a pas libéralité indirecte, est donc une question de fait laissée à l'appréciation des Tribunaux. Qu'on suppose, par exemple, que le mari d'une femme commerçante, après avoir préalablement donné congé aux locataires d'un immeuble dont il est propriétaire, loue cet immeuble à sa femme pour l'installation de son commerce et moyennant un prix inférieur à la valeur locative réelle, les juges devront voir dans cet ensemble de faits une donation indirecte. — Les principes exposés plus haut, à propos de la cession en payement autorisée entre époux, sont encore ici applicables; un simple renvoi est donc suffisant. Je me bornerai à rappeler qu'en cas d'avantage indirect l'époux donateur qui voudra révoquer sa libéralité, ne pourra pas obtenir la résiliation du bail, et qu'il devra simplement demander une somme égale à la différence entre le loyer stipulé et la valeur locative réelle, appréciée au jour du contrat. (Cass., 29 juillet 1863; D. P., 1863, 1, 110.)

§ 5. — *Du contrat de société.*

Une jurisprudence constante prohibe le contrat de société entre époux. (Cass., 9 août 1851; S., 1852, 1, 281. — Paris, 14 avril 1856; S., 1856, 2, 369. — Paris, 9 mars 1859; S., 1859, 2, 502. — Metz, 22 avril 1861; S., 1862, 2, 330. — Paris, 24 mai 1870; S., 1871, 2, 71. — Dijon, 27 juillet 1870; S., 1871, 2, 268.) Les raisons qu'elle donne peuvent se résumer ainsi: les règles fondamentales du contrat de société sont incompatibles avec les droits qui dérivent de la puissance maritale et qui sont essentiels dans notre législation. De plus, le contrat de société fait naître entre les associés des conflits d'intérêt, qui nuiraient à la bonne harmonie du ménage.

Ces raisons sont puissantes, mais elles ne sont pas sans réplique. Il ne faut pas confondre, en effet, les droits du mari comme mari et les droits du mari comme chef de l'association conjugale : ceux-ci ne sont pas invariables ; ils sont plus ou moins considérables suivant les régimes matrimoniaux, et on n'a par suite qu'à rechercher si les principes du contrat de société s'accordent avec les principes du régime matrimonial adopté par les époux. Seuls les droits du mari comme mari ne varient pas, seuls ils sont essentiels, et s'il est vrai que le contrat de société soit incompatible avec ces droits, la jurisprudence a raison de le repousser. Ces droits, quels sont-ils ? Les art. 213, 214, 215 du Code civil nous les indiquent : la femme doit obéissance à son mari, elle doit cohabiter avec lui, elle ne peut accomplir aucun acte de la vie civile sans son autorisation. Or, si l'on suppose que la femme a été autorisée par son mari à s'associer avec lui, ce contrat de société ainsi formé n'est évidemment pas incompatible avec le devoir de cohabitation ; il ne porterait atteinte au devoir d'obéissance que s'il était vrai que le droit du mari s'étendît sur les biens de la femme ; mais ce droit, qui est un corollaire du devoir de protection, est nécessairement limité à la personne, puisque la femme peut, suivant sa volonté, se réserver la gestion de ses biens personnels. — Quant à l'argument tiré des conflits d'intérêt que le contrat de société peut faire naître entre les époux, il n'est pas vrai parce qu'il est trop général, et je le repousse parce qu'il ne tendrait à rien moins qu'à étendre à tous les contrats pécuniaires la prohibition de l'art. 1595.

La validité du contrat de société entre époux étant admise en principe, je vais étudier successivement, au point de vue des avantages indirects qui parfois en résultent, les diverses espèces de sociétés qui peuvent intervenir entre époux.

1° La société universelle de tous biens présents et à venir

est interdite en principe, (art. 1836); elle ne peut être établie que par contrat de mariage (art. 1526). Elle est donc en dehors du sujet spécial qui m'occupe, et je passe.

2° La Société universelle de tous biens présents ne peut pas être contractée par deux époux mariés sous le régime de la communauté, sous le régime exclusif de communauté ou sous le régime dotal, parce qu'elle constituerait une dérogation évidente aux conventions matrimoniales; de même une séparation de biens judiciaire la rend impossible, par application de l'art. 1451. Mais il faut, je crois, décider qu'elle peut intervenir sous le régime de la séparation de biens conventionnelle; elle ne transforme pas, en effet, les conventions matrimoniales, puisque sous ce régime les époux conservent la propriété et la jouissance de leurs biens personnels. L'art. 1840 seul pourrait s'y opposer; il est ainsi conçu : « Nulle société universelle ne peut avoir lieu qu'entre personnes respectivement capables de se donner ou de recevoir l'une de l'autre, et auxquelles il n'est point défendu de s'avantager au préjudice d'autres personnes. » Ce texte obscur est inexplicable si on ne l'éclaire pas à la lumière des travaux préparatoires. La discussion au Conseil d'Etat a été très précise sur ce point; il en ressort clairement que l'art. 1840 contient deux dispositions distinctes : l'une qui annule toute société universelle contractée entre personnes incapables de se donner ou de recevoir l'une de l'autre, par exemple, entre une mère adultérine et son fils; l'autre qui, supposant une société universelle contractée par des personnes capables, consacre, suivant les principes généraux, les droits des héritiers réservataires en cas d'avantage indirect. Nous lisons dans l'*Exposé des motifs* de Treilhard au Corps législatif: « Le motif de cette dernière disposition (art. 1840) se fait assez sentir; c'est par des considérations d'une haute importance que vous avez établi entre quelques personnes des incapacités de se donner au préjudice de quelques autres ; ces prohibitions ne sont pas nombreuses dans notre législation, mais enfin il en existe : or ce que vous avez expressément défendu, ce qu'on ne peut faire directement, il serait inconséquent et dérisoire de le tolérer indirectement. » Et Tronchet ajoutait : « Toutes les donations, même réciproques, sont soumises aux prohibitions et aux réserves ; donc, si les sociétés de tous biens peuvent être quelquefois des donations, il est nécessaire en les autorisant, d'exprimer que c'est sans préjudice des dispositions prohibitives. » Ces prohibitions sont donc celles relatives à la quotité disponible. Les époux sont capables de se donner et de recevoir l'un de l'autre ; la seconde disposition de l'art. 1840 leur est seule applicable. Il faut donc décider qu'ils peuvent contracter ensemble une société universelle de tous biens présents, s'ils ont adopté par contrat de mariage le régime de la séparation de biens, sauf les droits des héritiers réservataires en cas d'avantage indirect.

Delvincourt et Duvergier ont donné une autre explication de l'art. 1840 ; l'interprétant littéralement, ils ont enseigné que toute société universelle contractée par des personnes ayant des héritiers à réserve devait être annulée. Mais ce système trop radical est inacceptable, car il a pour effet nécessaire de rendre sinon impossible du moins très difficile, l'existence d'une société universelle. Pour se convaincre, d'ailleurs que le législateur n'a pas entendu l'art. 1840 dans ce sens si général, il suffit de le rapprocher de l'art. 1526 ; ce texte formel en effet autorise l'adoption par contrat de mariage d'une société universelle de tous biens présents et à venir, et il ne distingue pas suivant que les futurs époux ont ou n'ont pas des enfants issus d'un précédent mariage ; l'article suivant se borne à réserver les droits des enfants du premier lit en cas d'avantage indirect. Une société qui comprend tous les biens présents et à venir de ceux qui contractent est incontestablement plus dangereuse que celle qui comprend seulement leurs biens présents ; il y a dans la première un élément incertain et variable qui ne se retrouve pas dans la seconde, et qui peut, dans certains cas, en transformer le caractère. L'art. 1526 autorise la société de tous biens présents et à venir ; il serait illogique que l'art. 1840 interdît la société de tous biens présents.

3° La société particulière, aux termes des art. 1841 et 1842, est celle qui a pour objet soit la propriété ou l'usufruit de certaines choses déterminées, soit une entreprise désignée, soit enfin l'exercice de quelque métier ou profession. Elle ne peut pas intervenir sous le régime de la communauté, parce que les créances et les dettes des deux époux associés, en tombant dans le fonds commun, s'éteindraient par confusion ; de plus, le bénéfice d'émolument et le droit de renonciation de la femme commune sont incompatibles avec l'art. 1855 qui interdit la convention « qui donnerait à l'un des associés la totalité des bénéfices » et celle « qui l'affranchirait de toute contribution aux pertes ». La société particulière ne peut pas intervenir sous le régime dotal, s'il y a constitution générale de dot, à/raison même de l'inaliénabilité des biens dotaux ; mais elle est évidemment possible sous le régime de la séparation de biens, sous le régime exclusif de la communauté, si l'on admet que le mari n'a pas droit en qualité d'usufruitier des biens de sa femme aux produits de son industrie, ou si la femme s'est réservé par contrat de mariage l'administration et l'usufruit de certains de ses biens ; elle est encore possible sous le régime dotal, s'il y a des biens paraphernaux. — Il résultera un avantage indirect des clauses d'un contrat de société lorsque, le partage devant s'effectuer par parts égales, l'apport de l'un des époux sera plus considérable que l'apport de l'autre, ou lorsque, les apports étant égaux, il sera convenu que le partage des bénéfices ou des dettes s'effectuera par parts inégales, et qu'à chacun de ces éléments viendra se joindre l'intention de libéralité. L'action en réduction des héritiers réservataires devra porter sur l'objet même de la libéralité, c'est-à-dire, comme en matière de vente, sur la valeur d'une différence. En cas d'inégalité d'apports, la donation aura pour objet la valeur de la différence entre la valeur de l'apport fait par le conjoint donateur et celle de l'apport fait par le conjoint donataire ; en cas de partage inégal, la donation aura pour objet la valeur de la différence entre la part que l'époux donateur a obtenue en réalité et celle qu'il aurait dû obtenir si le partage avait été fait par parts égales. Quant à l'action en révocation de l'époux donateur, elle portera aussi sur l'objet de la libéralité ; mais remarquons que, dans notre seconde hypothèse, elle ne pourra être intentée qu'à la dissolution de la société, c'est-à-dire après l'opération du partage : c'est, en effet, l'opération du partage qui parfait la donation. La même distinction n'est pas utile à l'égard de l'action en réduction : l'action en réduction, en effet, suppose nécessairement la dissolution de la société, puisqu'elle ne peut être exercée qu'à la mort du donateur.

4° Les sociétés commerciales ne doivent pas être, en principe, interdites aux époux. On a tiré un argument contre leur validité des termes de l'art. 220, dernier alinéa, du Code civil, qui est ainsi conçu : « La femme n'est pas réputée marchande publique si elle ne fait que détailler les marchandises du commerce de son mari, mais seulement quand elle fait commerce séparé » ; mais il est évident que ces deux propositions se complètent et s'expliquent l'une par l'autre, et qu'il ne faut pas les disjoindre. Dire que la femme est réputée marchande publique « seulement quand elle fait un commerce séparé », cela signifie qu'elle ne peut pas être réputée marchande publique quand elle se contente de venir en aide au commerce de son mari. — Je ne m'occuperai pas ici des sociétés anonymes qui ne sont que des associations de capitaux ; il n'est pas contesté que les deux époux peuvent faire partie de la même société. Je n'étudierai que la société en nom collectif et la société en commandite.

La société en nom collectif est celle dans laquelle les associés font le commerce sous une raison sociale et sont tous tenus personnellement et solidairement des dettes sociales. Il résulte de cette définition que la société en nom collectif ne peut pas s'accorder avec les principes du régime de la communauté : cette obligation personnelle et solidaire des associés est incompatible avec le bénéfice d'émolument et le droit de renonciation de la femme commune ; mais la société en nom collectif peut intervenir sous le régime dotal, s'il y a des biens paraphernaux, sous le régime exclusif de la communauté, si la femme s'est réservé l'administration et la jouissance d'une part de ses biens, et enfin sous le régime de la séparation de biens. Les règles que j'ai exposées plus haut, à propos de la société particulière, sont applicables à la société en nom collectif entre époux. Il faut, par conséquent, décider que la société en nom collectif pourra contenir une libéralité indirecte toutes les fois que, les apports étant égaux, le partage sera fait par parts inégales, ou que, les apports étant inégaux, le partage sera fait par parts égales. L'action en réduction des héritiers réservataires et l'action en révocation de l'époux donateur porteront, encore ici, sur l'objet même de la donation, c'est-à-dire sur la valeur d'une différence. Mais il faut remarquer, et c'est là le point essentiel qui distingue la société civile et la société commerciale, que le conjoint donateur ne pourra revoquer sa libéralité qu'après la dissolution de la société, et cela quand même la donation résulterait de l'inégalité des apports. La raison est bien simple : tant que dure la société, elle seule est propriétaire des apports, à cause de la personnalité civile dont elle est revêtue : l'enrichissement du conjoint donataire ne peut donc s'effectuer qu'au moment même où la société, personne morale, disparaît, c'est-à-dire lors de la dissolution.

La société en commandite comprend deux catégories d'associés : les commandités, qui sont de véritables associés en nom collectif, et les commanditaires qui ne sont que des bailleurs de fonds. Les règles de l'association conjugale ne s'opposent pas à ce que les époux soient l'un et l'autre commanditaires d'une même société ; mais ils ne pourront être « commandités » que suivant les distinctions que nous avons établies à propos de la societé en nom collectif.

Dans les divers cas que je viens d'examiner, j'ai toujours supposé que le contrat à titre onéreux renfermait les trois éléments suivants : l'enrichissement de l'époux donataire, l'appauvrissement de l'époux donateur, et l'intention de libéralité de la part de celui qui s'appauvrit. Ces trois éléments sont-ils suffisants pour constituer la donation indirecte ? Faut-il, au contraire, qu'un quatrième élément intervienne et que l'époux donataire connaisse l'intention libérale de l'époux donateur ? En un mot, la donation indirecte est-elle nécessairement conventionnelle ? La question que je pose n'est pas oiseuse et l'hypothèse est facile à faire ; s'il s'agit d'une dation en payement, par exemple, le conjoint donataire peut ignorer la juste valeur de l'immeuble cédé et croire que cette valeur correspond exactement à l'objet de la dette ; Dans ce cas, il est évident qu'il n'y a point convention de donation. La solution que j'ai admise en droit romain s'impose aussi, à mon avis, en droit français ; la donation indirecte n'est pas nécessairement un contrat. Je n'appuierai pas cette solution sur le mot « acte » employé par l'art. 894 du Code civil ; c'est par suite d'une erreur évidente du Premier Consul que ce mot a été inséré dans le texte ; d'ailleurs, l'art. 894 définit la donation directe et nous savons que la donation directe est nécessairement conventionnelle. Il est facile de comprendre en droit pur que là donation ne soit pas un contrat et qu'on puisse rendre la condition d'autrui meilleure sans son consentement; il est des cas où cette vérité s'impose : la dot constituée par un tiers est une donation à l'égard de la femme, l'ignorance de la bénéficiaire empêchera-t-elle l'existence de la liberalité. Qu'on suppose aussi une donation résultant d'une déchéance volontaire, l'ignorance du gratifié fera-t-elle que la déchéance n'ait pas été encourue et que l'enrichissement ne se soit pas réalisé? Le consentement du gratifié n'est nécessaire que s'il s'agit d'une donation directe (1). Pourquoi? Parce que, dans la donation directe, un lien de droit n'existe qu'après l'acceptation du donataire ; l'acceptation, expresse ou tacite, est le lien du droit qui unit le donataire, non seulement au donateur, mais encore à l'objet donné ; sans acceptation, en un mot, il n'y a pas acte juridique. S'il s'agit, au contraire, d'une donation indirecte, l'acceptation ne s'impose plus pour relier le bénéficiaire au disposant; il y a déjà un acte juridique, le contrat à titre onéreux, dans l'espèce, qui supporte et parfait la libéralité. Cette théorie n'est pas contredite par les textes. Les articles relatifs à l'acceptation des donations sont placés dans la section 1re du chapitre IV, sous cette rubrique « De la forme des donations entre vifs » ; ils se rapportent tous au contrat solennel de donation et supposent, par conséquent, une donation directe. D'un autre côté, le législateur, lorsqu'il fait allusion aux donations indirectes et surtout à celles qui résultent des clauses d'un contrat à titre onéreux, semble affecter de ne pas se servir du mot « donation », il emploie de préférence l'expression « avantages indirects » comme dans les art. 853 et 1595.

Si cette théorie n'est pas exacte, quel sera le sort de l'en-

---

(1) Il est évident que je ne m'occupe pas ici de la donation considérée comme contrat solennel.

richissement du bénéficiaire? Trois solutions sont possibles : ou il faut décider que le conjoint donateur a fait une offre qui n'a pas été acceptée et qui est révocable jusqu'à l'acceptation, ou il faut voir dans la cession qu'il a faite un payement partiel de l'indû et lui accorder, par suite, une action en répétition, ou bien il faut reconnaître avec certains Romanistes que l'acte qui a réalisé l'enrichissement du gratifié ne constitue pas une donation proprement dite et n'est pas soumis aux règles de fond des donations entre vifs. Ces trois solutions sont inacceptables. La première est évidemment contraire à l'intention du disposant qui a voulu faire un acte définitif et non pas un acte provisoire. La seconde est inadmissible, car l'action en répétition n'aurait aucun fondement ; les deux époux (pour rester absolument dans notre sujet) s'étant, par hypothèse, entendus et sur la dette à éteindre et sur l'immeuble à céder, le conjoint qui a livré l'immeuble a livré ce qu'il était convenu qu'il livrerait ; il n'a pas, par suite, payé l'indû. Quant à la dernière solution, elle rendrait illusoires toutes les restrictions légales en matière de donation : elle aurait une apparence de vérité s'il était prouvé que ces restrictions ont pour but de garantir le donateur contre la captation, car alors on pourrait dire que le bénéficiaire, qui, par hypothèse, ignore l'intention libérale du disposant, n'a pas pu le capter ; mais il n'en est pas ainsi, et il serait, au contraire, facile de démontrer que toutes les restrictions légales, sauf peut-être le droit de révocation de l'époux donateur, sont fondées sur ce fait, que celui qui donne se dépouille sans compensation.

Appendice. — De la libéralité indirecte qui peut résulter du quasi-contrat de gestion d'affaires.

Le quasi-contrat de gestion d'affaires est évidemment permis entre époux ; la nature même des choses impose cette solution, qui, d'ailleurs, n'est pas contestée. La gestion d'affaires donne naissance, en principe, à deux actions : l'une, l'action *negotiorum gestorum directa*, qui appartient au *dominus*, et par laquelle le dominus peut exiger l'accomplissement des diverses obligations du gérant ; l'autre, l'action *negotiorum gestorum contraria*, qui appartient au gérant et par laquelle le gérant peut se faire indemniser des dépenses qu'il a faites. Cette dernière action ne naît point lorsque le gérant a agi *animo donandi*, l'intention de libéralité exclut tout recours du gérant contre le *dominus*. La donation qui résulte ainsi de la gestion d'affaires est une donation indirecte ; comme telle, elle est dispensée des formes solennelles exigées par l'art. 931, mais elle est soumise aux règles de fond des libéralités entre vifs. Il faut donc décider que, si elle excède la quotité disponible, les héritiers réservataires pourront la faire réduire, et que, dans le cas où les deux époux seront parents l'un de l'autre au degré successible, le rapport pourra être exigé par les cohéritiers du conjoint survivant : il n'y a pas de difficulté sur ces deux points. La question est plus délicate en ce qui concerne l'action en révocation de l'époux qui a géré *animo donandi* les affaires de son conjoint : quel sera le mode d'exercice de cette action ? Tout d'abord il faut se demander quel est l'objet de la libéralité. L'appauvrissement de l'époux donateur est facile à calculer, il est toujours équivalent à ses déboursés ; quand à l'enrichissement du donataire, il est, suivant les cas, supérieur, égal ou inférieur à cet appauvrissement ainsi apprécié. Si l'appauvrissement du donateur et l'enrichissement du donataire sont équivalents, la donation aura pour objet une valeur égale aux déboursés du gérant : s'ils sont inégaux, pour déterminer l'objet de la donation, il faudra considérer deux choses : le profit réalisé par le conjoint donataire et la perte subie par l'époux donateur ; la donation aura pour objet une valeur égale à la moindre de ces deux sommes. L'action en révocation ne se confond donc pas avec l'action *negotiorum gestorum contraria*, et l'époux donateur serait mal fondé à venir réclamer, en prétextant la révocation de la libéralité, le remboursement de toutes ses dépenses, si ces dépenses sont supérieures au profit réalisé par son conjoint.

Je donnerais une solution analogue dans l'hypothèse où l'un des époux aurait, *animo donandi*, fait des plantations ou élevé des constructions sur le fonds de son conjoint. Il faudra, encore ici, apprécier l'appauvrissement de l'époux donateur et le profit réalisé par le donataire : la donation aura pour objet la moindre de ces deux valeurs.

CHAPITRE II

DES LIBÉRALITÉS INDIRECTES QUI RÉSULTENT SOIT D'UNE ABS-
TENTION VOLONTAIRE, SOIT D'UN ACTE CONSTATANT UNE
ABSTENTION VOLONTAIRE.

SECTION Iʳᵉ. — *Des libéralités indirectes qui résultent d'une
abstention volontaire.*

Le laps de temps est une cause d'acquisition des droits
réels comme il est une cause d'extinction des obligations. Je
suis créancier d'un tiers; si je laisse passer les délais de la
prescription sans réclamer le payement, mon débiteur sera
libéré. Je suis propriétaire d'un fonds qu'un tiers est en voie
d'usucaper; si je n'interromps pas l'usucapion, au bout de
dix, vingt ou trente ans, suivant les cas, j'aurai perdu mon
droit de propriété, et le tiers sera désormais seul propriétaire du fonds. Dans les deux cas, de mon inaction est résul-
tée une modification de nos deux patrimoines, je me suis
appauvri et le tiers s'est enrichi; la perte que j'ai subie est
la mesure du profit qu'il a réalisé. Si mon inaction est due à
une intention libérale, si, en d'autres termes, c'est sciemment
et pour gratifier celui qui était en voie de prescrire, que j'ai
laissé passer les délais de la prescription, il y a donation
indirecte; nous retrouvons, en effet, les trois éléments constitutifs de la donation proprement dite, puisque l'intention
de libéralité vient s'unir à l'appauvrissement et à l'enrichissement que nous avons déjà constatés. Cette donation est

dispensée, par la force même des choses, des formes solennelles, mais elle est soumise aux règles de fond des libéralités entre vifs.

Ces principes, vrais en thèse générale, cessent de l'être dans les relations de conjoint à conjoint. L'art. 2253 décide, en effet, que « la prescription ne court point entre époux. » Cette disposition n'est pas une application de la maxime « *contra non valentem agere non currit præscriptio* », car le droit d'agir en justice l'un contre l'autre n'est pas contesté aux époux; elle est due à des causes d'un ordre plus élevé. « Il serait contraire à la nature de la société du mariage, dit Bigot-Préameneu, dans l'*Exposé des motifs*, que les droits de chacun ne fussent pas l'un à l'égard de l'autre respectés et conservés. L'union intime qui fait leur bonheur est en même temps si nécessaire à l'harmonie de la société, que toute occasion de la troubler est écartée par la loi. » La disposition de l'art. 2253 est générale; elle régit aussi les courtes prescriptions et elle est applicable pendant toute la durée du mariage, même s'il y a eu séparation de corps : la jurisprudence est constante sur ces deux points. (Paris, 26 juillet 1862 ; S., 1870, 2, 513. — Lyon, 7 janvier 1868; S., 1868, 2, 170. — Rouen, 15 avril 1869 ; S. 1870; 2, 149. Bordeaux, 3 février 1873, S., 1873, 2, 107.)

Il résulte de cet exposé que la plupart des hypothèses que nous avons examinées en droit romain sont irréalisables en droit français. Le mari, propriétaire d'un fonds possédé par sa femme, ne perd pas son droit de propriété bien qu'il laisse s'accomplir sans protestation les délais de l'usucapion. La femme, créancière de son mari, conserve son droit de créance, bien que pendant trente ans elle néglige de réclamer le payement. Est-ce à dire néanmoins, que dans notre droit les libéralités indirectes par voie d'omission pure et simple soient impossibles entre époux? Ainsi posée, une telle affirmation serait trop absolue. L'art. 2253, en effet,

n'est applicable qu'à la prescription; les déchéances restent
en dehors de ses prévisions : or une déchéance entraîne la
perte d'un droit ; cette perte, subie par l'un des époux, peut
avoir pour conséquence une augmentation du patrimoine de
l'autre époux : si c'est volontairement et en pleine connaissance de cause que l'époux a encouru la déchéance, il y a
donation indirecte. L'hypothèse sera rare, j'en conviens,
mais elle est juridiquement possible, et cela suffit pour que
je l'examine en quelques mots.

La femme a actionné son mari en justice ; sa demande
n'était pas fondée, mais, pour lui faire une libéralité, le mari
ne s'est pas défendu, et, après avoir ainsi volontairement
perdu son procès, il a laissé passer les délais de l'opposition et de l'appel. Il y a, dans ce cas, donation indirecte du
mari à la femme, donation indirecte soumise à toutes les
règles de fond des libéralités entre vifs, et, en particulier, à
la règle de la révocabilité. Le mari qui voudra révoquer sa
libéralité devra réclamer à sa femme une somme égale à la
valeur du droit qu'il a volontairement perdu; il ne pourra
pas réclamer le droit lui-même, car ce droit n'est pas passé
par voie de transmission directe de son patrimoine dans
celui de sa femme ; le mari a, par son inaction, fourni à sa
femme le moyen de l'acquérir ; ce moyen a une valeur appréciable en argent, et la donation porte précisément sur cette
valeur. Remarquons, d'ailleurs, que cette action (1) du mari
sera rarement admise : la preuve de l'intention de libéralité
ne suffira pas en effet ; le mari devra encore prouver qu'il
y a eu appauvrissement réel, et, dans ce but, il devra démontrer que, s'il s'était défendu, la demande de sa femme aurait
été nécessairement rejetée. Cette preuve sera le plus souvent impossible à administrer.

(1.) On peut en dire autant de l'action en réduction des réservataires, et
de toutes les actions qui supposent préalablement résolue la question de
savoir si, oui ou non, il y a eu donation.

Voici une hypothèse intéressante dans laquelle on peut voir une donation indirecte par voie d'omission faite par la femme aux héritiers du mari. L'art. 1456 du Code civil décide, on le sait, que la femme est déchue de la faculté de renoncer à la communauté dissoute par la mort du mari, lorsqu'elle a laissé passer, sans faire inventaire, le délai de trois mois et quarante jours. Or, si la communauté est mauvaise, la femme a un intérêt évident à renoncer ; mais on peut supposer que, bien que connaissant l'insolvabilité de la communauté, elle encoure volontairement la déchéance édictée par l'art. 1456, pour partager avec les héritiers de son mari le payement de toutes les dettes. — Une donation indirecte, pourra dans les mêmes circonstances, intervenir entre les deux époux, si l'on admet avec certains auteurs (Bellot des Minières, M. Colmet de Santerre) que l'art. 1456 est applicable au cas où la communauté est dissoute par la séparation de biens.

SECTION II. — *Des libéralités indirectes qui résultent d'un acte constatant une abstention volontaire.*

§ 1. DES RENONCIATIONS EN GÉNÉRAL

MM. Aubry et Rau définissent la renonciation « un acte par lequel une personne abdique ou abandonne un droit qui lui appartient». (T. IV, § 326., p. 200.) La renonciation est par essence purement abdicative : toute transmission, en effet, suppose un acte positif, et la renonciation en dernière analyse se résout en une abstention. Cette abdication entraîne nécessairement une diminution dans le patrimoine du titulaire du droit, puisque l'utilité qu'il en retirait ou qu'il pouvait du moins en retirer est désormais perdue pour lui. Mais ce droit, ainsi abandonné, peut ne pas périr ; un tiers peut trouver, soit dans un testament, soit dans la loi, soit dans une convention préexistante le pouvoir de le re-

cueillir : si en fait il le recueille, il réalise un profit égal à
la perte éprouvée par le renonçant. Les causes qui ont pu
déterminer le titulaire du droit à l'abandonner sont varia-
bles ; s'il a voulu procurer un bénéfice à celui qui était appelé à le recueillir, il y a donation, car l'intention libérale
vient se joindre à l'appauvrissement et à l'enrichissement
que nous avons déjà constatés, et il y a donation indirecte,
car la libéralité résulte ici, non pas d'un acte translatif « portant donation », mais d'un acte constatant une abstention
volontaire, c'est-à-dire, en dernière analyse, d'une abstention. Le droit que le donataire acquiert ne lui est pas transmis directement par le donateur ; le donateur, par sa renonciation, a simplement procuré au donataire la possibilité de
l'acquérir. En d'autres termes, le droit du renonçant était
un obstacle à l'exercice du droit du tiers ; il y a donation,
parce que le renonçant a volontairement levé cet obstacle.

La renonciation est par elle-même un acte unilatéral ; le
lien qui me rattache au droit qui m'appartient, je suis maître
de le rompre par ma seule volonté. Cela ne peut être contesté en ce qui concerne les droits réels. « L'abdication du
droit réel, dit M. Demolombe, par celui auquel il appartenait, doit suffire pour rompre le lien et pour affranchir, d'une
manière immédiate et absolue, la chose qui en était l'objet. »
Mais j'ajoute que cela est aussi rigoureusement vrai à l'égard
des droits de créance, et, pour être exact, il faut distinguer
à ce point de vue la renonciation à une créance et la remise
de la dette. La renonciation à une créance est un acte unilatéral ; je ne serais pas maître de mon droit si je ne pou-
vais l'anéantir à ma volonté. La remise de la dette, au contraire, est nécessairement conventionnelle, le distrat qui
éteint la dette suppose le consentement des deux parties
comme le contrat qui l'a créée. Cette solution s'impose d'ailleurs en droit et en fait. Si le créancier laisse passer les délais de la prescription sans exiger le payement, le débiteur

ne sera-t-il pas libéré par la seule volonté du créancier? Et
la prescription n'est-elle pas fondée sur une idée de renonciation tacite? D'autre part, le créancier peut, en déchirant
son titre, rendre son droit illusoire et libérer en fait le débiteur. N'est-ce pas là un acte dépendant de sa seule volonté?
Dans notre ancien droit, Barbeyrac, qui n'avait pas aperçu
cette distinction, soutenait que la remise de la dette n'était pas
nécessairement conventionnelle. Mais Pothier l'avait entre-
vue, et au n° 578 de son *Traité des obligations*, il s'exprimait
ainsi : « Je ne crois pas que ce sentiment de Barbeyrac puisse
être suivi dans la pratique. Je conviendrai volontiers avec
lui qu'en supposant un cas métaphysique, un créancier qui
aurait une volonté absolue d'abdiquer son droit de créance,
pourrait par sa seule volonté l'éteindre. » Et il ajoutait, ce
qui est plus significatif : « Quand même le principe de Barbeyrac devrait être suivi, ce ne pourrait être que lorsque la
remise est pure et simple ; lorsqu'elle est faite sous certaines
conditions, il est évident qu'elle ne peut avoir d'effet avant
que le débiteur ait accepté les conditions. »

La renonciation est, en principe, irrévocable ; le droit que
j'ai abdiqué m'est désormais absolument étranger, ma seule
volonté ne peut pas reconstituer le lien qui le rattachait à
moi. C'est ce que la Cour de cassation a reconnu dans un
arrêt du 19 nov. 1855, où, à propos d'une hypothèse particulière de renonciation, elle donne une solution de principe.
Il s'agissait d'une femme mariée qui avait renoncé à son
hypothèque légale en faveur de deux créanciers de son mari ;
ceux-ci n'avaient accepté la renonciation, ni expressément,
ni tacitement. La question était de savoir si cette renonciation pouvait être révoquée; la Cour suprême l'a résolue
négativement. « Attendu, dit-elle, que l'acte par lequel la
demanderesse a renoncé au bénéfice de son hypothèque au
profit des sieurs X. était un pur acte de renonciation de sa
part, sans aucune stipulation ou engagement à son profit ;

— Qu'un tel acte émané d'un créancier maitre de ses droits produit son effet par lui-même, conformément à l'art. 2180, et comme au cas de toute autre renonciation soit à une succession, soit à une communauté, soit à un usufruit, sans qu'aucune disposition de loi impose au bénéficiaire l'obligation d'une déclaration quelconque pour rendre irrévocables à son profit les effets de cette renonciation. — Qu'en thèse générale il suffit que le propriétaire d'un droit manifeste son intention de n'en pas faire usage pour que le droit secondaire prenne le rang du droit éteint qui le primait. »

La renonciation, en principe et sauf exception, n'est assujettie à aucune forme particulière ; une jurisprudence constante reconnaît qu'elle peut être tacite et que de simples présomptions suffisent pour la prouver. (Cass., 12 nov. 1822. S., 23, 1, 86 — 4 juin 1832 ; D. P., 1832, 1, 62. — Tours, 22 janv. 1846 ; S., 47, 2, 29. — Bordeaux, 22 déc. 1847 ; S., 48, 2, 239. — Cass., 20 fév. 1855 ; D. P., 55, 1, 70. — 9 déc. 1874 ; D. P., 75, 1, 132. — Poitiers, 30 nov. 1881 ; D. P., 1882, 2, 247. — Req., 15 fév. 1882 ; D. P., 1882, 1, 413.) Cette règle est formulée avec autorité dans l'arrêt de Cassation du 20 fév. 1855. Deux époux avaient convenu, dans leur contrat de mariage, que la totalité de la communauté serait attribuée au survivant. La femme mourut la première ; le mari n'invoqua pas le bénéfice de la clause stipulée dans les conventions matrimoniales et il admit les héritiers de sa femme au partage de la communauté qui s'opéra ainsi par parts égales. Quelque temps après il les actionna en restitution ; mais le Tribunal de Domfront et la Cour de Rennes repoussèrent sa demande, par ce motif qu'il fallait voir, dans le consentement donné par le mari au partage des biens communs, une renonciation au bénéfice de la clause qui lui attribuait la totalité de la communauté. Il y eut pourvoi en Cassation, pour violation de l'art. 931, mais la Cour suprême confirma la décision de la Cour de Rennes dans un arrêt fortement motivé, dont voici les principaux passages : « Attendu que, par dérogation aux principes généraux du droit qui appellent les époux ou leurs héritiers au partage égal des biens de la communauté après la dissolution du mariage, une des conventions matrimoniales des époux attribuait au survivant la communauté entière , que le prédécès de la femme ayant ouvert au profit du mari le bénéfice de cette stipulation, celui-ci a pu s'en abstenir pour se contenter de ce qui lui appartiendrait selon les règles générales du droit dans la liquidation et le partage de la communauté ; qu'une telle abstention, même en vue de procurer un avantage aux héritiers de la femme indistinctement, constituerait non un acte de libéralité assujetti aux formes prescrites pour les contrats de donation, mais une simple renonciation dont l'effet naturel serait d'accroître la part des héritiers de la femme de ce qui serait revenu au mari survivant s'il avait voulu profiter de l'avantage éventuel stipulé par le contrat de mariage. — Attendu qu'une abstention ainsi caractérisée, subsistant par la seule volonté de celui qui s'abstient de son droit, ne saurait par elle-même, en l'absence de toute convention, présenter entre le renonçant et ceux à qui profite la renonciation les conditions légales d'un contrat translatif de propriété. — Qu'il est, en général, de la nature de la renonciation de pouvoir être prouvée par ceux à qui elle profiterait, non seulement par écrit, mais aussi par un concours d'actes ou de faits manifestant avec certitude, de la part de celui qui renonce, la volonté de s'abstenir du droit ouvert en sa faveur ; que la maxime suivant laquelle les renonciations ne se présument pas ne signifie autre chose si ce n'est que toute renonciation doit être positive et certaine ; que la renonciation tacite ou résultant d'un concours d'actes ou de faits qui l'impliquent nécessairement n'est ni moins positive ni moins certaine que la renonciation expresse ou résultant d'une convention écrite. »

Ces principes exposés, nous allons en faire l'application :
1° à la renonciation à une succession ; 2° à la renonciation à
un legs ; 3° à la renonciation à un droit réel d'usufruit ou
de servitude ; 4° à la renonciation à un droit de créance.

§ 2. DE LA RENONCIATION A UNE SUCCESSION

Une succession s'ouvre ; les deux époux sont appelés conjointement à la recueillir. Le mari, qui veut faire une libéralité à sa femme, renonce ; celle-ci accepte, et recueille,
jure non decrescendi, la part de son mari. Il y a donation
indirecte, dispensée des règles de forme, mais soumise aux
règles de fond des libéralités entre époux.

Cette vérité a été de tout temps contestée. Nous avons déjà
vu que les jurisconsultes romains n'appliquaient pas aux
renonciations *In favorem* les règles des donations. Dans notre
ancien droit, la doctrine des auteurs était sur ce point assez
confuse. Pothier, dans son *Traité des donations entre mari
et femme*, combat le système des jurisconsultes romains.
« La raison, dit-il, sur laquelle est fondée leur décision,
*neque enim pauperior sit qui non acquirat sed qui de patrimonio
suo deposuit*, me paraît avoir plus de subtilité que de solidité ;
il est vrai que les choses même qui composaient la succession à laquelle j'ai renoncé ou le legs que j'ai répudié, ne
m'ont jamais appartenu ; mais le droit de recueillir cette
succession ou ce legs est un droit qui m'a appartenu, lorsque la succession ou le legs m'ont été déférés ; ce droit était
de même valeur que les choses qui en faisaient l'objet ; il
faisait partie de mon bien, et, en le perdant volontairement
par la répudiation que j'en ai faite, j'ai diminué mon bien
d'autant ; cette répudiation est donc un avantage qui enrichit
la femme aux dépens du mari. » Et il ajoute plus loin :
« Lorsque le mari, qui était seul dans le degré le plus prochain pour recueillir une succession opulente, la répudie

pour la faire passer à sa femme, qui se trouve dans le degré suivant, cette répudiation ne peut passer que pour un véritable avantage qu'il a eu dessein de faire à sa femme, aux dépens du droit qu'il avait de la recueillir ; lequel avantage, nonobstant la subtilité de la loi romaine, doit passer pour un avantage prohibé. » (*Traité des dons entre mari et femme*, n° 88). Le même Pothier, qui semble si catégorique, émet une opinion contraire dans son Commentaire de la Coutume d'Orléans. « Observez, dit-il, qu'il n'y a d'avantages indirects sujets à rapport, que ceux par lesquels le défunt fait passer quelque chose de ses biens à l'un de ses enfants. Ce n'est pas un avantage indirect sujet à rapport, lorsqu'un père renonce à la succession de son frère pour favoriser ses enfants mâles qui, venant à la succession à son défaut, excluront leurs sœurs dans les fiefs de cette succession ; car le frère, par cette renonciation, ne fait rien passer de ses biens à ses enfants.» (Coutume d'Orléans, titre XVII, n° 79). Lebrun, plus logique, reconnaissait que la renonciation *in favorem* à une succession renfermait un avantage indirect, prohibé entre époux, et soumis au rapport si le bénéficiaire est le successible du renonçant.

Dans notre droit actuel, la plupart des auteurs et une jurisprudence constante appliquent les règles de fond des donations entre vifs à la libéralité indirecte qui résulte de la renonciation à une succession. La question, néanmoins, est encore discutée, et M. Laurent enseigne que, dans la théorie du Code civil, la libéralité résultant de la renonciation à une succession n'est pas une donation proprement dite. « Le Code, dit-il, ne considère pas comme une libéralité la renonciation faite à une succession, ni quant à la forme ni quant au fond. Quant à la forme, la renonciation est, à la vérité, un acte solennel, mais elle ne se fait pas par acte notarié, elle se fait par une déclaration au greffe ; et les motifs de cette formalité n'ont rien de commun avec

la solennité des donations. Au fond, l'héritier renonçant est censé n'avoir jamais été héritier ; sa part est défé-
rée comme s'il n'existait point ; si ses cohéritiers en pro-
fitent, c'est en vertu de la loi, ce qui exclut toute idée de
libéralité. Cette théorie déroge à la rigueur des principes ;
elle considère le renonçant comme n'ayant jamais été héritier, d'où elle conclut que la renonciation n'implique pas
une transmission de propriété, et sans transmission de
propriété, il n'y a pas de donation. » M. Laurent reconnaît
lui-même que ce système manque de logique, mais il le
croit imposé par les textes du Code. « La renonciation,
ajoute-t-il, n'est un acte de disposition à titre gratuit que
si elle se fait au profit d'un ou de plusieurs des cohéritiers
du renonçant ; d'où suit que la renonciation faite au profit
de tous n'est pas un acte de disposition, donc pas une donation (art. 780). » (*Principes de droit civil*, t. XII, n° 347.)
On peut retrouver le germe de cette doctrine dans les œuvres de Duranton (t. VI, n° 393).

L'art. 780, sur lequel elle se fonde, est ainsi conçu : « La
donation, vente ou transport que fait de ses droits successifs un des cohéritiers, soit à un étranger, soit à tous ses
cohéritiers, soit à quelques-uns d'eux, emporte de sa part
acceptation de la succession. — Il en est de même : 1° de
la renonciation, même gratuite, que fait un des héritiers
au profit d'un ou de plusieurs de ses cohéritiers ; 2° de la
renonciation qu'il fait même au profit de tous ses cohéritiers indistinctement, lorsqu'il reçoit le prix de sa renonciation. » L'argument qu'on en tire est le suivant : la com-
binaison des deux premiers alinéas prouve qu'une donation
ne peut pas résulter d'une renonciation pure et simple ;
d'après l'alinéa 1, en effet, le donation des droits successifs,
même celle qui est faite par un cohéritier à tous ses cohéritiers, suppose l'acceptation de la succession ; or, comme
d'après l'alinéa 2, il n'y a acceptation que si la renoncia-

tion gratuite est faite au profit d'un ou plusieurs des cohéritiers, il s'ensuit que lorsqu'elle est faite au profit de tous
il n'y a pas acceptation et, par conséquent, pas donation. —
Cette conclusion dépasse les prémisses : l'art. 780, en effet,
se borne à décider que « la renonciation même gratuite que
fait un des héritiers au profit d'un ou de plusieurs de ses
cohéritiers » emporte acceptation de la succession, et il
garde le silence à l'égard de la renonciation gratuite faite
au profit de tous. Que faut-il conclure de là ? Simplement
ceci : c'est que la renonciation gratuite faite au profit de
tous n'emporte pas acceptation de la succession, ce qui est
une vérité évidente par elle-même. Mais de ce que la loi
considère la renonciation gratuite au profit d'un ou de plusieurs des cohéritiers comme une donation, il ne s'ensuit
pas nécessairement qu'il n'en soit pas de même de la renonciation gratuite au profit de tous. — Mais alors, peuvent objecter les partisans du système que je combats, on met la
loi en contradiction avec elle-même, car on rentre dans les
prévisions du premier alinéa de l'art. 780, qui décide que
la donation des droits successifs emportera dans tous les
cas acceptation. Je réponds que l'objection serait vraie si
les deux hypothèses étaient identiques ; mais la donation qui
résulte de la renonciation gratuite au profit de tous les
cohéritiers, n'est pas la donation prévue par l'art. 780, alinéa 1. Lorsque je donne mes droits successifs à un tiers,
j'en dispose ; or, je ne puis en disposer que si j'ai accepté
la succession ; l'opération, en d'autres termes, se dédouble,
j'accepte et je transmets. Et remarquons que cela ne cesse
pas d'être vrai lorsque la donation est faite à tous les cohéritiers : la donation a toujours le même objet, les biens
successoraux ; pour pouvoir en disposer et les transmettre,
il faut qu'en acceptant je les fasse miens. L'art. 780, alinéa 1 prévoit donc l'hypothèse d'une donation directe par
voie de transmission. — Lorsque je renonce purement et

simplement dans le but de gratifier mes cohéritiers, il y a encore ici donation, car, en abandonnant un droit qui faisait partie de mon patrimoine, je m'appauvris volontairement pour les enrichir; mais il n'y a pas donation par voie de transmission, je ne puis pas transmettre un droit que j'ai abdiqué. La donation n'a plus ici pour objet les biens successoraux, les droits successifs; j'ai simplement procuré aux bénéficiaires le moyen de s'enrichir à mes dépens, ce moyen a une valeur appréciable en argent, et cette valeur est précisément l'objet de la donation. Voilà l'hypothèse qui n'est pas prévue par l'alinéa 1 de l'art. 780. — En un mot, il y a entre ces deux hypothèses toute la distance qui sépare la libéralité directe de la libéralité indirecte, et la théorie de M. Laurent ne tendrait à rien moins qu'à méconnaitre l'existence dans notre droit des donations indirectes.

Concluons donc qu'une libéralité indirecte peut résulter d'une renonciation à succession. Mais quand y aura-t-il renonciation? L'art. 784 décide que « la renonciation à une succession ne se présume pas; elle ne peut plus être faite qu'au greffe du Tribunal de première instance dans l'arrondissement duquel la succession s'est ouverte, sur un registre particulier tenu à cet effet ». Ce texte déroge, on le voit, au principe que nous avons posé plus haut et d'après lequel la renonciation n'est assujettie à aucune forme particulière. Certains auteurs enseignent que l'art. 784 s'applique seulement dans les relations du renonçant avec les légataires et les créanciers, et qu'entre les parties la renonciation peut résulter d'une simple convention. Il me paraît que le texte de l'art. 784 est formel, et qu'on ne peut pas distinguer là où le législateur ne distingue pas : la renonciation à une succession est un acte grave auquel le législateur a volontairement imposé une forme solennelle. La jurisprudence, d'ailleurs, sur ce point spécial n'est pas aussi catégorique qu'on l'a prétendu.

Si, en effet, l'on examine les nombreux arrêts qui ont trait à la question, il est facile de se convaincre que les faits du procès impliquaient tous acceptation de la succession ; les renonciations que les Cours d'appel et la Cour suprême ont validées étaient ou bien des actes à titre onéreux, ou bien des renonciations faites par un cohéritier au profit d'un seul ou de plusieurs de ses cohéritiers. (Cass., 11 août 1825 — 6 nov. 1827, J. G., au mot *Succession,* n° 579. — Cass., 17 juin 1846 ; D. P., 46, 1, 331 — 9 déc. 1874 ; D. P., 75, 1, 132. — Dijon, 23 Déc. 1863 ; D. P., 70, 2, 219.) Un seul arrêt semble admettre catégoriquement la thèse que je combats. (Poitiers, 30 nov. 1881 ; D. P., 82, 2, 247.)

Résumant toutes ces observations sur la question spéciale qui m'occupe, je poserai le principe suivant : lorsque deux époux sont appelés conjointement à une succession et que l'un d'eux renonce pour gratifier son conjoint, il y a donation indirecte ; cette donation indirecte ne peut résulter que d'un acte de renonciation fait au greffe, mais elle est dispensée des formes solennelles des libéralités entre vifs. J'ajoute que, en dehors d'une renonciation pure et simple, toute donation indirecte est impossible : ceci a besoin d'être démontré. L'art. 780 prévoit trois hypothèses : 1° la donation, vente ou transport des droits successifs ; 2° la renonciation gratuite au profit d'un ou de plusieurs des cohéritiers ; 3° la renonciation à titre onéreux au profit de tous. La première hypothèse ne souffre aucune difficulté ; il s'agit, en effet, ou bien d'un contrat à titre onéreux qui est soumis aux règles du droit commun, ou bien d'une donation directe qui doit être revêtue des formes solennelles. La troisième hypothèse est aussi très claire ; le prétendu renonçant fait acte d'héritier en disposant à titre onéreux de ses droits successifs ; ce cas reste en dehors de mon sujet, car il s'agit d'une vente qui ne peut pas intervenir entre époux. Quant à la seconde hypothèse, il me parait qu'elle aussi doit être régie suivant les principes du droit commun. Aux yeux de la loi, l'héritier qui renonce au profit d'un ou de plusieurs de ses cohéritiers, fait acte d'acceptation : s'il a accepté, il a fait siens les biens successoraux, et s'il en dispose gratuitement au profit d'un tiers, ce ne peut être que par voie de transmission directe. Il y a donc dans cette hypothèse une donation directe qui doit être revêtue des formes solennelles. Tous les auteurs admettent cette solution : une jurisprudence constante la repousse. La Cour de cassation décide que la renonciation gratuite, faite par un héritier au profit d'un ou de plusieurs de ses cohéritiers, est une libéralité indirecte à laquelle l'art. 931 est inapplicable. Cette doctrine est exposée dans un arrêt du 19 nov. 1858. (D. P., 58,1 , 433; Sir.,59, 1, 9.) Une succession s'était ouverte, à laquelle étaient appelés six collatéraux et une fille naturelle; il n'y avait eu ni inventaire, ni partage, et la fille naturelle était restée en possession de tous les biens successoraux. Quelques années plus tard, quatre des collatéraux héritiers intentent une action en partage contre la fille naturelle et contre les deux autres héritiers légitimes; on leur oppose, dans l'intérêt des défendeurs, un pacte de famille par lequel ils déclarent renoncer à leur part successorale en faveur de la fille naturelle. Les demandeurs ne contestent pas le fait, mais ils soutiennent que ce pacte est nul parce qu'il contient une donation non revêtue des formes solennelles. Le Tribunal de Clamecy et la Cour de Bourges les déboutent de leur demande, et la Cour suprême confirme cette décision. « Attendu, dit-elle, que, en admettant au même titre que la donation, vente ou transport, la renonciation gratuite de l'un des héritiers au profit d'un ou de plusieurs de ses cohéritiers, la loi n'en a pas déterminé la forme, et notamment ne l'a pas soumise aux règles et conditions des actes portant donation entre vifs; que, dès lors, elle reste, quant à la forme, dans les termes du droit commun, etc. » Ce motif est une pure affirmation; on a, néanmoins, essayé de le justifier et on a tiré de l'art. 780 un argument de texte assez spécieux. L'art. 780, a-t-on dit, prévoit quatre manières de disposer des droits successifs : la donation, la vente ou transport, la renonciation gratuite au profit d'un ou de plusieurs cohéritiers, la renonciation à titre onéreux au profit de tous ; il leur accorde le même effet, qui est d'emporter acceptation de la succession, mais il maintient à chacune leur caractère propre. Si le législateur a consacré à la renonciation au profit d'un ou de plusieurs cohéritiers et à la donation des droits successifs un alinéa distinct, c'est qu'il a entendu établir entre elles une différence ; cette différence, qui n'est pas dans leurs effets, doit être dans leur nature. La donation des droits successifs est une donation directe qui est solennelle, la renonciation gratuite reste renonciation ; l'art. 931 ne lui est donc pas applicable, et, comme d'un autre côté cette renonciation n'est pas celle dont parle l'art. 784, il s'ensuit qu'elle n'est soumise à aucune forme particulière. — Cet argument ne peut pas être accepté parce qu'il repose sur une contradiction. Si, en effet, la renonciation dont il s'agit reste renonciation, elle n'est pas une acceptation ; elle ne peut pas être renonciation dans sa nature et acceptation dans ses effets, ce sont là deux termes contradictoires ; or elle est acceptation, puisque le texte de la loi est formel. La solution de l'art. 780 n'est d'ailleurs pas arbitraire : renoncer gratuitement en faveur d'un seul cohéritier, lorsqu'il y en a plusieurs, c'est modifier l'ordre légal des successions, c'est attribuer à ce cohéritier une part à laquelle il n'avait pas un droit exclusif, c'est, par conséquent, faire acte d'héritier ; et si le législateur a consacré un alinéa spécial à la renonciation qui nous occupe, c'est qu'il a voulu la distinguer non pas de la donation des droits successifs, avec laquelle elle se confond, mais de la renonciation pure et simple qui peut réaliser une donation, mais qui n'emporte jamais acceptation.

A la libération indirecte ainsi caractérisée, je vais appliquer les règles de fond des donations entre époux. Et tout d'abord supposons que l'époux donateur veut révoquer ; et, pour ne pas compliquer l'hypothèse, supposons qu'il a manifesté expressément sa volonté dans un acte notarié, suivant les prescriptions de la loi du 21 juin 1843. Quel sera l'effet de cette révocation ? Cette question suppose préalablement résolue celle de savoir quel est l'objet de la libéralité. Il n'y a pas de difficultés, on le sait, lorsque la donation est directe ; l'époux donataire n'avait acquis la propriété du bien donné que sous condition résolutoire ; le conjoint qui révoque doit donc être considéré comme n'ayant jamais cessé d'être propriétaire, il peut revendiquer le bien donné et, s'il a été aliéné, poursuivre les tiers acquéreurs ; en d'autres termes, tout se passe comme s'il n'y avait pas eu donation. Peut-on appliquer ce principe à la libéralité indirecte qui résulte de de la renonciation pure et simple à une succession ? L'époux donateur peut-il revendiquer les biens successoraux entre les mains du conjoint donataire, et poursuivre les tiers acquéreurs, s'il ont été aliénés ? Je n'hésite pas à répondre non ; la solution affirmative serait, à mon avis, la négation même des principes du droit et de l'équité. En effet, la donation ne porte pas ici sur les biens successoraux ; ces biens n'ont jamais appartenu à l'époux donateur qui, par sa renonciation, est censé n'avoir pas été héritier ; l'époux donataire ne les a pas reçus à titre de biens donnés ; aux yeux de la loi, il les tient du défunt dont il est l'ayant cause à titre universel et qui les lui a transmis sans condition. Où donc le donateur puiserait-il le droit de les revendiquer ? Le propriétaire seul peut revendiquer, et le donateur ne peut pas, par un simple acte de sa volonté, s'attribuer une propriété qu'il n'a jamais eue. La donation ne porte donc pas ici sur les biens successoraux, elle a un objet tout autre. L'époux donateur a, nous l'avons vu, volontairement procuré à son conjoint le moyen

de s'enrichir à ses dépens ; le donataire a pu, grâce à la
renonciation, faire valoir ses droits à une succession lucrative ; ces droits ont une valeur appréciable en argent, égale
à la valeur même de la succession : l'époux donateur qui a
révoqué est simplement créancier de cette valeur. Il ne pourrait être considéré comme propriétaire des biens successoraux que si la révocation de la libéralité entraînait avec elle
la révocation de la renonciation ; or l'art. 1096 ne donne
à l'époux donateur que le droit de révoquer sa libéralité. La
renonciation à une succession est par elle-même un acte
irrévocable ; ce principe était absolu en droit romain et dans
notre ancien droit, et la dérogation partielle que l'art.
790 du Code civil peut y apporter, est indifférente à notre
point de vue ; il reste toujours certain que la renonciation
ne peut plus être révoquée, lorsque la succession a été acceptée par d'autres héritiers : dans notre hypothèse, la renonciation du donateur et l'acceptation du donataire sont des
actes définitifs sur lesquels il n'est pas juridiquement possible de revenir.

Le système que j'ai développé peut seul concilier l'art. 790
et l'art. 1096 ; j'ajoute que seul aussi il est équitable, parce
que seul il sauvegarde l'intérêt des tiers. Qu'on suppose, en
effet, qu'un immeuble successoral a été aliéné par le conjoint donataire ; d'après nous, cette aliénation est définitive
parce qu'elle émane d'un propriétaire dont le droit était
absolu. Si l'on décide, au contraire, que la révocation de la
libéralité entraîne la révocation de la renonciation, la vente
consentie par le donataire tombera, et l'époux donateur
revendiquera l'immeuble entre les mains des acquéreurs :
ceux-ci, sans doute, pourront agir en garantie contre leur
vendeur, mais il peut être insolvable. Qu'on n'objecte pas
que cette dernière solution est incontestable lorsque la libéralité est directe, car il est facile de répondre qui la situation n'est pas la même. Si le bien a été donné directement,

les tiers, qui ont dû connaître le titre de propriété de leur auteur, n'ignorent pas qu'il est résoluble ; dans notre hypothèse, au contraire, le titre paraît définitif, parce que le bien aliéné provenait d'une succession légalement recueillie; les tiers ont dû nécessairement croire qu'ils étaient à l'abri de toute éviction ultérieure. Qu'on n'objecte pas non plus que le système que j'ai développé a pour effet de mettre l'insolvabilité de l'époux donataire à la charge de l'époux donateur : entre l'intérêt du conjoint, qui a agi en pleine connaissance de cause, et l'intérêt des tiers, qui n'avaient aucun moyen juridique de se prémunir, il n'y a pas, me paraît-il, à hésiter.

La jurisprudence n'a pas tranché la question, et j'ai vainement cherché un arrêt qui la résolve directement. Je dois cependant reconnaitre que la Cour de Colmar a, dans une hypothèse analogue, rendu une décision qui semble contraire au système que j'ai exposé. Il s'agissait de la révocation, pour cause de survenance d'enfant, d'une libéralité résultant de la renonciation pure et simple à une succession. La Cour décide que la renonciation est révoquée et qu'il doit être procédé à un nouveau partage, comme si le renonçant n'avait pas renoncé. « Attendu, dit-elle, que les dispositions de l'art. 960 sont générales et absolues, qu'elles atteignent même des actes qui renferment des donations déguisées ; qu'en effet le caractère définitif d'un acte ne saurait dépendre des qualifications et de la forme qu'on lui donne. — Attendu, en fait, que le mari de la demanderesse a renoncé à la succession de son frère ; que cette renonciation, faite après l'inventaire, qui présentait un actif considérable eu égard à la position des parties, ne peut avoir eu pour but que de favoriser les enfants de H., neveux du renonçant. — Attendu que le renonçant ayant eu plusieurs enfants depuis cette donation déguisée, elle s'est trouvée révoquée de plein droit, aux termes de la loi. — Par ces motifs, déclare révoquée de plein droit la donation déguisée sous la forme de renonciation à succession dont s'agit, et ordonne le partage de la succession en deux parts. » (Colmar, 7 juillet 1848, *Journal du Pala's*, 1850, 344.) Cet arrêt confond la libéralité indirecte et la libéralité déguisée, et c'est pour justifier sa solution que la Cour a été nécessairement amenée à les confondre. Si en effet la donation est déguisée, il n'y a qu'une apparence de renonciation, il y a, en un mot, donation directe, et un nouveau partage s'impose. Mais s'agit-il ici d'une donation déguisée? Je ne le pense pas. La donation déguisée, nous l'avons vu, est celle qui se cache sous les apparences d'un acte qui n'existe pas en réalité, que les parties n'ont pas eu l'intention sérieuse d'accomplir, qui n'a qu'une existence simulée. Peut-on dire, dans notre hypothèse, que la renonciation soit un acte simulé? Peut-on dire que le renonçant n'ait pas eu l'intention sérieuse de renoncer? Mais c'est précisément parce que la renonciation est un acte sérieux et non simulé qu'il y a libéralité et que la question de révocation se pose. La donation est indirecte, seule elle peut être révoquée ; la renonciation est irrévocable.

Les mêmes principes sont applicables, *mutatis mutandis*, à la révocation établie par l'art. 299, au rapport et à la réduction de la donation qui nous occupe. L'admission de la demande en divorce ou en séparation de corps formée par l'époux donateur le constituera créancier et non propriétaire. Le rapport devra toujours s'effectuer en moins prenant, même si la succession recueillie par le conjoint donataire est purement immobilière. Quant à l'action en réduction, elle ne devra pas, en principe, porter sur les biens successoraux, et, dans aucun cas, elle ne pourra atteindre les tiers acquéreurs.

§ 3. — DE LA RENONCIATION A UN LEGS.

Une succession s'ouvre : l'un des époux est légataire, l'autre est héritier naturel. L'époux légataire répudie le legs pour gratifier son conjoint : il y a donation indirecte.

La doctrine de nos anciens auteurs était encore sur ce point indécise. Pothier, qui combat la théorie romaine lorsqu'il s'agit d'une renonciation à succession, l'admet sans difficulté dans notre matière, mais pour d'autres motifs. « On peut, dit-il, apporter une meilleure raison pour décider que la répudiation que le mari fait d'un legs à lui fait par une personne dont sa femme est l'héritière, ne doit point être considéré comme un avantage prohibé qu'il ait fait à sa femme ; cette raison est que le mari, en répudiant le legs, n'a pas tant eu la vue de faire de ses biens un avantage à sa femme, que celle de laisser le cours naturel des choses et de ne pas priver sa femme des biens d'une succession que la loi lui défère ; il n'a fait en cela que ce que font par générosité des personnes qui répudient un legs qui leur a été fait par leurs amis ou leurs clients, non précisément dans la vue de faire une donation à l'héritier qui doit profiter de cette répudiation, qui souvent est une personne qu'ils ne connaissent pas, mais qui n'ont d'autre vue que de laisser les choses dans l'ordre naturel, et de ne pas s'enrichir des biens d'une famille étrangère. » Cette interprétation de la volonté du renonçant ne me paraît pas juridique, et j'y verrais plutôt une tentative de réaction contre les rigueurs trop grandes de la Coutume. Elle cesse d'ailleurs d'être vraie lorsque, les deux époux étant appelés conjointement à recueillir un legs universel ou particulier, l'un d'eux renonce pour que l'autre puisse seul en bénéficier ; dans ce cas, en effet, c'est le testateur lui-même qui a rompu « l'ordre naturel des choses », la renonciation de l'époux ne peut pas le rétablir. Qu'on n'objecte pas non plus que le renonçant ne s'est pas appauvri et qu'il a simplement manqué de s'enrichir ; j'ai déjà réfuté cet argument.

Les principes déjà exposés à propos de la renonciation à succession sont applicables au point spécial qui m'occupe ;

j'exposerai en peu de mots les conséquences qui en découlent. Pour qu'une libéralité indirecte résulte de la renonciation à un legs, il faut, indépendamment de l'intention libérale qui est la condition essentielle de toute donation, que l'époux donataire recueille le bénéfice de la renonciation en vertu d'un droit préexistant ; c'est ce qui a lieu dans les hypothèses suivantes :

1° L'un des époux est héritier naturel, l'autre est légataire universel, à titre universel ou particulier ; le conjoint légataire répudie le legs qui, dès lors, est caduc (art. 1043), ; l'héritier le recueille en vertu de sa vocation héréditaire.

2° L'un des époux a été institué légataire universel, l'autre a reçu un legs particulier qu'il répudie. Le légataire universel bénéficie de cet abandon en vertu de sa vocation testamentaire.

3° Un legs, universel ou particulier, a été fait conjointement aux deux époux ; l'un d'eux renonce, l'autre recueille sa part par droit d'accroissement (art. 1044).

Dans toutes ces hypothèses, on le voit, l'objet du legs n'est pas l'objet de la donation. Il n'y a pas eu transmission directe du renonçant au bénéficiaire, qui doit être considéré, par rapport à la chose léguée, comme l'ayant cause du défunt. L'époux qui a répudié le legs a, par sa renonciation, levé l'obstacle qui empêchait l'autre époux d'exercer son droit, il s'est appauvri pour l'enrichir ; l'enrichissement s'apprécie à la valeur du droit exercé, et cette valeur est l'objet de la donation.

La renonciation à un legs est-elle soumise à une forme spéciale ? La négative est certaine en ce qui concerne le legs particulier ; mais à l'égard des legs universel et à titre universel la question est discutée. La plupart des auteurs et quelques arrêts décident que l'art. 784 leur est applicable. (Aubry et Rau, t. VII, § 726, p. 531 ; Demolombe, *Don. et test.*, t. v, n° 327 ; Troplong, *Don. et test.*, t. III. n° 2155. — Bordeaux, 4 avril 1855; S., 56. 2, 108. — Riom, 26 juillet 1862; S., 63, 2, 1.) La jurisprudence constante de la Cour de cassation se prononce, avec M. Laurent, en sens contraire. (Cass., 24 nov. 1857; S., 58, 1, 240 — 13 mars 1860; S., 60, 1, 567 — 19 mai 1862; S., 63, 1, 94 — 11 août 1874; S., 74, 1, 413. — Toulouse, 20 janv. 1881; S., 81, 2, 77). C'est aussi l'opinion que j'adopte. Il me paraît en effet qu'elle est plus juridique, la disposition de l'art. 784 étant une exception qui ne peut être étendue. J'écarterai aussi, et pour le même motif, l'application de l'art. 790 à notre matière. La renonciation est par elle-même un acte unilatéral et irrévocable, elle n'a pas besoin d'être acceptée par ceux qui sont appelés à en profiter, et, quand elle a été faite, elle ne peut plus être révoquée. Tous ces principes sont résumés avec vigueur dans un arrêt récent de la Cour de Bruxelles qui décide que « la renonciation à un legs peut résulter de toute manifestation faite par le légataire d'une façon claire et certaine de sa volonté de le répudier », et que celui qui est appelé par la loi à profiter de la renonciation « a qualité pour revendiquer le bénéfice résultant de la caducité du legs, alors même que l'acte d'où elle résulte n'a créé aucun lien de droit entre lui et le renonçant ». (Bruxelles, 27 avril 1882; S., 1883, 4, 37.)

D'après les principes déjà exposés, nous résolvons aussi les difficultés relatives à l'obligation du rapport et à l'exercice de la faculté de révocation et de l'action en réduction. Nous décidons, en conséquence, que l'époux donateur qui a révoqué sa libéralité ne peut réclamer à son conjoint que la somme représentative de la valeur du legs répudié. Nous décidons aussi que le rapport doit toujours s'effectuer en moins prenant et que l'action en réduction des héritiers réservataires est une action personnelle.

§ 4. — DE LA RENONCIATION A LA COMMUNAUTÉ.

Le mari, on le sait, est le chef de la communauté ; à l'exception du droit de disposer à titre gratuit des immeubles et de l'universalité du mobilier, il a sur les biens communs tous les droits du propriétaire. La loi va plus loin encore, et, pour maintenir dans le ménage l'unité de direction, elle donne au mari l'administration des biens propres de la femme. Il était à craindre que le mari n'abusât de ces droits exorbitants, et c'est pour protéger la femme contre ses excès de pouvoir que le législateur a organisé tout un système de garanties qui ont pour but, les unes de prévenir la ruine de la communauté, les autres d'empêcher que les actes du mari atteignent les biens et droits propres de la femme. Ces garanties, spéciales à la femme commune, sont : 1° le droit de demander la séparation de biens ; 2° le droit de prouver, dans certains cas, la consistance du mobilier d'une succession mixte ou purement mobilière par la commune renommée ; 3° le droit accordé à la femme d'exercer ses prélèvements avant ceux du mari sur les biens communs, et, en cas d'insuffisance, sur les biens propres du mari ; 4° le bénéfice d'émolument ; 5° le droit de renoncer à la communauté.

Ce droit de renoncer est un moyen qui peut conduire à une double fin. Il est une garantie contre les abus de pouvoir du mari, parce qu'il permet à la femme de s'exonérer de toute participation aux charges communes ; mais il peut aussi servir à réaliser une donation, car la femme s'interdit en l'exerçant toute participation aux bénéfices d'une communauté avantageuse. Dans les deux cas, la femme est étrangère à la communauté, et le mari seul recueille les bénéfices comme seul il supporte les dettes. Si donc l'on suppose que la communauté a prospéré et que la femme, en pleine connaissance de cause, l'a répudiée pour gratifier son mari, il y a donation, car le mari s'est enrichi aux dépens de sa femme en recueillant la part des bénéfices à laquelle elle avait droit, et donation indirecte, car la libéralité résulte ici d'un acte qui se résout en une abstention et qui n'a, par conséquent, aucun effet translatif.

Ici encore M. Laurent est d'un avis contraire, et, tout en reconnaissant que sa solution est illogique, il soutient que l'art. 1457 du Code civil l'impose : « On suit, dit-il, les mêmes principes quand la femme renonce à la communauté. Ici la fiction sur laquelle repose la renonciation à la succession n'a plus aucune raison d'être. La communauté, même légale, est un contrat; si la femme renonce, elle abdique un droit conventionnel, il y a donc transmission; si cette renonciation a lieu dans un esprit de libéralité, il devrait y avoir donation. Le Code déroge aux principes en assimilant la renonciation de la femme à celle de l'héritier (art. 1457), quant à la forme, ce qui implique la même décision quant au fond. » Son raisonnement est toujours le même : toute donation suppose une transmission, or la femme qui renonce ne transmet rien à son mari, puisque sa renonciation la fait considérer comme ayant toujours été étrangère à la communauté. Il serait probant s'il était vrai que toute donation fût nécessairement transmissive. Je ne reviendrai pas sur la réfutation de cette thèse, et je me bornerai ici à rapporter un passage de Ricard, qui, dans un cas analogue à celui que j'examine, est formel contre le système que je combats. « Nos Coutumes, en introduisant le douaire coutumier, ont bien reconnu qu'il pourrait y avoir quelquefois de l'injustice pour la quantité dans l'établissement qu'elles ont fait, attendu la différence qui se rencontre souvent dans les biens et dans les qualités des personnes qui s'épousent; c'est pourquoi elles ont permis en même temps d'augmenter ou diminuer ce douaire par la constitution d'un préfix, afin que les mariés qui sont inégaux en biens puissent établir

par ce moyen, dans les contrats de leur mariage, une pro-
portion raisonnable ; de sorte que toutes fois et quantes
qu'un mari qui épouse une seconde femme inégale à lui ne
se sert pas de cette faculté, et ne règle pas le douaire et les
autres conventions sur les biens qu'elle lui apporte suivant
qu'il se pratique ordinairement, c'est un avantage qu'il lui
fait, puisque, comme nous avons dit ailleurs, la donation ne
consiste pas seulement en ce que nous appelons donations
entre vifs et testamentaires ; mais tout acte par lequel nous
relâchons ce que nous pouvions exiger ou conserver à la
rigueur emporte avec soi le caractère et les qualités de la
donation. »

Au surplus, je n'insisterai pas outre mesure sur l'hypothèse
particulière qui nous occupe, car, dans les limites du sujet
de cette étude, elle est presque impossible sinon en droit,
du moins en fait. En effet pour qu'une donation entre époux
résulte de la renonciation à une communauté, il faut supposer que cette communauté s'est dissoute *constante matrimonio*. Les causes de dissolution pendant le mariage sont,
on le sait : la séparation de corps et la séparation de biens ;
or il faut bien reconnaître que la séparation de corps est exclusive de toute idée de libéralité entre époux, et que la séparation de biens implique le plus souvent une communauté
onéreuse. L'hypothèse, néanmoins, n'est pas irréalisable ; car
la séparation de biens, qui est surtout une mesure préven-
tive, ne suppose pas nécessairement que le passif commun
est supérieur à l'actif, et, d'autre part, la renonciation à une
communauté avantageuse peut être, en cas de séparation de
corps, le gage d'une réconciliation prochaine.

La renonciation à la communauté est irrévocable ; seuls
les créanciers de la femme peuvent l'attaquer, lorsqu'elle a
été faite en fraude de leurs droits, et accepter la communauté de leur chef (art. 1464). En conséquence, la femme donatrice qui voudra revoquer la libéralité dont elle a gratifié

son mari ne pourra pas revenir sur sa renonciation, la qualité de femme renonçante lui étant définitivement acquise ; elle aura simplement le droit de réclamer à son mari une somme équivalente à la part de communauté qu'elle aurait recueillie, si elle avait accepté, déduction faite des dettes. Le même principe devra régler l'exercice de l'action en réduction des héritiers réservataires.

L'acceptation de la communauté peut, dans certains cas, réaliser une donation indirecte. L'étude de cette question n'est pas déplacée dans cette partie de ma thèse, car on peut dire que, en acceptant, la femme renonce au droit de s'exonérer des charges communes. Il y aura libéralité indirecte lorsque la femme acceptera sciemment une communauté onéreuse, pour partager avec son mari le payement des dettes. Cette donation entre époux pourra être révoquée ; la femme donatrice qui usera du droit établi par l'art. 1096 sera créancière d'une somme équivalente au montant des dettes payées par elle, déduction faite de sa part dans les bénéfices que la communauté a pu réaliser.

Voici un autre cas de libéralité indirecte que la liquidation d'une communauté peut entraîner. L'art. 1483, on le sait, accorde à la femme le droit de n'être tenue des dettes communes que jusqu'à concurrence de son émolument, mais il subordonne l'exercice de ce droit à trois conditions. Il faut : 1° que la femme ait régulièrement fait faire et affirmé, dans le délai de trois mois, l'inventaire de la communaute ; 2° que cet inventaire soit bon et fidèle ; 3° qu'elle rende compte tant des biens compris dans cet inventaire que de ceux qui lui sont échus par le partage. Si l'une de ces trois conditions essentielles fait défaut, la femme est déchue du bénéfice d'émolument, et elle doit contribuer pour moitié au payement des dettes communes. Or on peut supposer que, pour gratifier son mari, la femme encoure volontairement cette déchéance ; il y a là en quelque sorte une renonciation au bénéfice d'émolument d'où résulte une libéralité indirecte. Pour en apprécier l'objet, il faut comparer les sommes qu'elle a payées en réalité avec celles qu'elle aurait payées, si elle n'avait été tenue que dans les limites de son émolument; la valeur de cette différence sera l'objet de la donation.

§ — 5. DE LA RENONCIATION A UN DROIT RÉEL D'USUFRUIT OU DE SERVITUDE.

L'un des époux est usufruitier d'un fonds dont l'autre est propriétaire; il renonce purement et simplement à son droit d'usufruit; ce droit est éteint (art. 621), et c'est le conjoint propriétaire qui bénéficie de cette extinction en vertu des règles de la consolidation. Si l'époux qui a renoncé était animé d'une intention libérale, il y a donation indirecte; l'enrichissement du conjoint propriétaire est, en effet, ici la conséquence de l'extinction de l'usufruit. Mais pour qu'il y ait donation indirecte et, par suite, donation dispensée des formes solennelles, il est nécessaire que la renonciation ait été pure et simple; seule la renonciation pure et simple est un mode d'extinction de l'usufruit. La renonciation qui aurait été faite en faveur d'un autre que le nu-propriétaire ne serait pas pure et simple; elle constituerait une donation directe qui devrait revêtir les formes solennelles.

La renonciation pure et simple à un droit d'usufruit est, en principe, un acte unilatéral et irrévocable. MM. Aubry et Rau décident en termes formels qu'elle est « efficace par elle-même, en ce sens qu'elle éteint immédiatement l'usufruit, et qu'elle ne peut plus être rétractée, sous prétexte que le nu-propriétaire ne l'aurait point encore acceptée » (t. II, § 234, p. 518; id., Demolombe, X, 733 bis). C'est aussi l'opinion de la jurisprudence. Un arrêt de la Cour de Bordeaux décide que « la renonciation à un usufruit est valable et doit produire son effet, quoique faite en l'absence et même contre le gré du propriétaire greve » (28 déc. 1847 ; S., 1848, 2, 239). La Cour de cassation a jugé dans le même sens que « la renonciation de l'usufruitier à son droit de jouissance n'est soumise à aucune forme spéciale, et est valablement faite notamment au moyen d'une déclaration pure et simple par acte sous seing privé et unilatéral que l'usufruitier remet au nu-propriétaire » et « que le droit d'usufruit éteint de la sorte ne peut revivre par l'effet d'une rétractation ultérieure de l'usufruitier » (16 mars 1870 ; D. P., 70, 1, 329).

La renonciation à un usufruit peut résulter d'une convention intervenue entre le nu-propriétaire et l'usufruitier, mais, dans cette hypothèse, il faut rechercher quelle a été la véritable intention de l'usufruitier. S'il a entendu renoncer purement et simplement à l'usufruit, cette renonciation entraînant l'extinction de son droit, il y a libéralité indirecte ; s'il a voulu, au contraire, sans faire le complet abandon de son droit, autoriser le nu-propriétaire à toucher, sa vie durant, les revenus de l'immeuble grevé, cette renonciation, en quelque sorte partielle, n'entraînant pas extinction de l'usufruit, il y a libéralité directe. Cette distinction, souvent difficile en fait, s'impose en droit, et Pothier n'a pas manqué de la préciser au n° 248 de son *Traité du douaire*. Il examine la question de savoir si, « la douairière ayant fait remise de son droit d'usufruit à son fils propriétaire de l'héritage qui en était chargé, et ce fils étant mort depuis sans enfants du vivant de sa mère », l'usufruit doit revivre au profit de la douairière. Il la résout par la distinction que je viens de formuler. « Je pense, dit-il, qu'on doit décider que le droit d'usufruit ne revivra pas ; quoique la considération personnelle pour son fils ait été le motif qui l'ait portée à faire la remise de son droit, il suffit qu'elle en ait fait la remise, pour qu'il ait été éteint par la remise qu'elle en a faite. » Et il ajoute : « C'est pourquoi si la douairière veut que la convention ne profite qu'à son fils, elle ne doit pas

faire une remise de son droit d'usufruit, mais convenir qu'elle
n'en fera pas usage pendant la vie de son fils. ».

Comment s'effectuera la révocation de la libéralité indirecte résultant de la renonciation à un usufruit? Cette question, qui n'a pas été examinée par les auteurs, doit être
résolue d'après les principes que nous avons déjà posés. La
renonciation a définitivement et irrévocablement éteint le
droit d'usufruit; l'enrichissement de l'époux donataire est,
dans notre hypothèse, la conséquence de cette extinction, il
est équivalent à la valeur de l'usufruit au jour de la renonciation; la libéralité indirecte a donc cette valeur pour
objet. Il faut décider, par conséquent, que l'époux donateur
qui a révoqué sa donation est créancier d'une somme égale
à la valeur de l'usufruit appréciée au moment de la renonciation. Je ne me dissimule pas que ce système soulève une
objection très grave. Il suppose en effet la transformation
d'un usufruit en une pleine propriété, et on peut dire que
le législateur, en établissant dans l'art. 1094 une quotité disponible en usufruit, distincte de la quotité disponible en
pleine propriété, a interdit dans notre matière une telle
évaluation. Il faut répondre que l'hypothèse que j'examine
reste en dehors des termes de l'art. 1094 qui défend uniquement de transformer la donation d'usufruit en donation de
pleine propriété et qui suppose par suite qu'il s'agit d'une
d'une donation d'nsufruit; mais, dans notre espèce, il ne
s'agit pas, à vrai dire, de transformer une donation d'usufruit en donation de pleine propriété; la libéralité a été
ab initio une libéralité de pleine propriété, et, si l'on évalue
l'usufruit éteint, c'est précisément pour fixer l'objet initial
de cette libéralité. Ce système, d'ailleurs, est imposé par les
principes, et l'on ne peut pas, sous peine de les violer, reconnaître à l'époux donateur qui a révoqué sa libéralité le
droit de reprendre l'usufruit auquel il a renoncé. La raison est
toujours la même : la renonciation a définitivement éteint

l'usufruit; pour le faire revivre, il faudrait que cette renonciation pût être révoquée, or la révocation de l'art. 1096
doit porter, non pas sur la renonciation, mais uniquement
sur la libéralité qui en résulte.

Les mêmes principes sont applicables à la donation résultant de la renonciation gratuite à un droit de servitude réelle.
La servitude a été éteinte par la renonciation de l'époux propriétaire du fonds dominant; une plus-value du fonds servant a été la conséquence de cette extinction. La donation
a pour objet une valeur équivalente à cette plus-value, et
l'époux donateur, qui aura révoqué cette libéralité, pourra
réclamer à son conjoint la somme représentative de cette
valeur.

§ 6.—DE LA RENONCIATION A UN DROIT DE CRÉANCE.

Il faut distinguer, nous l'avons vu, la remise de la dette
et la renonciation à une créance. La remise de la dette suppose toujours le consentement du créancier et du débiteur,
elle est un contrat; la renonciation à une créance est en
principe un acte unilatéral. Lorsque la remise de la dette
est faite à titre gratuit, elle constitue une libéralité directe;
de la renonciation à un droit de créance, au contraire, il ne
peut résulter qu'une donation indirecte.

Cette distinction entre la remise de la dette et la renonciation à une créance a un intérêt pratique. La renonciation
en effet étant un acte unilatéral est définitive par la manifestation de la seule volonté du créancier; s'il s'agit au
contraire d'une remise de dette, la manifestation de la seule
volonté du créancier ne constitue qu'une offre, c'est-à-dire
un acte essentiellement provisoire. Il en résulte, dans ce
second cas, que si le créancier vient à mourir avant que le
débiteur ait accepté, l'offre sera révoquée et la dette subsistera; dans le premier cas, la mort du créancier ne peut pas

faire revivre une dette que sa renonciation a définitivement éteinte. La question de savoir si, dans une hypothèse donnée, il y a renonciation véritable ou bien simplement offre de remettre la dette est une question de fait que les tribunaux apprécieront souverainement ; les juges ne devront pas s'attacher aux termes employés par le créancier, ils devront avant tout rechercher quelle a été son intention ; ils devront examiner, d'après les circonstances de la cause, si le créancier a entendu accomplir un acte définif ou un acte provisoire.

Quant à l'exercice du droit de révocation, s'il s'agit d'une remise de dette proprement dite, l'acte « portant donation », c'est-à-dire la remise de la dette, devant être considéré comme non aveuu, l'époux donateur qui a révoqué est censé n'avoir jamais cessé d'être créancier. En cas de renonciation pure et simple, au contraire, la dette est définitivement éteinte par la renonciation, qui est irrévocable. L'enrichissement de l'époux donataire, qui est la conséquence de cette extinction, est équivalent à la valeur de la dette éteinte, et le conjoint donateur qui a révoqué pourra réclamer à son conjoint une somme représentative de cette valeur. Je me hâte d'ajouter qu'au point de vue spécial de l'exercice du droit de révocation, la distinction entre la remise de la dette et la renonciation à une créance n'a un intérêt pratique que si la créance primitive était immobilière. Cette créance immobilière revit par la révocation de la remise de la dette : elle est au contraire transformée en créance mobilière par la révocation de la libéralité qui résulte de la renonciation.

CHAPITRE III

§ 1. — *Des stipulations pour autrui en général.*

La stipulation pour autrui est nulle en principe (art. 1119) : elle est en effet pour le tiers *res inter alios acta*, et, d'autre part, le stipulant, qui n'a pas d'intérêt, ne peut pas forcer le promettant à l'exécuter. Mais la stipulation pour autrui deviendra valable dès que ce vice aura disparu, et l'art. 1121, qui prévoit l'hypothèse, s'exprime ainsi : « On peut stipuler au profit d'un tiers, lorsque telle / est la condition d'une stipulation que l'on fait pour soi-même ou d'une donation que l'on fait à un autre. » La stipulation pour autrui est valable, parce que le stipulant principal est intéressé à son exécution et peut, par un moyen légal, forcer le promettant à l'éxécuter ; elle constitue à l'égard du tiers une libéralité indirecte, dispensée des formes solennelles, car elle est la condition ou le mode, c'est-à-dire l'accessoire d'un acte principal et indépendant, contrat à titre onéreux ou donation, qui par lui-même est supposé valable, et qui la supporte. La juris-

---

(1) Il est bien entendu que je ne m'occupe ici que des donations indirectes proprement dites ; je n'ai pas à étudier les donations par personnes interposées, qui, en vertu de l'art. 1099, al. 2, sont frappées de nullité. La donation par personnes interposées est aussi une donation déguisée, mais la simulation, au lieu de porter sur la nature du contrat, porte sur le donataire réel qui n'est pas le donataire apparent.

prudence est d'ailleurs constante sur ce point spécial, et il n'y a pas de dissidences dans la doctrine.

Mais que signifie le dernier alinéa de l'art. 1121 : « Celui qui a fait cette stipulation ne peut plus la révoquer, si le tiers a déclaré vouloir en profiter ? » Cette question a une importance capitale, surtout depuis que le contrat d'assurance sur la vie est définitivement entré dans nos mœurs. La jurisprudence a été bien souvent appelée à la juger et voici la théorie qui semble ressortir des nombreux arrêts qu'elle a rendus : la stipulation pour autrui constitue une offre de libéralité faite au tiers par le stipulant principal ; cette offre est révocable jusqu'à l'acceptation du tiers ; mais, d'une part, le décès du stipulant rend l'offre irrévocable, et, d'autre part, l'acceptation du tiers après le décès du stipulant rétroagit jusqu'au jour de la stipulation. (Cass., 5 nov. 1818 ; S., 1819, 1, 251 — 20 janv. 1819 ; S., 1819, 1, 436. — Toulouse, 17 nov. 1832 ; S., 1833, 2, 11. — Cass., 22 juin 1859 ; S., 1861, 1, 151. — Lyon, 2 juin 1863 ; S., 1863, 2, 202. — Cass., 10 nov. 1874 ; S., 1875, 1, 107. — Colmar, 27 fév. 1865 ; S., 1865, 2, 277. — Paris, 5 avril 1867 ; S., 1867, 2, 249. — Req., 27 fév. 1884. ; S., 1886, 1, 422.)

Cette théorie ne me paraît pas soutenable. Admettons pour un moment que la stipulation pour autrui constitue une offre de libéralité : deux conséquences résultent de ce principe : 1° l'acceptation du tiers qui parfait la donation, doit nécessairement intervenir du vivant du stipulant principal. 2° le décès du stipulant principal avant l'acceptation du tiers fait tomber la pollicitation : tout contrat en effet suppose l'accord des volontés, or la disparition de l'une de ces volontés rend tout accord impossible. Ces conséquences, qui cependant sont logiques, la jurisprudence et la grande majorité des auteurs les repoussent; j'ajoute qu'elles sont contraires aux traditions de l'ancien droit. Pothier en effet décide en termes formels, au n° 71 de son *Traité des obligations*, que la mort du stipulant principal rend irrévocable la stipulation pour autrui. Si la stipulation pour autrui non encore acceptée par le tiers ne constitue pas une offre de donation, qu'est-elle donc ? Il n'y a pas de moyen terme, et deux solutions seulement sont possibles : si elle n'est pas une offre de donation, elle est une donation.

La stipulation pour autrui ne peut pas, dit-on, constituer une donation, avant l'acceptation du tiers, parce que la donation est un contrat qui suppose nécessairement le consentement du donateur et du donataire ; on ajoute que l'art. 1121 impose lui-même ce consentement en subordonnant la révocation de la stipulation à la non-acceptation du tiers. Je veux démontrer que cette thèse est inexacte, et j'essayerai de fonder mon argumentation sur la doctrine certaine de nos anciens jurisconsultes, sur les principes généraux de notre droit, et sur le texte même de l'art. 1121.

Et tout d'abord il est un point certain, c'est que la stipulation pour autrui ne peut plus être révoquée « si le tiers a déclaré vouloir en profiter ». Il s'agit de savoir si cette déclaration du tiers exigée par la loi, a la valeur d'une acceptation. La donation, dit-on, est un contrat ; cela est vrai, nous l'avons vu, lorsque la donation est directe, mais cela n'est plus vrai lorsque la donation est indirecte. Pourquoi cette différence ? C'est que, dans la donation directe, un lien de droit quelconque n'existe qu'après l'acceptation du donataire ; la donation directe non acceptée n'est pas un acte juridique, elle est un acte pur et simple, sans valeur, et qui ne peut pas obliger celui qui l'a fait, puisque toute obligation suppose un lien qui, dans l'espèce, n'existe pas. Peut-on en dire autant de la stipulation pour autrui ? Je ne le crois pas. La stipulation pour autrui est un accessoire de la stipulation principale, elle en est la condition ou le mode ; si la stipulation principale est valable, la stipulation accessoire l'est aussi ; la première communique à la seconde sa valeur juridique; en un mot, la stipulation pour autrui est un acte juridique, même avant toute déclaration du tiers. Le lien de droit qui fait défaut dans l'espèce d'une donation directe avant l'acceptation du donataire, nous le trouvons ici : le promettant (1) a contracté vis-à-vis du stipulant principal l'obligation de remplir la condition ou d'exécuter la charge, c'est-à-dire de réaliser la donation. « Le caractère de la stipulation pour autrui, dit M. Demolombe, n'est pas de constituer un contrat, mais seulement une simple condition accessoire, une charge ou un mode d'un autre contrat qui s'est lui-même formé par le concours des volontés des parties qui y figuraient. Il n'y a donc point lieu d'exiger, pour que cette charge et ce mode puissent s'accomplir, le concours des volontés nécessaire dans les contrats, puisqu'il ne s'agit pas d'un contrat. » Et, de ces prémisses très vraies, M. Demolombe conclut que le décès du stipulant principal avant toute déclaration du tiers a rendu la stipulation pour autrui irrévocable. M. Demolombe n'en décide pas moins que, pendant la vie du stipulant, la stipulation pour autrui constitue une offre, ce qui revient à dire que le concours des volontés est nécessaire. Il me paraît qu'il y a là une contradiction que j'avais le droit de constater.

Cette théorie que je viens d'exposer, n'est-elle pas contredite par le texte de l'art. 1121? Comment concilier l'existence d'une donation avec la faculté de révocation qui est écrite dans la loi? Je pourrais me contenter de renvoyer aux pages de cette Étude, où j'ai essayé de démontrer que l'irrévocabilité n'était pas de l'essence des donations, mais je veux me servir ici d'arguments plus spéciaux à la matière qui nous occupe. La stipulation pour autrui, nous l'avons dit,

---

(1) Ce promettant peut être lui-même un donataire, si la stipulation pour autrui est la condition ou la charge d'une donation qui lui est faite par le stipulant.

est l'accessoire de la stipulation principale, elle est née avec la stipulation principale et théoriquement elle doit périr avec elle. Créée par le mutuel consentement des parties contractantes, elle peut être dissoute par ce même consentement : l'acceptation du tiers ne peut pas, en principe, modifier ce résultat, puisque la stipulation accessoire, tout comme la stipulation principale, est à son égard *res inter alios acta*. C'est cette conséquence rigoureuse et cependant logique que le législateur a entendu repousser, et, dans ce but, il a édicté le dernier alinéa de l'art. 1121 qui décide que la stipulation accessoire ne pourra plus être dissoute, lorsque le tiers aura déclaré vouloir en profiter. Remarquons que, si la stipulation pour autrui constitue une offre, ce dernier alinéa de l'art. 1121 est inutile, car la règle qu'il contient s'impose ; remarquons, en outre, que le législateur, au lieu d'employer l'expression juridique « accepter », s'est servi d'une périphrase plus vague et à coup sûr moins simple « déclarer vouloir en profiter ».

Le dernier alinéa de l'art. 1121 renferme donc une solution d'équité ; le législateur n'a pas voulu que ce droit, que le tiers s'est en quelque sorte approprié par sa déclaration de vouloir en profiter, puisse être anéanti par la seule volonté des parties principales. Mais cette solution ne transforme pas le caractère de la stipulation pour autrui, qui reste, malgré la déclaration du tiers, une stipulation accessoire. Qu'en résulte-t-il ? C'est que son existence et sa validité sont subordonnées à l'existence et à la validité de la stipulation principale. Je m'explique. La stipulation au profit du tiers peut être *in conditione aut in modo*. Elle est *in conditione* lorsqu'elle constitue la condition suspensive de la donation ou du contrat, lorsque, par exemple, nous faisons ensemble cette convention : je vous donne ou je vous vends mon fonds, si vous payez 1,000 francs à un tiers que je désigne. Elle est *in modo* lorsqu'elle constitue une charge de la donation ou du contrat : je vous donne ou je vous vends mon fonds à la charge par vous de payer 1,000 francs au tiers que je désigne. Dans le premier cas, il est certain que si vous ne remplissez pas la condition, la stipulation principale disparaît ou plutôt ne prend pas naissance, et que la stipulation accessoire tombe avec elle ; l'acceptation du tiers est ici impuissante à la vivifier, tous les auteurs s'accordent sur ce point. Et pourtant, si l'on admet que la stipulation pour autrui constitue une offre, ne doit-on pas dire que l'acceptation du tiers a parfait le contrat ? Ne doit-on pas donner à ce tiers contre le stipulant principal une action en dommages-intérêts, fondée sur l'inexécution de la convention ? Tous les auteurs reculent devant cette conséquence ; si elle est fausse, c'est que le principe dont elle découle est lui-même inacceptable. Dans le second cas, lorsque la stipulation pour autrui est *in modo*, il est encore universellement reconnu que, si le contrat principal ne s'est pas formé faute de réunir toutes les conditions essentielles à son existence, l'acceptation du tiers ne suffit pas pour donner une valeur juridique à la stipulation accessoire. M. Larombière va plus loin, et il décide que « en cas de révocation ou de résolution du contrat principal, le tiers ne peut exiger le payement du mode ; et le promettant, s'il a payé, a la répétition de l'indû, parce que, autrement, le payement aurait eu lieu ou a déjà eu lieu sans cause ». — « Il y a mieux, ajoute-t-il ; le tiers, destitué du bénéfice de la stipulation secondaire, alors du moins qu'elle n'est qu'une libéralité pure à son égard, n'a aucune action en dommages-intérêts contre celui par le fait duquel la résolution s'est opérée ; car cette action ferait obstacle à ce que les parties fussent remises au même et en semblable état qu'avant la convention ; elle aurait même pour résultat indirect de faire produire effet à la stipulation accessoire. » (Larombière, *Théorie et pratique des obligations*, t. 1, n° 10.) Tout cela est vrai, car la stipulation principale étant, en principe, rétroactivement anéantie par la résolution ou par la révocation, la stipulation accessoire doit, elle aussi, être considérée comme n'ayant pas existé; et pourtant tous cela est faux, si l'on part de ce principe que la stipulation au profit d'un tiers constitue une pollicitation, car l'acceptation du tiers, en venant s'unir à l'offre du stipulant principal, a formé un contrat qui a désormais son existence propre.

Il nous reste à rechercher quelle était, sur le point qui nous occupe, la doctrine de notre ancien droit. Pothier nous apprend que les jurisconsultes discutaient la question de savoir si le droit conféré au tiers par la stipulation accessoire était ou n'était pas un droit irrévocable. Quelques-uns tenaient pour l'affirmative par ce motif que la seconde donation, résultant de la clause accessoire, devait participer de la nature de la donation principale et, comme elle, être soumise à la règle de l'irrévocabilité. Cette théorie était évidemment exclusive de toute idée de pollicitation. Mais la plupart de nos anciens auteurs enseignaient une doctrine contraire; ils décidaient que le droit conféré au tiers par la stipulation accessoire pouvait être révoqué. Pourquoi? Le motif qu'ils invoquent est topique; il est, lui aussi, exclusif de toute idée d'offre. Pothier l'expose dans son *Traité des obligations* (t. I, n° 73) et, raisonnant dans l'hypothèse où le contrat principal est lui-même un contrat de donation, il s'exprime en ces termes : « La raison est que, le tiers n'étant pas intervenu dans la donation, l'engagement que le donataire contracte de donner à ce tiers, en acceptant la donation sous cette charge, est contracté par le concours des volontés du donateur et du donataire seulement, et par conséquent peut se résoudre par un consentement contraire des mêmes parties, suivant ce principe de droit : *nihil tam naturale est, quæque eodem modo dissolvi quo colligata sunt;* ce droit qui est acquis à ce tiers est donc un droit qui n'est pas irrévocable, parce que étant formé par le seul consentement du donateur et du donataire, sans l'intervention du tiers, ce droit est sujet à être détruit par la destruction de ce consentement qu'opérera le consentement contraire des mêmes parties. » Le passage, on le voit, est décisif; il n'y est nullement question d'offre : le droit conféré au tiers n'est pas irrévocable, parce que le mutuel consentement des parties principales qui l'a créé peut aussi l'anéantir. Et le jurisconsulte ajoute cette phrase, plus formelle encore, et absolument inexplicable dans l'hypothèse d'une offre de libéralité : « Ce droit ne devient irrévocable que lorsque, la mort du donateur empêchant qu'il ne puisse désormais intervenir un consentement contraire, le consentement qui a formé ce droit cesse de pouvoir être détruit. » Il est vrai que Pothier semble indécis entre les deux systèmes. Mais qu'importe? Ils sont l'un et l'autre incompatibles avec la thèse que je combats : cela me suffit.

La doctrine que j'ai défendue est donc conforme, je crois l'avoir démontré, aux traditions de notre ancien droit, aux principes généraux de notre législation, au texte même de l'art. 1121. J'ajoute qu'elle a été adoptée par quelques décisions jurisprudentielles. Les arrêts qui la consacrent datent de loin, mais ils n'en ont pas moins conservé leur valeur juridique. La Cour de cassation a décidé, le 27 janvier 1819 (S., 1819, 1, 436), que « la libéralité en faveur d'un tiers, stipulée comme charge dans une donation entre vifs, n'est point assujettie à la formalité de l'acceptation, l'acceptation du donataire direct est seule nécessaire ». La Cour de Toulouse a été plus catégorique encore, le 19 novembre 1832 (S., 1833, 2, 11). Voici l'espèce qu'elle avait à juger : Un sieur X. avait donné par préciput à ses deux filles le quart de tous les biens qu'il laisserait à son décès; la donation avait été faite dans le contrat de mariage de chacune d'elles, mais dans les deux actes, le père, par une clause formelle, « réservait, après sa mort, la jouissance des biens donnés en faveur de son épouse, dans le cas où elle lui survivrait ». A la mort du donateur, sa veuve voulut se mettre en possession des biens donnés, mais les donataires s'y opposèrent, prétendant que la réserve d'usufruit au profit de la veuve, constituant une libéralité, aurait dû être acceptée du vivant du donateur. Elles soutinrent que cette donation indirecte était nulle, faute d'avoir été acceptée, et le Tribunal de Saint-Gaudens accueillit leurs prétentions ; mais la Cour de Toulouse cassa le jugement de première instance et donna raison à la veuve. Son arrêt est catégorique : « Attendu que la réserve d'usufruit, faite au profit de son épouse par X, dans les contrats de mariage de ses petites-filles, n'avait pas besoin d'être acceptée. — Que si, comme libéralité indirecte, elle pouvait être révoquée, il résulte, en fait, qu'elle ne l'a point été. — Par ces motifs, casse... »

Les conséquences des principes que j'ai posés sont nombreuses ; il importe de retenir les deux suivantes, qui sont essentielles : 1° la mort du stipulant principal rend irrévocable la stipulation pour autrui ; 2° le tiers bénéficiaire de la stipulation accessoire a, dès que la stipulation principale est devenue définitive, un droit acquis qui doit compter dans l'actif de son patrimoine ; ce droit est sans doute soumis à une condition résolutoire, mais on sait que la condition résolutoire n'a pas pour effet de suspendre l'existence du droit.

La stipulation pour autrui constitue, nous l'avons dit, une donation indirecte. Lorsqu'elle intervient entre conjoints, elle doit être soumise à l'application des règles de fond des libéralités entre époux ; elle pourra être révoquée par le conjoint donateur, elle devra être réduite si elle dépasse les limites de la quotité disponible déterminée par les art. 1094 et 1098. Pour ne pas nous exposer à des redites, nous étudierons l'exercice de l'action en réduction et du droit de révocation à propos des contrats de constitution de rente viagère et d'assurance sur la vie, qui sont les deux applications les plus intéressantes et les plus usuelles de l'art. 1121.

§ 2. — *De la rente viagère constituée par l'un des époux au profit de l'autre.*

Une rente viagère, nous l'avons vu, ne peut pas être constituée entre époux à titre onéreux ; la prohibition de l'art. 1595 s'y oppose. Mais il n'est pas défendu à l'un des époux de constituer une rente viagère au profit de son conjoint. L'art. 1973 du Code civil, qui prévoit cette hypothèse, s'exprime ainsi: « La rente viagère peut être constituée au profit d'un tiers, quoique le prix en soit fourni par une autre personne. » Cette opération peut s'accomplir dans les deux cas suivants ; 1º l'un des époux, le mari par exemple, aliène un capital mobilier ou immobilier moyennant le payement d'une rente viagère, et il stipule du débi-rentier que les arrérages seront payés à sa femme ; 2º le mari aliène un capital mobilier ou immobilier moyennant une somme fixe de 20,000 fr. et une rente viagère de 500, et il stipule que les arrérages de la rente seront payés à sa femme. L'art. 1973 est donc tout à la fois une application et une extension de l'art. 1121. La stipulation accessoire constitue une donation indirecte que le mari fait à sa femme, donation indirecte dispensée des règles de la solennité ; l'art. 1973 est formel sur ce point, car il ajoute : « Dans ce dernier cas, quoiqu'elle ait les caractères d'une libéralité, elle n'est point assujettie aux formes requises pour les donations ; sauf les cas de réduction et de nullité énoncés dans l'art. 1970. » Et l'art. 1970 décide que la rente viagère est nulle « si elle est faite au profit d'une personne incapable de recevoir » ; or nous savons que les époux ont pleine capacité pour disposer à titre gratuit l'un à l'égard de l'autre, sauf le droit de révocation que l'art. 1096 confère au conjoint donateur.

La donation indirecte qui nous occupe est donc soumise à l'application des règles de fond des libéralités entre époux : il faut, par conséquent, décider qu'elle est réductible au taux de la quotité disponible des art. 1094 et 1098, qu'elle est révoquée de plein droit par le divorce ou par la séparation de corps prononcés contre l'époux donataire. Un exemple suffira pour montrer comment s'effectuera, dans notre hypothèse, l'exercice de l'action en réduction et du droit de révocation. Une rente viagère de 1000 fr. a été constituée par un mari au profit de sa femme ; les arrérages de cette rente ont été payés à la femme pendant dix années consécutives. Le mari révoque ; il a le droit d'exiger que les arrérages lui soient désormais payés pendant toute la durée de la vie de sa femme, et en outre, comme la révocation a un effet rétroactif, il peut réclamer à sa femme une valeur égale à la somme des arrérages perçus par elle, c'est-à-dire, dans notre espèce, 10,000 francs. En un mot, le mari révoque la stipulation accessoire qui réalise la donation, sans que cette révocation porte atteinte à la stipulation principale.

Quant à l'action en réduction des héritiers réservataires, il faut distinguer suivant que l'époux donateur a ou n'a pas des enfants issus d'un précédent mariage. Dans le premier cas, comme on admet généralement que l'art. 917 est applicable, il faut décider que les héritiers réservataires pourront opter entre ces deux partis : ou bien exécuter la disposition, et alors ils n'auront pas le droit de s'opposer à ce que le débi-rentier paye la totalité des arrérages de la rente à la femme donataire ; ou bien faire l'abandon de la quotité disponible, et alors ils pourront exiger que le débi-rentier paye désormais à eux seuls les arrérages de la rente. Dans le second cas, au contraire, l'art. 1094 est seul applicable. Il faut décider en conséquence que, si les arrérages de la rente viagère dépassent la moitié des revenus annuels du conjoint donateur, les héritiers réservataires auront le droit de les faire réduire à cette moitié, et pourront exiger du débi-rentier qu'il leur paye annuellement la différence, tant que vivra la femme donataire.

Je n'insiste pas sur ces diverses solutions qui, d'ailleurs, sont incontestées, et j'aborde immédiatement une question très intéressante, très controversée, et que je formule ainsi : Deux époux sont mariés sous le régime de la communauté ; une rente viagère est constituée avec les deniers communs réversible sur la tête du survivant : l'époux survivant a-t-il un droit exclusif à la rente viagère? La jurisprudence a été plusieurs fois appelée à juger la question : l'arrêt le plus récent a été rendu par la Cour de Lyon, le 6 janvier 1881 ; je vais l'analyser. Deux époux avaient vendu une maison moyennant un prix principal de 10,000 francs et une rente viagère de 1,600 francs ; la maison était un bien de communauté, et il avait été stipulé dans le contrat que la rente viagère serait réversible en totalité sur la tête du survivant. Aucun enfant n'était né du mariage. A la mort du mari, la communauté fut partagée entre la veuve et des collatéraux, héritiers du défunt, et le notaire liquidateur ne comprit pas dans l'actif de la communauté la rente viagère qu'il considéra, en vertu de la clause de réversibilité, comme un propre de la femme. Lorsque l'acte de partage fut présenté à l'Enregistrement, l'Administration refusa de l'enregistrer et déclara que la veuve devait à la communauté récompense de la valeur de la rente viagère. Le Tribunal de Villefranche lui donna raison et fixa la récompense à 5,333 francs 33. C'est alors que l'un des héritiers du mari intenta contre la veuve une action en supplément de partage. Le Tribunal de Villefranche et, après lui, la Cour de Lyon accueillirent ses prétentions. Voici les motifs de la décision :

« Attendu que la défenderesse, sans contester cette omission, résiste à la réclamation dirigée contre elle, par le motif que le défunt, qui n'a laissé aucun héritier à réserve, avait le pouvoir de lui faire une donation éventuelle ; — Attendu que, si le défunt était fondé à faire une libéralité à sa femme par les voies légales, il ne saurait être admis qu'une donation soit faite par un moyen détourné, alors que ce moyen est de nature à porter atteinte aux conventions matrimoniales ;

» Attendu qu'il est constant que, par les stipulations de ladite vente, la défenderesse a tiré d'un bien de communauté un profit personnel ; qu'elle doit, de ce chef, récompense à la communauté, et compte aux héritiers du prédécédé de la moitié des revenus de chaque année. — Attendu que le caractère aléatoire de la convention a pour effet de fixer, par l'événement du décès, lequel des époux sera créditrentier, sans affranchir le survivant de ses obligations vis-à-vis de la communauté ;

» Attendu que la situation est dominée par cette circonstance que les conjoints ont fait régir leur union par un contrat de mariage et ont adopté le régime de la communauté à titre universel ; qu'il n'est, dès lors, pas permis de déroger par des moyens detournés aux conséquences du contrat et aux prescriptions de l'art. 1437, qui fixe les obligations du survivant ; qu'il est de toute évidence qu'une rente créée pendant le mariage avec des valeurs prises dans la communauté est incontestablement un bien de communauté ; que le survivant ne saurait dès lors retenir la totalité de cette rente ;

» Attendu que l'acte de 1873 ne saurait constituer une donation éventuelle, puisque les formalités exigées par la loi n'ont pas été remplies, et que rien ne prouve que telle ait été l'intention des époux ;

Par ces motifs, dit que la défenderesse doit récompense à la communauté pour la rente viagère de 1,600 francs, qu'elle continue à toucher; fixe le montant de cette récompense au rapport de la somme de 5,333 fr. 33; ordonne, en conséquence, qu'il sera fait un partage supplémentaire. » (Lyon 6 janv. 1881 ; S., 1884, 2, 146.)

La Cour de Lyon reconnait donc implicitement la validité d'une rente viagère constituée par deux époux communs moyennant l'aliénation d'un bien de communauté, avec réversibilité intégrale sur la tête du conjoint survivant; mais elle décide, et c'est ce qu'il importe de retenir, que la rente viagère ainsi constituée appartient à l'époux survivant en tant que bien propre, sauf récompense à la communauté de la valeur de la rente estimée au jour du décès du prémourant. Ce système est généralement admis en jurisprudence (Cass., 29 avril 1851 ; S., 1851, 1,329 — 16 déc. 1867 ; S., 1868, 1,118. — Paris, 19 fév. 1864; S., 1865, 2, 4. — 26 juin 1850; S., 1880, 2, 315); il a été soutenu par M. Paul Pont. Il me parait néanmoins qu'on peut formuler contre lui des objections irrésistibles. Décider en effet avec la jurisprudence que l'époux survivant doit récompense à la communauté, c'est reconnaitre que la rente viagère lui est propre ; or cela constitue une violation manifeste de ce principe certain, d'après lequel les époux mariés sous le régime de la communauté ne peuvent pas se créer des propres à eux-mêmes. L'art. 1437, qui prévoit et règle les hypothèses dans lesquelles une récompense est due par les époux à la masse commune, suppose toujours que le propre est préexistant au profit tiré de la communauté; c'est ainsi qu'il décide que les époux pourront prendre une somme dans la masse « pour le recouvrement, la conservation ou l'amélioration de leurs biens personnels ». Le profit réalisé au détriment des biens communs ne peut être concomitant à l'acquisition du propre qu'en cas de remploi. En dehors des règles du remploi, tout bien, mobilier ou immobilier, acquis des deniers communs pendant le mariage, tombe dans la communauté, en vertu de l'art. 1401 ; c'est là un principe fondamental auquel les époux ne peuvent déroger sans violer la règle de l'immutabilité des conventions matrimoniales. Il est donc incontestable que la rente viagère acquise avec les deniers communs est un bien de communauté. Quelles sont les conséquences de cette solution ? Si c'est le mari qui prédécède, il faut distinguer suivant que la femme accepte ou répudie la communauté ; si elle accepte, la communauté sera partagée et les arrérages de la rente seront payés par moitié à la femme survivante et par moitié aux héritiers du mari ; si elle renonce, elle devient étrangère à la communauté, et les arrérages de la rente seront payés en entier aux héritiers du mari jusqu'à la mort de la femme. En cas de prédécès de la femme, la rente sera due en totalité au mari survivant, si les héritiers de la femme répudient la communauté, et pour moitié seulement, s'ils acceptent. Ce système, qui paraît être celui de nos anciens jurisconsultes, a été adopté par un arrêt de la Cour d'Angers (6 mars 1844; S., 1846, 2, 37). MM. Aubry et Rau s'y sont ralliés dans leur dernière édition (t. V., § 507, p. 283, note 9).

Ce système ne me semble pas acceptable ; à une logique trop rigoureuse il sacrifie l'intention bien évidente des parties. Les époux n'ont pas pu vouloir que le bénéfice de la rente soit, même partiellement, recueilli par leurs héritiers qui, dans notre espèce, tous les arrêts le démontrent, seront presque toujours des collatéraux ; leur but a été, en stipulant la clause de réversibilité, de s'assurer à eux-mêmes des moyens d'existence pendant toute la durée de leur vie et indépendamment du sort de la communauté ; ce but, il faut qu'ils puissent juridiquement l'atteindre. M. Troplong a proposé le système suivant: l'époux survivant est seul créancier de la rente, et la communauté n'a droit à aucune récompense ; la constitution d'une rente viagère réversible sur la tète du survivant est « un pacte de société ayant tous les caractères d'un contrat aléatoire, dont tous les avantages sont réciproques et soumis à la même égalité de chances ». On ne peut donc pas dire que l'époux survivant s'enrichit aux dépens de la communauté. « Doit-on oublier, ajoute M. Troplong, que la communauté n'a acheté la rente viagère qu'à charge expresse que le survivant ne partagerait pas avec les héritiers du prédécédé ? Or, qu'y a-t-il dans cette clause qui ne soit valable ? N'est-ce pas un pacte aléatoire autorisé par les règles de la société ? L'égalité ne s'y trouve-t-elle pas, puisque les deux époux sont sujets à la même incertitude ? » (*Contrat de mariage*, n° 1200 ; Cass., 15 mai 1844, S., 1844, 1, 409.) Ce système se heurte à l'objection que nous formulions plus haut : il n'est pas loisible à des époux mariés sous le régime de la communauté de se créer des propres à volonté ; tout bien acquis durant le mariage avec les deniers de la communauté tombe nécessairement dans l'actif commun, et l'époux survivant ne peut pas l'en retirer préalablement à tout partage, même en vertu d'une convention antérieure. M. Troplong méconnaît ici les principes fondamentaux du régime de la communauté.

Il est impossible de donner un effet juridique à l'intention des époux, si l'on ne fait pas intervenir un élément nouveau, l'idée d'une donation. Cet élément, il est facile de le découvrir dans l'opération qui nous occupe ; la clause de réversibilité doit, en effet, s'analyser ainsi : chacun des époux promet à l'autre de lui abandonner, en cas de prédécès, la part de rente à laquelle il a droit. C'est là une donation indirecte, éventuelle et conditionnelle, qui peut valablement intervenir entre conjoints, et toute la question est de savoir si, dans notre espèce, les règles du régime de communauté peuvent s'accorder avec elle. L'affirmative me paraît certaine. Quel est en effet l'objet de la donation ? C'est une part de communauté, ce qui suppose que la rente viagère, conformément aux prescriptions de l'art. 1401, est tombée dans l'actif commun. Cette part de communauté, qui est en même temps l'objet de la donation, varie suivant les circonstances et ne peut être déterminée qu'au moment du décès de l'un des conjoints. Si le mari survit, tout dépend du parti que prennent les héritiers de la femme; s'ils acceptent, ils sont tenus, en vertu de la clause de réversibilité qui les oblige parce qu'elle obligeait leur auteur, d'abandonner au mari leur part de rente, c'est-à-dire la moitié; s'ils répudient, ils deviennent étrangers à l'actif commun, et le mari recueille la totalité de la rente, non pas à titre de donation, mais en vertu des règles de la communauté. Si c'est la femme qui survit, il faut encore distinguer : si elle accepte, elle recueille la moitié de la rente en qualité de femme commune, et l'autre moitié à titre de donation : si elle renonce, elle reçoit à titre de donation la totalité de la rente.

On n'a élevé contre ce système qu'une objection sérieuse : on lui a reproché de violer les prescriptions de l'art. 1097 qui interdit aux époux toute donation mutuelle et réciproque par un seul et même acte. Il a été répondu que la donation mutuelle suppose que chacun des époux est, à l'égard de son conjoint, tout à la fois donateur et donataire, tandis que, dans la constitution d'une rente viagère stipulée réversible, au moment où la libéralité s'exécute, l'époux survivant seul est donataire, à l'exclusion de son conjoint prédécédé. Ajoutons d'ailleurs que l'art. 1097 réglant une question de forme est inapplicable à la libéralité indirecte qui nous occupe et que l'art. 1973 dispense des solennités requises pour les donations entre vifs : le Conseil d'État, consulté sur un projet de réforme, a émis tout dernièrement un avis dans ce sens.

§ 3. — *Du Contrat d'Assurance sur la vie entre époux.*

L'assurance sur la vie est aujourd'hui définitivement entrée dans nos mœurs; cette institution essentiellement morale, qui donne au père de famille le moyen d'assurer par de sages économies l'avenir de ses enfants, prend tous les jours une extension plus grande. Mais, introduite ou plutôt acclimatée en France dans la dernière moitié de ce siècle, elle s'est trouvée en face d'un système législatif qui ne l'avait pas prévue. Qu'aurait dû faire le législateur français ? Il aurait dû intervenir, pour régler officiellement les conditions d'exercice d'un contrat si complexe, pour décider tout au moins dans quelle mesure les principes généraux des obligations lui sont applicables ; il aurait pu trouver dans la loi anglaise et dans la loi belge d'utiles enseignements. Le législateur français, que les réformes purement civiles laissent parfois indifférent, a mieux aimé garder le silence et laisser aux tribunaux le soin de concilier l'institution nouvelle de l'Assurance sur la vie avec les principes du Code civil. Cette conciliation, la jurisprudence l'a tentée : les arrêts qu'elle a rendus sont nombreux, et, dans l'espace de dix ans, du 15 décembre 1873 au 2 juillet 1884, la Cour de cassation s'est prononcée sept fois. Le problème était délicat, nous verrons si elle lui a toujours donné une solution logique.

Le contrat d'assurance sur la vie peut affecter deux formes différentes :

a. Je stipule que, moyennant le versement annuel de primes déterminées, la Compagnie d'assurances payera à mon décès une certaine somme qui sera recueillie par ma succession. Le contrat qui intervient ainsi entre l'assureur et l'assuré est synallagmatique, à titre onéreux, puisqu'il produit des obligations réciproques ; il est aléatoire, puisque l'équivalence des deux obligations dépend d'un événement futur qui doit se réaliser certainement, mais à une date inconnue.

b. Je stipule, que moyennant le versement annuel de primes déterminées, la Compagnie d'assurances payera, à mon décès, une certaine somme à un tiers que je désigne.

Ici l'opération est complexe : dans les relations du stipulant avec la Compagnie d'assurances, elle est un contrat à titre onéreux qui engendre des obligations réciproques ; dans les relations du stipulant et du tiers bénéficiaire, elle est une libéralité.

Il résulte de cet exposé que seule la seconde forme du contrat d'assurance sur la vie rentre dans le sujet de notre étude ; dans la première forme, en effet, il n'y a pas place pour une donation. L'hypothèse que j'ai à étudier est double : l'assurance sur la vie peut avoir été contractée purement et simplement par l'un des époux au profit de l'autre ; elle peut avoir été contractée réciproquement par chacun des deux époux au profit de son conjoint. L'un et l'autre de ces deux points feront l'objet d'une section distincte.

A. *De l'assurance sur la vie contractée par l'un des époux au profit de l'autre.* — L'un des époux, le mari, par exemple, s'engage à payer à la Compagnie une prime annuelle de 2.000 francs, et il stipule de la Compagnie qu'elle payera à sa femme, s'il meurt avant elle, un capital fixe de 30,000 fr. Il y a dans cette opération, avons-nous dit, contrat à titre onéreux dans les rapports du stipulant avec la Compagnie d'assurances : il y a libéralité dans les rapports du mari stipulant avec sa femme, bénéficiaire désignée. Quels sont les caractères, quel est l'objet de cette libéralité? La jurisprudence applique l'art. 1121 du Code civil; elle voit, dans l'opération qui nous occupe, une stipulation pour autrui et par conséquent une libéralité indirecte. Les arrêts sont aujourd'hui formels, et tous s'accordent sur le principe. Pour qu'il y ait stipulation pour autrui, la jurisprudence n'impose qu'une condition, c'est que le tiers bénéficiaire soit suffisamment désigné; or comme dans notre espèce le tiers bénéficiaire est, par hypothèse même, suffisamment désigné, puisqu'il s'agit toujours du conjoint du stipulant, toutes les controverses relatives à cette question sont étrangères à notre sujet.

Il y a donc, aux yeux de la jurisprudence, stipulation pour autrui : il s'ensuit que toutes les règles des stipulations pour autrui sont applicables à l'assurance sur la vie contractée par l'un des conjoints au profit de l'autre, et la jurisprudence, en effet, les applique sans hésiter. Ces règles, nous les connaissons, telles que la Cour de cassation et les Cours d'appel les ont formulées. La stipulation pour autrui est une offre de libéralité qui ne devient contrat de donation que par l'acceptation du bénéficiaire : cette acceptation peut valablement intervenir après le décès du stipulant, et, quel que soit le moment auquel elle est intervenue, elle a toujours un effet rétroactif; en tout cas, l'offre et l'acceptation sont dispensées des formes solennelles des libéralités entre vifs. (Lyon, 2 juin 1863 ; S., 63, 2, 202. — Colmar, 27 fév. 1865 ; S., 65, 2, 377. — Paris, 5 avril 1867 ; S., 67, 2, 249. — Cass., 15 déc. 1873 ; S., 74, 1, 199 — 10 nov. 1874 ; S., 75, 1, 107 — 7 fév. 1877 ; S., 77, 1, 393 — 2 juillet 1884, *Journal du Palais*, 85, 1. — Montpellier, 15 mars 1886.) Les conséquences de cette interprétation sont les suivantes : 1° la libéralité indirecte a pour objet le capital de l'assurance. 2° le bénéficiaire désigné agit contre la Compagnie d'assurances en vertu d'un droit de créance direct et personnel qui, par la rétroactivité de l'acceptation, remonte au jour même du contrat ; le capital de l'assurance ne doit donc pas être compris dans le patrimoine du stipulant.

Cette jurisprudence, qui semble aujourd'hui définitivement fixée, n'a pas toujours été aussi catégorique, et la Cour de cassation s'est plusieurs fois prononcée en sens contraire. Jusqu'en 1880, les tribunaux ont décidé invariablement que le capital de l'assurance était acquis au tiers bénéficiaire du jour même du contrat. Dans l'espèce qui nous occupe, ils attribuaient sans hésitation un droit exclusif à l'époux survivant au détriment des créanciers du conjoint défunt, qui émettaient la prétention de faire porter leur droit de gage sur le capital de l'assurance considéré comme bien successoral. (Lyon, 2 juin 1863. — Colmar, 27 fév. 1865. — Paris, 5 avril 1867. — Cass., 28 mars 1877; S., 77, 1, 303.) Les arrêts de Cassation du 7 février 1872 (D. P., 72, 1, 209), du 15 déc. 1873, de 15 juillet 1875 (D. P., 76, 1, 232), du 7 fév. 1877 et du 15 juillet 1879 (D. P., 79, 1, 230) ne dérogent pas à cette jurisprudence; c'est à tort qu'on l'a prétendu. Sans doute l'arrêt du 7 février 1872 a jugé que « le capital d'une assurance sur la vie stipulée payable aux ayants droit de l'assuré à son décès fait partie de son patrimoine et doit être compris par les héritiers auxquels il est dévolu, dans la déclaration de la succession pour être assujetti aux droits de mutation par décès » ; mais, outre que c'est là une décision spéciale à une question d'enregistrement, il faut remarquer que les juges ont pu décider dans l'espèce, sans déroger aux principes admis en jurisprudence, que les bénéficiaires n'étaient pas suffisamment désignés par l'expression « ayants-droit », et écarter par conséquent l'application de l'art. 1121. Quant aux autres arrêts, en déclarant en termes formels que le bénéficiaire n'est pas suffisamment désigné, ils consacrent plutôt qu'ils ne repoussent le droit exclusif de l'époux survivant.

En 1880, la Cour de Cassation, abandonnant brusquement une jurisprudence qui pouvait paraître définitive, accueille les prétentions des créanciers héréditaires. Voici les faits du procès : un contrat d'assurance était intervenu entre un sieur X... et la Caisse générale des familles ; il était stipulé que le capital de l'assurance, s'élevant à la somme de 10,000 francs, serait payable à l'assuré lui-même le 20 novembre 1893, et, s'il venait à mourir avant cette date, à sa femme et subsidiairement à ses enfants, au moment même du décès. Le stipulant étant mort en 1875, ses créanciers opérèrent

une saisie-arrêt entre les mains de la Compagnie. La veuve
fait opposition, et la Cour de Dijon lui donne raison en décidant « que le droit qui lui a été conféré par le mari est un
droit direct et personnel, dérivant non de sa succession mais
du contrat d'assurances, et que la condition à laquelle ce
droit était subordonné s'étant accomplie après le décès du
stipulant, elle en a été saisie immédiatement après ce décès,
avec effet rétroactif au jour du contrat ». Sur le pourvoi
formé par les créanciers héréditaires, la Cour suprême
casse la décision de la Cour de Dijon ; son arrêt, qui est du
10 février 1880 (D. P., 80, 1, 170), affirme plutôt qu'il ne
prouve. « Attendu, dit-il, que, X... stipulant d'abord pour
lui-même et s'étant réservé la faculté de disposer jusqu'à
son décès des capitaux assurés, cette stipulation constituait
à son profit une obligation ferme qui a fait partie de son
patrimoine et est entrée dans l'actif héréditaire de sa succession ; que les bénéficiaires par lui désignés, alors même
qu'ils pourraient être considérés comme des personnes déterminées, n'ont rien acquis de son vivant, et que les droits
éventuels stipulés à leur profit n'ont pu prendre naissance
qu'au moment de son décès ; que les capitaux assurés faisant
partie de son patrimoine sont devenus le gage commun de
ses créanciers qui ont pu les faire saisir après comme
avant son décès, nonobstant toute acceptation faite par les
bénéficiaires éventuels. » La Cour suprême renvoie les parties devant la Cour de Besançon, mais la Cour de renvoi
juge comme la première et repousse les prétentions des
créanciers héréditaires. A la même époque, les Cours de
Nîmes et de Rouen, refusant de s'incliner devant l'autorité
de la Cour suprême, admettent aussi le droit exclusif de
l'époux survivant. (Nîmes, 25 fév. 1880 ; S., 80, 2, 327. —
Rouen, 22 mars 1881 ; S., 82, 2, 40.) — La Cour de cassation
ne persista pas dans son erreur, et le 2 juillet 1884, elle est
revenue à son ancienne jurisprudence, en décidant que « le

contrat d'assurance sur la vie, par lequel il est purement et simplement stipulé que, moyennant le payement de primes annuelles, une somme déterminée sera, à la mort du stipulant, versée à une personne spécialement désignée, a pour effet, au cas où le contrat a été maintenu par le payement régulier des primes, d'une part, d'obliger, à la mort du stipulant, le promettant à verser le capital assuré entre les mains du tiers désigné, et, d'autre part, de créer à ce même instant, au profit du tiers bénéficiaire, un droit de créance contre le promettant », et que « ce droit est personnel au tiers bénéficiaire, ne repose que sur sa tête, et ainsi ne constitue pas une valeur successorale ». (*Journ. du Pal.*, 1885, 1.) La jurisprudence semble désormais définitivement fixée dans ce sens. — (Bordeaux, 21 mai 1885, *Gaz. Pal.*, 85, p. 601. — Paris, 5 mars 1886, *Gaz. Pal.*, 86, p. 657. — Montpellier, 15 mars 1886, *Gaz. Pal.*, 86, p. 697.)

Cette interprétation jurisprudentielle a été vivement combattue par M. Labbé dans deux notes insérées au *Recueil de Sirey* et au *Journal du Palais*, sous les arrêts de Cassation du 7 février 1877 et du 2 juillet 1884, et le savant professeur a proposé de son côté une double interprétation que nous allons examiner.

« Il est, dit-il, dans ce système deux décisions que notre raison ne peut point admettre : *a.* la rétroactivité donnée à l'acceptation du tiers ; *b.* la possibilité d'une acceptation qui, faite par le tiers après la mort du stipulant, rétroagisse également au jour du contrat. La stipulation pour autrui renferme une offre de libéralité, offre qui ne réalise pas parfaitement la libéralité, car elle est révocable, offre qui ébauche la libéralité et attend le concours d'une autre volonté pour que la libéralité soit parfaite. Cela étant, la libéralité qui repose sur un consentement ne peut dater que du jour où la seconde volonté a été émise. — Une condition accidentelle après son accomplissement rétroagit au jour du contrat :

soit, mais une volonté destinée à former le consentement, base essentielle, source initiale d'une donation, ne rétroagit pas... S'il en est ainsi, la libéralité offerte ne peut plus se réaliser comme donation entre vifs après la mort du stipulant : la nature des choses y répugne... On se retranche derrière l'art. 1121 qui permet la stipulation pour autrui et n'établit pas pour cette sorte de libéralité la nécessité d'une acceptation antérieure au décès du stipulant : cet article formel a pu déroger aux principes ordinaires des donations. Soit, mais il faut respecter les notions essentielles du droit ; le le législateur est tout puissant sur la forme et non sur le fond des choses. Sans consentement, il n'y a pas donation ; mais au moyen de volontés qui se succèdent peut se réaliser un legs ou un fidéicommis. — Admettons que, d'après le silence de l'art. 1121, l'adhésion du tiers puisse précéder ou suivre la mort du stipulant. Il faut admettre conséquemment que la stipulation pour autrui renferme l'offre d'une donation entre vifs, susceptible de se convertir en disposition de dernière volonté, selon que l'acceptation interviendra avant ou après la mort du stipulant. C'est nouveau, étrange, mais non absurde. »

Malgré les critiques de M. Labbé, la jurisprudence est restée fidèle à son interprétation ; cette théorie étrange et nouvelle n'a pas fait fortune. Les considérations que nous avons développées plus haut sur la nature de la stipulation pour autrui suffisent, je crois, pour la réfuter et pour répondre victorieusement aux objections qu'elle formule. La stipulation pour autrui ne constitue pas une offre de libéralité, elle est une libéralité parfaite, indépendamment de toute déclaration du tiers. Et d'ailleurs, même en admettant que la stipulation pour autrui constituât une offre de libéralité, on comprendrait difficilement, me semble-t-il, cette transformation d'un acte entre vifs en disposition de dernière volonté. Un acte reste ce qu'il a été à l'origine, ce que les parties ont voulu qu'il soit ; le stipulant principal a voulu donner entre vifs, il n'a entendu faire ni un legs ni un fidéicommis.

Cette théorie, du reste, n'est, d'après M. Labbé lui-même, qu'un moyen de justifier juridiquement la possibilité d'une acceptation postérieure au décès du stipulant ; et il ne cache point ses préférences pour une seconde interprétation, plus séduisante, plus juridique, qui a rencontré dans la doctrine un certain nombre d'adhérents : elle repose sur ce principe que la stipulation pour autrui est une gestion d'affaires. « Il faut faire du tiers appelé au bénéfice du contrat le véritable assuré, et faire du stipulant un gérant d'affaires. Alors l'adhésion qu'exprime le tiers est une ratification qui rétroagit au jour du contrat. Le tiers qui a ratifié est créancier direct de l'assureur, comme s'il avait contracté lui-même. Le capital de l'assurance n'a jamais fait partie du patrimoine du stipulant, il ne doit, à la mort de ce dernier, ni être compté pour le calcul de la réserve, ni servir de gage aux créanciers héréditaires. Dans cette conception de l'assurance pour autrui, l'adhésion du tiers peut intervenir valablement après la mort du stipulant ; c'est la règle de la ratification en matière de gestion d'affaires. Cela est sans inconvénient parce que le gérant d'affaires ne peut pas révoquer la proposition qu'il a faite au tiers de profiter de l'assurance ; il a parlé au nom d'autrui, il ne peut pas, par un changement de volonté, mettre obstacle à la ratification. Il n'a donc pas à sa disposition le capital de l'assurance. » Dans ce système, l'idée de libéralité intervient aussi, mais la donation, au lieu de porter sur le capital assuré, porte sur le montant des primes payées par le stipulant. Et M. Labbé ajoute : « La ratification du contrat d'assurance par le tiers embrasse acceptation de cette libéralité provisoire. Cette donation du montant des primes est révocable jusqu'à l'acceptation, quoique la gestion d'affaires ne le soit pas. L'acceptation est-elle antérieure au décès du stipulant ? La donation sera traitée comme do-

nation entre vifs, le montant des primes sera rapportable
et réductible. L'acceptation est-elle postérieure au décès du
stipulant? La donation n'a pas été parfaite du vivant du donateur : l'objet donné n'a pas quitté le patrimoine du donateur avant l'ouverture de la succession, les créanciers du
donateur peuvent exiger que, sur le capital de l'assurance,
le montant des primes payées soit restitué à la succession
dans la mesure de ce qui leur est dû. »

Cette théorie est ingénieuse, j'ajoute qu'elle est équitable,
mais il me paraît qu'on a élevé contre elle des objections
irrésistibles. On dit, et avec raison, qu'elle était contraire au
texte de la loi et à l'intention des parties. Elle est contraire
au texte de la loi, car elle a pour effet d'anéantir la disposition de l'art. 1119. La gestion d'affaires est constituée par
une série d'actes dépendant les uns des autres, dont la réunion forme un tout complet ; tous les textes qui s'y relatent,
supposent que la gestion a eu un commencement, et ils obli-
gent le gérant à la continuer (art. 1372 et suiv.) Reconnaître avec M. Labbé qu'un acte isolé, indépendant par lui-
même, peut constituer une gestion d'affaires, c'est reconnaître
implicitement que l'utilité pour le tiers est le seul élément
essentiel de toute gestion d'affaires, c'est décider, par suite,
qu'on peut stipuler en son propre nom pour autrui. Certains
auteurs, je le sais, admettent sans hésiter cette conséquence,
mais, tant que l'art. 1119 n'a pas été abrogé, il me semble
qu'elle ne peut pas être acceptée. — J'ajoute que cette théorie est évidemment contraire à l'intention des parties.
M. Labbé pose en principe que le bénéficiaire avait intérêt
à s'assurer sur la tête du stipulant, et il en induit que le
stipulant, en souscrivant l'assurance n'a fait que ce que
le bénéficiaire avait intérêt à faire. Mais cette intention
que M. Labbé prête au stipulant n'est-elle pas démentie
par les faits? Peut-on raisonnablement soutenir en fait
que le stipulant, en souscrivant l'assurance, a entendu

représenter le bénéficiaire ? S'il l'a représenté, s'il a véritablement accompli un acte de gestion d'affaires, il faut en conclure que le bénéficiaire deviendra, lorsqu'il ratifiera, débiteur direct, envers la Compagnie d'assurances, du montant des primes. N'est-il pas évident tout au contraire que le stipulant a entendu s'engager seul au payement annuel des primes? Son but a été de faire une libéralité au bénéficiaire, il n'a pas pu vouloir donner à la Compagnie d'assurances le droit de poursuivre celui qu'il gratifiait. Mais allons plus loin : M. Labbé ajoute que, si le bénéficiaire refuse de recevoir le capital de l'assurance, l'émolument en reviendra, en vertu d'une clause sous-entendue dans la police, aux ayants droit du stipulant. La nécessité d'un tel sous-entendu n'est-elle pas la condamnation même de la doctrine? S'il y a véritablement gestion d'affaires, en vertu de quel droit le bénéficiaire refuserait-il de ratifier un acte de gestion qui, en définitive, a tourné à son profit? L : clause que M. Labbé est obligé de sous-entendre me paraît contraire aux prescriptions de l'art. 1375.

Malgré l'autorité de celui qui l'a proposée, cette théorie, nous l'avons vu, n'a pas trouvé faveur devant les tribunaux. Je dois néanmoins signaler, pour être complet, un jugement tout récent du Tribunal de Clermont-Ferrand qui semble l'adopter (25 mai 1885, *Gaz. des Trib.* du 26 mai 1886). Je repousse donc le système de M. Labbé, et je crois avec la jurisprudence qu'il faut appliquer à l'assurance sur la vie, contractée par l'un des époux au profit de l'autre, les dispositions de l'art. 1121, mais, entendant cet article dans le sens que j'ai indiqué plus haut, je décide que la stipulation au profit du conjoint n'est pas une offre de libéralité, mais une donation entre vifs parfaite par le seul consentement des parties principales. J'aboutis ainsi aux mêmes résultats pratiques que la Cour de cassation, mais par des moyens qui me paraissent plus juridiques. Je ne reviendrai pas sur les principes que j'ai déjà exposés, et je me bornerai ici à rappeler mes conclusions, que je résume dans ces deux propositions : 1° la stipulation au profit du conjoint constitue une donation indirecte, qui est dispensée des formes solennelles et qui a pour objet le capital de l'assurance. 2° le droit au capital est entré, dès le jour même du contrat, dans le patrimoine de l'époux bénéficiaire ; l'exigibilité seule en est retardée jusqu'au décès du stipulant.

De la seconde proposition il résulte que le capital de l'assurance n'est pas un bien héréditaire. Les créanciers du stipulant prétendraient à tort faire porter sur lui leur droit de gage ; ils peuvent simplement, s'il y a eu fraude de la part de leur débiteur, faire révoquer la donation en vertu du droit que leur confère l'art. 1167 Civ.

De la première proposition il résulte que, à partir du moment où le contrat d'assurance est devenu définitif, la donation indirecte qu'il fait naître est soumise aux règles de fond des libéralités entre époux. Il faut donc décider qu'elle est révocable au gré du conjoint donateur, qu'elle sera révoquée de plein droit par le divorce ou la séparation de corps prononcés contre l'époux bénéficiaire ; il faut décider aussi qu'elle est soumise à l'obligation du rapport et qu'elle est réductible si elle dépasse les limites de la quotité disponible fixée par les art. 1094 et 1098. La jurisprudence est constante sur ces divers points. Voici l'espèce que la Cour de Rennes a eu à juger le 23 juin 1879 (D. P., 79, 2, 155) : Un sieur C., banquier à Sedan, avait contracté au profit de sa femme une assurance sur la vie au capital de 100,000 francs avec la Compagnie d'Assurances Générales sur la vie. En 1876, C. s'était porté caution solidaire de sa belle-sœur pour la somme de 40,000 francs, et il s'était obligé envers le créancier à lui donner en nantissement, jusqu'à concurrence de 40,000 fr. le capital de l'assurance qu'il avait contractée au profit de sa femme ; il s'était, en outre, expressément engagé à remplir à

ses frais, sous un délai de 15 jours, l s formalités nécessaires pour régulariser ledit nantissement. En vertu de cette
promesse, le créancier demandait que la femme bénéficiaire
de l'assurance intervint pour accepter l'avenant modificatif
de la police. La Cour de Rennes repousse cette prétention, en
décidant que l'engagement contracté par le mari donateur
envers le créancier emportait révocation tacite de la libéralité, jusqu'à concurrence de 40,000 francs. — Dans l'hypothèse d'un divorce ou d'une séparation de corps prononcés
contre l'époux bénéficiaire, il faut décider que le capital de
l'assurance sera payable, au décès du stipulant, non pas au
conjoint désigné, mais aux héritiers du donateur.

Le capital de l'assurance devra être rapporté à la masse
si l'époux bénéficiaire est le successible de l'époux donateur.
(Rouen, 6 Févr. 1878; D. P., 78, 2, 189); il sera soumis au rapport fictif pour le calcul de la quotité disponible et, s'il l'excède, il devra être réduit. « Attendu, dit la Cour de Paris,
que la libéralité faite par le stipulant est soumise, quand il
laisse des héritiers réservataires, à la réduction au taux de
la quotité disponible; — En fait, attendu que la dame R., en
stipulant que les 50,000 francs, montant de l'assurance sous-
crite, seraient payés à son mari, a fait à R., personnellement
et à l'exclusion de ses autres héritiers, une libéralité sur laquelle il avait un droit acquis au jour du contrat; — Mais
attendu que la dame R. a laissé quatre enfants, et que, tout
en assurant l'exécution du contrat, il n'est pas possible de
l'autoriser à méconnaître les droits des héritiers réservataires et à disposer des sommes qui dépassent la quotité disponible... » (26 nov. 1878; D. P., 79, 2, 152.) Dans le même
sens : Besançon, 15 nov. 1869; D. P., 70, 2, 95. — Montpellier, 15 déc. 1873. — Cass. Req., 10 nov. 1874; D. P.,
75, 1, 248 — 21 juin 1876; D. P., 78, 1, 129. — Paris, 5 mars
1886.)

Une question plus délicate est celle de savoir si les art.

559 et 564 du Code de commerce sont applicables en matière d'assurance sur la vie. L'art. 564 s'exprime ainsi : « La femme dont le mari était commerçant à l'époque de la célébration du mariage, ou dont le mari, n'ayant alors d'autre profession déterminée, sera devenu commerçant dans l'année qui suivra cette célébration, ne pourra exercer dans la faillite aucune action à raison des avantages portés au contrat de mariage. » Une doctrine unanime et une jurisprudence constante étendent, par un argument *a fortiori*, cette disposition aux donations faites pendant le mariage. L'art. 559 est ainsi conçu : « Sous quelque régime qu'ait été formé le contrat de mariage, hors le cas prévu par l'article précédent, la présomption légale est que les biens acquis par la femme du failli appartiennent au mari, ont été payés de ses deniers et doivent être réunis à la masse de son actif, sauf à la femme à fournir la preuve contraire. » Ces deux textes prévoient deux hypothèses bien différentes, puisque l'art. 564 suppose une donation faite par le mari à sa femme, et que l'art. 559 suppose un contrat à titre onéreux passé entre la femme et un tiers ; il semble même que l'application de l'un exclut l'application de l'autre, le même acte ne pouvant pas constituer tout à la fois une donation et un contrat à titre onéreux. Deux systèmes généraux, nous le savons, sont en présence : celui de la jurisprudence, dont nous avons adopté les conclusions, et celui de M. Labbé. La jurisprudence, d'une manière à peu près unanime, décide que l'art. 564 est seul applicable à notre hypothèse. (Paris, 4 juin 1878. — Caen, 14 mars 1876 ; D. P. 1877, 2, 131. — Paris, 1ᵉʳ août 1879 ; *J. du P.*, 80, p. 967. — Cass., 2 mars 1881 ; S., 81, 1, 145.) Cette solution est logique, et je l'adopte sans hésiter. L'art. 564 décide en effet que les donations faites à la femme par le mari tombé en faillite doivent être réunies à la masse ; or, l'assurance sur la vie contractée par un mari au profit de sa femme constitue une donation qui a

pour objet le capital de l'assurance; donc ce capital doit être payé au syndic de la faillite. Quant à l'art. 559, il est évidemment étranger à notre espèce, car il serait contradictoire de supposer que la femme a pu acquérir à titre onéreux ce même capital qu'elle a, par hypothèse, reçu de son mari à titre de donation.

Si l'on admet au contraire le système de M. Labbé, il me paraît qu'il faut conclure à l'application de l'art. 559. On se rappelle, en effet, que dans ce système toute assurance contractée au profit d'un tiers renferme deux éléments : une gestion d'affaires et une donation. Le tiers devient créancier direct de l'assureur, mais il est donataire du montant des primes. Il semble donc que l'art. 559 devrait s'appliquer au capital de l'assurance et l'art. 564 à la somme des primes payées, et c'est en effet dans ce sens que la Cour de Paris, examinant le système de M. Labbé, l'a interprété. (Paris, 1er août 1879.) Cette conséquence, cependant logique, M. Labbé la repousse. Dans une note insérée au *Journal du Palais* sous l'arrêt précité, il s'efforce de démontrer que, même dans son système, l'application de l'art. 559 n'est pas en jeu. « La restitution à la masse des primes payées par le mari, dit-il, non seulement donne aux créanciers une complète satisfaction, mais encore leur procure presque toujours un émolument inattendu, car le mari, en acquittant les primes, se trouve avoir économisé au profit de ses créanciers des revenus qu'il aurait pu dépenser, consommer, sans s'exposer à aucune poursuite, à aucun reproche légal. — Assurément il serait injuste que la veuve conservât entier le bénéfice d'une assurance dont les primes ont été puisées dans la caisse du mari commerçant. Mais serait-il juste que les créanciers profitassent de ce que, dans cette opération aléatoire, les chances ont tourné contre la Compagnie d'assurances? Non. La prévoyance affectueuse du mari pour sa femme, étant légitime, ne doit pas être déçue, renversée.

Les créanciers ne sauraient prétendre à rien au delà de ce qui a été pris sur l'actif formant leur gage. » Et M. Labbé décide qu'il faudra déduire du capital de l'assurance une somme égale au montant des primes, et que cette somme seulement pourra être réclamée par le syndic. Cette solution est à coup sûr équitable, mais l'art. 559 est trop formel pour qu'elle soit juridique. Je conclurai donc que, soit qu'on adopte le système de la jurisprudence et qu'on applique l'art. 564, soit qu'on adopte le système de M. Labbé et qu'on applique l'art. 559, le capital tout entier de l'assurance devra être réuni à l'actif de la faillite. Cette conclusion rigoureuse, mais logiquement nécessaire, appelle une réforme législative.

Les diverses solutions que je viens de donner relativement à l'application des règles de fond de libéralités entre époux à l'assurance sur la vie contractée par l'un des conjoints au profit de l'autre, sont vraies, quel que soit le régime matrimonial adopté par contrat de mariage. La question d'ailleurs ne souffre difficulté que lorsque les époux ont choisi le régime de la communauté, et l'on peut se demander si, en vertu de l'art. 1401, le droit au capital de l'assurance, qui est un droit mobilier, ne tombe pas dans l'actif commun. La jurisprudence décide, et avec raison, que le droit au capital est propre à l'époux bénéficiaire (Cass. 28 mars 1877. — Montpellier, 15 mars 1886 ; *Gaz. du Pal.*, p. 697). L'époux stipulant en effet a voulu faire une libéralité à son conjoint ; or, pour que cette volonté de donner soit efficace, il faut nécessairement supposer qu'il a sous-entendu cette condition, autorisée par la loi, que l'objet de la donation, c'est-à-dire le capital de l'assurance, ne tomberait pas en communauté. Il en résulte, lorsque l'assurance a été contractée par le mari au profit de sa femme, que le droit au capital est indépendant du parti qu'elle peut prendre à la dissolution de la communauté ; ce droit au capital lui resterait ac-

quis même en cas de renonciation. « Attendu, dit la Cour
de Montpellier, qu'on ne saurait s'arrêter à l'objection prise
de ce que le bénéfice du contrat d'assurance sur la vie
tombe dans la communauté, et que la dame C. ayant répudié
ladite communauté se trouve sans droit ni titre pour profiter
de ce bénéfice ; qu'il résulte des clauses de la police saine-
ment interprétées, que le mari a eu l'intention de gratifier
sa femme de l'entière propriété du capital assuré, et que
cette propriété, acquise par elle à titre de libéralité, a formé
un propre qui n'est pas entré dans la communauté légale à
laquelle elle a renoncé... » On oppose à cette décision un
arrêt de la Cour de Caen du 6 décembre 1881 (*Journal du
Palais*, 1883, p. 212) ; mais l'espèce que la Cour de Caen avait
à juger explique et justifie sa solution. Il s'agissait, en effet,
d'une femme mariée qui, avec l'autorisation de son mari,
avait contracté directement avec une Compagnie d'assurances
et avait stipulé d'elle, moyennant le payement personnel de
primes annuelles, une somme qui devait lui être payée au
décès de son mari ; de plus il était prouvé en fait que le
mari avait acquitté les primes de ses deniers. La Cour de
Caen a vu dans cette opération un contrat à titre onéreux
entre la femme et la Compagnie d'assurances et une donation entre époux du montant des primes, et elle a décidé
avec raison, d'une part, que, les époux ne pouvant pas se
créer des propres à eux-mêmes, le droit au capital de l'assurance était tombé dans l'actif commun, et, d'autre part,
que le payement par le mari des primes annuelles constituait une donation déguisée qui devait être annulée. Mais
cette espèce, où l'application de l'art. 1121 n'est pas en jeu,
est tout à fait étrangère à notre Étude.

Le capital de l'assurance est donc propre à l'époux bénéficiaire, et ce principe reste vrai alors même qu'il est prouvé
que les primes ont été payées des deniers communs. Chacun des époux peut en effet créer un propre à son conjoint

avec des biens de la communauté ; cette solution est impli- citement contenue dans l'art. 1422 qui donne au mari le droit de disposer du mobilier commun « à titre gratuit et particulier au profit de toutes personnes » et dans l'art. 1480, qui consacre ce même droit pour la femme autorisée. La seule question délicate est celle de savoir si l'époux bénéfi- ciaire doit récompense à la communauté de montant des primes. Un arrêt de la Cour de Nancy a admis l'affirmative. « Attendu, dit-il, que dans ses conclusions la dame B... re- connaît elle-même avoir reçu et accepté de son mari, sous une condition qui, s'étant réalisée, a rétroagi au jour du contrat, la créance résultant de la souscription de l'assu- rance ; qu'elle reconnaît également tenir de lui cette créance à titre gratuit, c'est-à-dire en qualité de propre. — Mais at- tendu que le propre ainsi constitué à son profit n'a pu sub- sister en tout ou en partie que grâce aux versements suc- cessifs des primes, puisés dans la caisse commune, et que, suivant les dispositions de l'art. 1437, la communauté est créancière des sommes déboursées pour le recouvrement, la conservation ou l'amélioration des biens personnels à l'un des conjoints. — Attendu, dès lors, que l'appelante est tenue en principe de fournir la récompense demandée, à moins que son mari n'ait expressément ou implicitement voulu l'exonérer de cette charge. » (31 janv., 1882, *Journal du Palais*, 83. p. 215.) Cette théorie qu'avaient déjà adoptée plusieurs tribunaux de première instance (Tribunal de Char- leroi, 9 mai 1874. — Tribunal de Meaux, 9 mai 1877. — Tri- bunal de Clermont, 16 mai 1879), me paraît insoutenable. Le mari en effet pouvait, en vertu de l'art. 1422, disposer du mobilier commun à titre gratuit et particulier ; la femme autorisée le pouvait aussi ; l'un d'eux, nous le supposons, a usé de son droit et il a fait une donation à l'autre : or, l'idée de libéralité est exclusive de l'idée de récompense. Il est faux de dire que le payement des primes a servi à améliorer, conserver ou recouvrer un propre : tout au contraire le payement des primes l'a constitué. L'opération qui a enrichi le conjoint donataire ne peut pas en effet être divisée, le payement des primes est un élément constitutif de la libéralité, puisqu'il est en quelque sorte le prix du capital ; l'art. 1437 cesse de s'appliquer lorsque les deniers communs ont précisément servi à réaliser une donation. La Cour de Douai, le 31 janv. 1876 (*Journal du Palais*, 77. p. 207) et la Cour de cassation, le 28 mars 1877 (*Journal du Palais*, 77, p. 1057), se sont implicitement prononcées dans ce sens. La Cour de Paris est venue tout dernièrement confirmer cette théorie en décidant que le conjoint bénéficiaire « ne doit aucune récompense à la communauté, l'idée de donation étant exclusive de celle de récompense à effectuer par le donataire. » (Paris, 5 mars 1886.)

B. *De l'assurance sur la vie contractée par les deux époux conjointement.*

Deux époux mariés sous le régime de la communauté contractent conjointement une assurance sur la vie au profit du survivant d'entre eux ; les primes sont payées annuellement avec les deniers communs : l'époux survivant a-t-il un droit exclusif au capital de l'assurance? Nous avons examiné la même question à propos de la rente viagère acquise par deux époux communs et stipulée réversible au profit du survivant; nous avons étudié successivement les trois systèmes que les auteurs avaient présentés. Ces trois systèmes ont été proposés en matière d'assurance sur la vie, et, fait assez curieux, ils ont été tour à tour adoptés par le Tribunal de première instance, la Cour d'appel et la Cour de cassation, dans un procès célèbre sur lequel la Cour suprême a statué le 28 mars 1877. Voici les faits de la cause : les époux Théodat, mariés sous le régime de la communauté

réduite aux acquêts, avaient contracté, le 12 mai 1871, avec
la Compagnie *le Monde* une assurance sur la vie au capital de
20,000 francs, payables au survivant d'entre eux, moyennant
le versement d'une prime annuelle de 990 francs. Le mari
fut déclaré en faillite le 26 février 1875, et il mourut quelques
jours après. La veuve, après avoir renoncé à une communauté évidemment désavantageuse, exigea que le capital de
l'assurance lui fût payé ; mais le syndic de la faillite émit
une prétention contraire, et il assigna la Compagnie *le Monde*
et la veuve Théodat devant le Tribunal de Cambrai, afin de
faire décider que la créance du capital était un bien de
communauté auquel la veuve renonçante ne pouvait plus
prétendre. Le Tribunal de Cambrai accueille cette demande
par un jugement en date du 26 août 1875, et décide que le
contrat d'assurance constitue, dans l'espèce, un acte à titre
onéreux. « Attendu que les époux Théodat étaient mariés
sous le régime de la communauté et que sous ce régime il
est de principe que tout ce qui est acquis à titre onéreux,
soit par les époux en commun, soit par l'un d'eux séparement,
appartient à la communauté ; — Qu'il y a bien quelques
exceptions, notamment en cas de remploi, mais que, dans
l'espèce, aucune des conditions du remploi n'existe, puisqu'il
s'agit d'un capital mobilier dont le prix a été payé avec les
fonds de la communauté ; — Que, de plus, les époux Théodat
ne pouvaient mettre le profit de l'acte de 1871 en dehors de
leur communauté, c'est-à-dire créer une créance propre au
survivant, puisqu'il leur était formellement défendu par
l'art. 1395 de modifier, pendant le mariage, les résultats de
leurs conventions matrimoniales. » Le Tribunal ajoute que
« alors même que, par impossible, il serait jugé que l'acte
de 1871 a créé une créance propre à la femme, cette dernière,
aux termes de l'art. 1437, devrait récompense à la communauté de toutes les primes versées ». Sur l'appel interjeté
par la veuve Théodat, la Cour de Douai infirme le jugement

du Tribunal de Cambrai, et elle admet le droit exclusif de la femme survivante. Il est difficile de dégager une théorie bien nette des motifs un peu obscurs de l'arrêt. La Cour semble néanmoins adopter le système soutenu par M. Pont à propos de la rente viagère stipulée réversible. « Attendu, dit-elle, que le contrat d'assurance sus-énoncé ne peut être considéré comme renfermant une donation mutuelle et réciproque entre les époux, prohibée par l'art. 1097, ce contrat étant à titre onéreux, puisque chacun des époux consent à perdre sa part, en cas de prédécès, pour gagner, en cas de survie, le montant intégral de l'assurance ; — Attendu que l'attribution de ce capital à la femme survivante n'est pas assujettie à la condition qu'elle acceptera la communauté ; que les termes du contrat ne le disent point et que, par son objet tout de prévoyance, ce contrat veut indistinctement être exécuté vis-à-vis de la femme, soit qu'elle accepte la communauté, soit qu'elle y renonce..... » La Cour reconnaît ensuite que ce contrat à titre onéreux s'est transformé en une libéralité par la renonciation de la veuve. « Attendu, ajoute-t-elle en effet, que, par le fait de sa renonciation à la communauté ayant existé entre elle et son mari, la femme Théodat est devenue absolument étrangère à cette communauté, dont les biens sont censés avoir toujours été la propriété particulière et exclusive de son mari ; — Attendu que ce dernier, en assurant sur la tête du survivant des époux, et sous la seule condition de survie, un capital de 20,000 francs, a nécessairement voulu que sa femme survivante recueillît ce capital à titre de libéralité, dans le cas où elle répudierait la communauté..... »

Le syndic de la faillite se pourvut en cassation contre cet arrêt pour violation des art. 1395 et 1401 Civ. ; la Cour suprême rejeta le pourvoi et confirma la décision attaquée, mais pour des motifs différents ; elle reconnaît, en effet, que l'acte litigieux constitue une libéralité et non un contrat à

titre onéreux entre époux, soit que la femme survivante
accepte la communauté, soit qu'elle la répudie. « Attendu,
dit-elle, que la compagnie *le Monde* s'est obligée envers les
époux Théodat, mariés sous le régime de la communauté
réduite aux acquêts et stipulant conjointement, à payer, lors
du décès du prémourant desdits époux, une somme de
20,000 francs à l'époux survivant ; que de l'alternative prévue
par ce contrat est résulté, pour chacun des époux, un droit
éventuel à la somme assurée, soumis en même temps à la
condition suspensive de sa propre survie, et à la condition
résolutoire du prédécès de son conjoint ; que, la branche de
l'alternative favorable à la dame Théodat s'étant réalisée
par le prédécès de son mari, le droit éventuel de ce dernier
a été résolu, et celui de la femme survivante a été au contraire rendu définitif par l'accomplissement de la condition
suspensive à laquelle il a été soumis ; — Attendu que, par
suite, les droits de la veuve doivent être réglés comme si
l'assurance avait été contractée par Théodat seul sur sa
propre vie et au profit de sa femme survivante ; — Attendu
qu'il ne peut être contesté que Théodat avait la libre faculté
de prendre des engagements personnels pour créer au profit de sa femme le droit au capital qui fait l'objet du litige ;
que cette stipulation par lui faite comme condition d'une
stipulation qu'il faisait pour lui-même au cas où il aurait été
appelé à recueillir le bénéfice de l'assurance était autorisée
par l'art. 1121..... » J'adopte la solution de la Cour suprême,
mais les principes sur lesquels elle l'a assise ne me paraissent vrais qu'en partie. — La Cour décide en effet ; 1° qu'il y a
donation ; 2° que cette donation n'est pas réciproque ; or je
reconnais avec elle qu'il y a donation, mais il m'est impossible d'admettre que cette donation ne soit pas réciproque.
Et d'abord quelle est, d'une manière exacte, l'objet de la libéralité ? L'hypothèse que la Cour avait à juger est complexe.
Deux contrats y sont renfermés : l'un, qui est intervenu entre

la Compagnie d'assurances et les deux époux stipulant conjointement ; l'autre, qui est intervenu entre le mari d'une part et la femme d'autre part ; or chacun de ces contrats produit les effets qui lui sont propres et qu'il faut, en les distinguant soigneusement, s'efforcer de concilier. Le premier est évidemment à titre onéreux, puisqu'il suppose deux prestations réciproques ; son objet, c'est-à-dire le droit au capital de l'assurance, est, par suite, tombé dans l'actif de la communauté, en vertu de l'art. 1401 ; il devrait donc, à la dissolution de la communauté, être soumis aux règles édictées par le Code civil dans la section IV (titre V, livre III). Le second contrat, intervenu entre le mari et la femme, vient précisément empêcher que ce résultat se produise. Les deux époux ont voulu en effet que le survivant d'entre eux recueille, dans tous les cas, le bénéfice tout entier de l'assurance ; cette volonté sage et morale doit être exécutée, pourvu que les règles spéciales du régime de la communauté ne s'y opposent pas ; or ces règles ne sont pas violées, si l'on décide que chacun des époux donne à l'autre, sous condition de survie, la part du capital de l'assurance à laquelle il a droit en tant qu'époux commun : cette part ne pourra être déterminée qu'à la dissolution de la communauté, elle variera suivant le parti que prendront la femme survivante ou ses héritiers. Cette solution, que nous avons déjà admise en matière de rente viagère, est juridique, car elle respecte les principes du régime de la communauté qui exigent que tout bien mobilier acquis par les époux pendant le mariage tombe dans l'actif commun ; de plus elle est équitable, car elle est conforme à l'intention des époux qui veulent que le survivant d'entre eux profite seul du bénéfice de l'assurance.

Le contrat qui intervient entre les deux époux est donc une donation. Cette donation est-elle réciproque ? La Cour de cassation décide que non, par ce motif qu'il est impossible que les deux libéralités soient ensemble exécutées :

14

« Les droits de la femme, dit-elle, doivent être réglés comme
si l'assurance avait été contractée par le mari seul sur sa
propre vie et au profit de sa femme survivante. » Mais il me
paraît que, pour décider si un acte renferme ou ne renferme
pas une donation réciproque, il faut se reporter au moment
où il est consenti, et non pas au moment où il est exécuté.
Or il ne peut pas être dénié que lorsque la convention s'est
formée, lorsque le contrat d'assurance est intervenu entre la
Compagnie et les époux, ceux-ci aient eu l'un à l'égard de
l'autre une intention de libéralité. La Cour Suprême, en
jugeant comme elle a jugé, a voulu écarter la difficulté
relative à l'application de l'art. 1097 Civ. ; mais nous avons
déjà vu que ce texte édictait une règle de forme, et non pas
une règle de fond : l'avis du Conseil d'Etat est formel, et il
reconnaît que l'art. 1097 est inapplicable aux assurances
sur la vie aussi bien qu'aux rentes viagères.

CHAPITRE IV

§ 1. — *Généralités*

Il est facile de comprendre que l'application naturelle
des principes qui régissent les conventions matrimoniales
peut quelquefois entraîner une diminution dans le patrimoine de l'un des époux et une augmentation correspondante
dans le patrimoine de l'autre. Pour que ce résultat se produise, on n'a qu'à supposer soit que les revenus respectifs
des époux sont inégaux, ce qui peut arriver sous tous les
régimes, soit que les conjoints, s'ils ont adopté le régime de
la communauté légale ou celui de la communauté conventionnelle, n'ont pas respectivement fait tomber dans la communauté une égale quantité de valeurs et de dettes. D'autre
part, il est possible que l'époux qui s'appauvrit ait agi en
pleine connaissance de cause et dans le but de gratifier son
conjoint ; il est possible aussi que l'espoir d'un enrichissement probable ait été pour ce dernier la cause déterminante
de son consentement au mariage. Il semble donc que nous
nous trouvions en présence d'une donation indirecte, et que
nous devions lui appliquer les règles de fond des libéralités
entre vifs. La loi ne l'a pas ainsi pensé, et elle a décidé que
les conventions matrimoniales seraient pour le tout considérées comme des conventions à titre onéreux. A ses yeux,

l'inégalité des revenus respectifs des époux ne peut donner naissance à aucun avantage, puisqu'ils sont déstinés à être absorbés par les charges du ménage ; quant aux avantages que peut entraîner l'adoption de la communauté légale ou de la communauté conventionnelle, la loi les considère comme trop incertains pour les soumettre aux règles des donations. « Elle a autant que possible, dit M. Colmet de Santerre, égalisé les situations, balancé les éventualités, et par conséquent elle n'entend pas soumettre une pareille convention aux règles qui concernent les libéralités. Elle tient compte en effet de l'imprévu ; il est possible que l'époux qui n'avait pas d'immeubles en recueille plus tard par successions ou donations, qu'il se livre à une profession lucrative ; à l'inverse, celui qui devait enrichir la communauté par son travail peut être réduit, par la maladie, à n'être plus qu'une charge pour cette communauté. Toutes ces éventualités ont dû être prises en considération par les contractants ; elles ôtent au contrat le caractère de libéralité. On peut faire les mêmes réflexions à propos de mariage en communauté entre deux personnes dont l'une est propriétaire d'un mobilier considérable et l'autre n'a peut-être que des dettes. En thèse ordinaire, tout cela est encore compensé, et peut-être l'époux qui a un passif et pas d'actif doit-il, par son travail, enrichir la communauté. Aussi les règles sur la quotité disponible et sur la réduction ne sont-elles pas ordinairement applicables en pareil cas. »

Mais le législateur avait un intérêt sacré à sauvegarder, celui des enfants issus d'un premier mariage, que l'influence du second époux pouvait trop facilement menacer. Nous retrouvons, dans les art. 1496 et 1527 Civ., l'idée qui a inspiré les Constitutions *Hac edictali et Fæminæ quæ*, l'Édit des Secondes Noces et l'art. 1098 du Code civil. La loi distingue entre les avantages qui peuvent résulter de l'inégalité des revenus et les avantages qui peuvent résulter de l'inégalité des apports : les premiers ne sont dans aucun cas considérés comme des libéralités ; les seconds sont présumés, à l'égard des enfants du premier lit, acquis à titre gratuit, et c'est là une présomption absolue contre laquelle la preuve contraire n'est point admise. L'art. 1496 est ainsi conçu, dans sa disposition finale : « Si toutefois la confusion du mobilier et des dettes opérait, au profit de l'un des époux, un avantage supérieur à celui qui est autorisé par l'art. 1098, les enfants du premier lit de l'autre époux auront l'action en retranchement. » L'art. 1527 applique la même régle à la communauté conventionnelle : « Néanmoins, dans le cas où il y aurait des enfants d'un précédent mariage, toute convention qui tendrait dans ses effets à donner à l'un des époux au delà de la portion réglée par l'art. 1098, sera sans effet pour tout l'excédant de cette portion. » De ces deux textes ressortent clairement les propositions suivantes, qu'il est important de retenir : 1° l'action en retranchement que la loi accorde aux enfants du premier lit a pour effet de restreindre l'avantage qui résulte des conventions matrimoniales aux limites fixées par l'art. 1098 ; cette action, par conséquent, n'est autre que l'action en réduction ordinaire ; il en résulte que son exercice n'est possible qu'à la mort du conjoint donateur ; 2° pour apprécier s'il y a avantage indirect, il n'est pas nécessaire de rechercher quelle intention a présidé à la rédaction du contrat de mariage, il faut uniquement s'attacher aux effets produits par les conventions matrimoniales. L'action en retranchement devrait être admise quand bien même il serait prouvé que l'époux binube, en consentant la clause qui l'a appauvri au profit de son conjoint, n'était animé d'aucune intention libérale ; les expressions de l'art. 1527 « toute convention qui tendrait dans ses effets » sont formelles à cet égard ; 3° pour apprécier s'il y a avantage indirect, il faut considérer les conventions matrimoniales dans leur ensemble, opérer une sorte de compensation entre les clauses avantageuses et les clauses désavantageuses : l'action en retranchement ne doit être admise que s'il résulte de cette balance ainsi établie un avantage supérieur à la quotité disponible de l'art. 1098.

Ces principes posés, nous avons à résoudre les deux questions suivantes : *a*. Dans quels cas y a-t-il lieu à retranchement? *b*. A qui appartient l'action en retranchement?

§ 2. — *Dans quels cas y a-t-il lieu à retranchement ?*

A. *Communauté légale.* — Il y a avantage indirect, avons-nous dit, toutes les fois que les époux n'ont pas fait respectivement tomber dans la communauté, soit au moment de sa formation, soit pendant sa durée, une égale quantité de valeurs et de dettes. C'est cette proposition qu'il s'agit de démontrer. Et d'abord, plaçons-nous au moment où la communauté prend connaissance. — Deux époux se marient sans contrat : la fortune du mari est purement immobilière, il est propriétaire d'un immeuble dont la valeur est de 50,000 fr. ; la femme, au contraire, a une fortune mobilière qui s'élève à 50,000 francs, mais elle ne possède aucun immeuble. Que va-t-il arriver? La fortune de la femme tombera dans l'actif commun, tandis que l'immeuble restera propre au mari ; à la dissolution de la communauté, le partage de l'actif commun devant s'effectuer par moitié, le mari ou ses héritiers recevront une somme de 25,000 francs. Cette somme constituera un avantage réductible au profit des enfants issus du premier mariage de la femme; si nous supposons que la femme soit morte *intestat* et qu'elle ait eu deux enfants de son premier lit, le mari ou ses héritiers devront leur restituer une somme de 12,500 francs. Veut-on une hypothèse plus complexe? Un veuf se remarie, il apporte un mobilier dont la valeur est de 20,000 francs, il n'a pas de dettes; sa femme apporte 10,000 francs d'actif, mais elle a 4,000 francs dettes.

Le patrimoine commun est par suite ainsi composé : l'actif s'élève à 30,000 francs et le passif à 4,000 francs ; à la dissolution de la communauté, le partage s'effectuant par moitié, le veuf, qui a apporté 20,000 francs, n'en recevra que 13,000, et son conjoint, qui n'a apporté que 6,000 francs, en recevra 13,000. — Le premier se trouve ainsi appauvri de 7,000 francs, alors que le second se trouve enrichi de la même somme ; c'est cet avantage indirect, égal à 7,000, qui devra être réduit à une part d'enfant le moins prenant. — Je n'insiste pas davantage sur ces diverses hypothèses qui n'offrent, d'ailleurs, aucune difficulté, et j'arrive immédiatement à la question, plus délicate, de savoir si l'art. 1496 est applicable aux successions et aux donations mobilières échues aux époux pendant la durée de la communauté. Dans notre ancien droit, Lebrun, Pothier et la plupart des auteurs enseignaient la négative.

« Il y a, dit Pothier, au n° 553 de son *Traité du contrat de mariage*, une grande différence entre le défaut de réserve des successions mobilières et le défaut de réserve de ce que la femme avait lors de son mariage de plus en mobilier que le second mari : ce qu'elle avait alors de plus en mobilier que son second mari, était quelque chose de certain et de déterminé, dont, par le défaut de réserve propre, elle se dépouillait pour le mettre en communauté ; elle en avantage son second mari, puisqu'il acquiert à titre lucratif au moins une partie dans cet excédant de mobilier, sans avoir de sa part rien conféré à la place. Il n'en est pas de même du défaut de réserve des successions : ce que la femme a manqué de se réserver, en ne stipulant pas par le contrat de son second mariage que les successions seraient propres, n'était pas, comme dans l'espèce précédente, quelque chose qu'elle eût alors, et dont elle se soit dépouillée pour en avantager son second mari : ce n'était rien de certain, cela ne consistait qu'en des espérances incertaines ; il était incertain alors si elle aurait des successions mobilières pendant son mariage, et si elle

en aurait plus que son mari, qui en pouvait avoir aussi ; elle
ne doit donc pas être censée avoir, par le défaut de réserve
des successions, voulu faire un avantage à son second mari,
mais plutôt avoir laissé aller le cours naturel de la loi de la
communauté conjugale, suivant laquelle tout le mobilier qui
advient à chacun des conjoints pendant que cette communauté dure y tombe. » Pothier rapporte, à l'appui de sa
thèse, un arrêt du 25 juin 1703, sur un appel du Bailliage de
Sens, qui repousse l'action des enfants du premier lit, et il
ajoute que son système reste vrai « même dans le cas auquel
le second mari n'aurait de sa part aucunes successions à
espérer, puta, s'il était bâtard. »

Ces arguments sont loin d'être probants ; ils n'étaient pas
universellement admis dans notre ancienne jurisprudence,
et Lebrun, qui cependant les adopte, nous apprend que la
Coutume d'Etampes tenait pour vraie la doctrine contraire ;
en tout cas, depuis la promulgation du Code civil, ils sont
inacceptables. L'art. 1496 est en effet formel ; il ne distingue
pas et il donne l'action en retranchement aux enfants du
premier lit toutes les fois que la confusion du mobilier et
des dettes entraîne, au profit de l'un des époux, un avantage
supérieur à la quotité disponible de l'art. 1098. L'intention
est ici indifférente ; nous savons que, lorsqu'il s'agit d'appliquer les art. 1496 et 1527, il faut s'attacher uniquement aux
effets produits par la convention matrimoniale. Le système
de Pothier et de Lebrun, que Toullier avait essayé de rajeu-
nir, est aujourd'hui définitivement écarté.

La réduction ne s'applique pas aux bénéfices résultant des
économies réalisées par les époux ou des travaux qu'ils ont
faits en commun pendant la durée de la communauté. Ces
bénéfices, quoique inégaux, ne sont pas considérés comme
des avantages indirects ; la disposition finale de l'art. 1527
est formelle : « mais les simples bénéfices résultant des travaux communs et des économies faites sur les revenus

respectifs, quoique inégaux, des deux époux, ne sont pas considérés comme un avantage fait au préjudice des enfants du premier lit. » La raison de cette exception est facile à comprendre : toute société pécuniaire est constituée en vue de réaliser des bénéfices, et le législateur a pensé que, en enlevant aux époux l'espoir légitime de prendre respectivement leur part des bénéfices réalisés, il portait atteinte à l'essence même de la communauté conjugale. « Qu'importe, dit très bien M. Troplong, l'inégalité dans l'acquisition de ces bénéfices ? En pareille matière, il est difficile d'arriver à une balance exacte et rigoureuse. Le mari a travaillé beaucoup, par exemple ; mais la femme ne l'a-t-elle pas secondé dans les soins du ménage, dans l'éducation des enfants, dans l'économie de la maison ? Chacun a eu son mérite, chacun a eu sa part d'efforts : il s'opère une compensation équitable. » (*Contrat de mariage.* n° 2215.)

B. *Communauté conventionnelle.* — La communauté réduite aux acquêts est régie par les art. 1498 et 1499 Civ... Elle a pour objet d'exclure de la communauté, au point de vue actif, tous les biens mobiliers que les époux possédaient au jour du mariage et tous ceux qui peuvent leur échoir, pendant sa durée, par voie de succession ou de donation ; au point de vue passif, les dettes antérieures au mariage et les dettes qui grèvent les successions mobilières échues depuis sa célébration. Elle se compose donc : activement, de la jouissance des propres, de la propriété des acquêts mobiliers et immobiliers; passivement, des charges des propres, des dettes contractées pendant le mariage soit par le mari, soit par la femme autorisée. Il est facile de comprendre que les acquêts de communauté, mobiliers ou immobiliers, proviennent nécessairement soit de l'industrie commune des époux, soit des économies qu'ils ont faites sur leurs revenus ; il en résulte que, dans notre hypothèse, le dernier alinéa de l'art. 1527 est

seul applicable et que l'action en retranchement doit normalement être refusée aux enfants du premier lit. Mais que
faut-il penser de la clause qui attribuerait à l'un des époux
soit la communauté d'acquêts tout entière, soit une part
supérieure à la moitié ? La jurisprudence a été plusieurs fois
appelée à statuer sur la question ; invariablement elle s'est
prononcée pour la recevabilité de l'action en retranchement.
(Cass., 24 mai 1808; J. G., *Contr. de mar.*, n. 3019 — 13 juin
1855 ; S., 55, 1, 514 — 13 avril 1858 ; S., 58, 1, 426.) On a
objecté à cette solution que le dernier alinéa de l'art. 1527
ne distinguait pas et décidait en termes généraux que les
bénéfices résultant des travaux communs ou des économies
faites sur les revenus respectifs, quoique inégaux, des deux
époux, ne devaient en aucun cas être considérés comme des
avantages indirects ; mais il est facile de répondre que cette
disposition statue sur le *plerumque fit* et fait uniquement
allusion à l'hypothèse normale du partage par moitié. « Considérant, dit l'arrêt du 24 mai 1808, que les dernières expressions de l'art. 1527 ne peuvent avoir évidemment pour objet
que d'autoriser le partage égal des bénéfices de communau-
tés, dans lesquelles des mises inégales ont eu lieu sans que
ce partage égal puisse être réputé avantage au profit de celui
des époux dont la mise a été moindre que celle de l'autre
époux ; mais qu'on ne peut étendre l'effet de cette disposition à une stipulation qui appellerait l'époux survivant à
recueillir la totalité de ces bénéfices... »

Un avantage indirect peut résulter d'une clause d'ameu-
blissement. Il faut supposer que les deux époux, après avoir
fait entrer dans la communauté une égale quantité de dettes
et de biens mobiliers, ont respectivemeut ameubli une
partie de leurs immeubles, mais que la valeur des immeubles
ameublis par l'un deux est sensiblement inférieure à la valeur des immeubles ameublis par l'autre conjoint. Si ce dernier a des enfants issus d'un premier mariage ,et si l'excé-

dant de valeur des immeubles qu'il a ameublis dépasse la quotité disponible de l'art. 1098, l'action en retranchement sera recevable. Un même raisonnement nous conduira à décider qu'un avantage indirect peut résulter de la clause qui établit entre les époux la communauté à titre universel. L'action en retranchement sera recevable, lorsque les apports, tant immobiliers que mobiliers, respectivement effectués par les époux auront été inégaux et que l'égalité n'aura pas été rétablie par les successions ou les donations échues pendant le mariage. — La clause qui assigne à chacun des conjoints une part inégale dans la communauté peut aussi contenir un avantage indirect; mais il faut supposer, ou bien que les apports ont été égaux, ou bien, s'ils ont été inégaux, que leur inégalité n'est pas exactement correspondante à l'inégalité des parts attribuées par la convention matrimoniale. — Quant au forfait de communauté, qui est la convention par laquelle il est entendu que l'un des époux conservera la totalité de la communauté sous la condition de payer une certaine somme à son conjoint, il renfermera un avantage indirect sujet à réduction toutes les fois que la somme convenue sera supérieure ou inférieure à la valeur réelle de la communauté. — Il est encore permis aux époux de stipuler par contrat de mariage que la communauté tout entière sera attribuée à l'un d'eux; cette stipulation, que l'art. 1525, à raison même du caractère aléatoire dont elle est revêtue, met au nombre des conventions à titre onéreux, n'est considérée comme une libéralité qu'à l'égard des enfants du premier lit. — Enfin il est permis aux époux de convenir dans leur contrat de mariage que le survivant d'entre eux prélèvera sur la masse commune, et avant tout partage, soit une certaine somme, soit un certain bien mobilier; c'est la clause de préciput. (Art. 1516-1519.) Le préciput conventionnel constitue-t-il une donation soumise à toutes les règles de fond des donations entre époux par contrat de mariage ? Ou bien au contraire constitue-t-il une convention matrimoniale à titre onéreux, susceptible de se transformer en donation à l'égard seulement des enfants du premier lit? La question est encore aujourd'hui vivement discutée. Toute la difficulté gît dans l'explication du texte obscur et contradictoire au premier abord de l'art. 1516, qui est ainsi conçu : « Le préciput n'est point regardé comme un avantage sujet aux formalités des donations, mais comme une convention de mariage. » Certains auteurs, interprétant littéralement la première partie de l'art. 1516, décident, par un argument *a contrario* qui peut paraître concluant, que le préciput est soumis aux règles de fond des donations entre vifs, et ils appuient leur opinion sur la disposition de l'art. 1518 qui réserve à l'époux seul qui a obtenu le divorce ou la séparation de corps, ses droits au préciput en cas de survie; d'autres auteurs, et en plus grand nombre, considèrent la première partie de l'art. 1516 comme non avenue ou tout au moins comme mal rédigée, et enseignent que le préciput est une convention matrimoniale à titre onéreux, à laquelle l'art. 1527 seul est applicable. Et tout d'abord il est un point certain, c'est que cette dernière interprétation était celle de notre ancien droit. Nos anciens auteurs ne considéraient le préciput comme une donation qu'à l'égard des enfants issus d'un premier mariage. « Quoique la convention de préciput, dit Pothier, au n° 442 de son *Traité de la communauté*, quelles que soient les choses et les sommes dans lesquelles on la fait consister, renferme un avantage que celui des conjoints qui doit prédécéder fait au survivant, et qu'il soit regardé comme tel, tant par rapport au premier qu'au second chef de l'Edit des Secondes Noces ; néanmoins elle est regardée plutôt comme convention de mariage que comme donation, et, en conséquence, elle n'est pas sujette à la formalité de l'insinuation. » Les rédacteurs du Code ont-ils voulu rompre avec cette tradition de notre vieille jurisprudence? Cela est peu croyable, alors surtout que Pothier a été dans cette matière leur inspirateur et leur guide, alors surtout que cette tradition est conforme au système général du Code civil qui voit dans toutes les conventions modificatives de la communauté légale, non pas des libéralités, mais des contrats à titre onéreux. Il est plus probable que les législateurs de 1804 ont voulu reproduire, en les résumant, les termes mêmes dont Pothier s'était servi, et qu'ils les ont trop fidèlement reproduits. De ce que le préciput est une convention à titre onéreux, Pothier tire cette conséquence, qu'il n'est pas soumis à la formalité de l'insinuation ; les rédacteurs du Code n'ont point remarqué que, l'insinuation ayant disparu de nos lois, cette mention était désormais inutile.

Dans le système contraire, la première partie de l'art. 1516 n'a aucun sens. Quelles peuvent être en effet ces formalités auxquelles le législateur aurait fait allusion? Les formalités ordinaires en matière de donation sont, on le sait : l'authenticité de l'acte de donation, l'authenticité de l'acte d'acceptation, la transcription, s'il s'agit d'une donation immobilière, l'état estimatif, s'il s'agit d'une donation mobilière. Le législateur n'a évidemment pas voulu faire allusion à l'authenticité de l'acte de donation, puisque le préciput est nécessairement contenu dans un contrat de mariage qui doit toujours revêtir la forme notariée ; il n'a pas pu songer à l'authenticité de l'acte d'acceptation, puisque l'art. 1087 dispense de l'acceptation solennelle toutes les donations par contrat de mariage. Quant à la transcription et à l'état estimatif, ce sont deux formalités étrangères à notre matière, puisque, d'une part, le préciput est dans tous les cas inopposable aux tiers (art. 1519) et que, d'autre part, la donation ne porterait que sur des biens à venir. La première partie de l'art. 1516 est donc sans intérêt dans ce système ; pour

lui donner un sens, il faut recourir à l'explication histo-
rique que j'ai rappelée plus haut.

Les partisans du système que j'ai admis puisent quelquefois un argument *a fortiori* dans l'art. 1525. L'art. 1525, disent-
ils, permet aux époux de stipuler que la communauté tout entière sera attribuée au survivant d'entre eux, et il ajoute que
cette stipulation constitue, non pas une libéralité, mais une
convention à titre onéreux ; or la convention de préciput est
une stipulation moins avantageuse, puisqu'elle a pour effet
d'attribuer au survivant des époux une partie seulement de
la communauté. Cet argument me séduit peu, et je le laisse
de côté ; il me paraît, en effet, qu'on a victorieusement répondu que les deux hypothèses n'étaient pas analogues ;
l'art. 1525, en autorisant l'attribution à l'un des conjoints
de la communauté tout entière, réserve aux héritiers de
l'autre le droit de « faire la reprise des apports et capitaux
tombés dans la communauté du chef de leur auteur » ; le préciput au contraire se prend sur la communauté tout entière,
y compris les apports effectués par l'époux non préciputaire.

M. Troplong a enseigné sur la question qui nous occupe
un système mixte. D'après ce savant auteur, le préciput doit
être considéré comme une convention à titre onéreux lorsqu'il est recueilli par le mari ou par la femme qui accepte
la communauté, mais il doit être considéré comme une véritable donation lorsque, en vertu d'une clause expresse du
contrat de mariage autorisée par l'art. 1515, il est recueilli
par la femme renonçante. Cette distinction n'est pas juridique : il me paraît inexplicable en effet qu'un événement
fortuit transforme en libéralité un contrat à titre onéreux ;
ce qui constitue la donation, c'est *l'animus donandi;* cet *animus donandi* qui, par hypothèse, n'existait pas au moment du
contrat, la seule renonciation de la femme ne peut pas le
créer.

§ 3. — *A qui appartient l'action en retranchement.*

L'action en retranchement organisée par les art. 1496 et 1527 est, nous l'avons vu, une action en réduction qui a pour objet de faire réduire à la quotité disponible fixée par l'art. 1098 les avantages indirects résultant des conventions matrimoniales qui l'excédent; elle appartient, en conséquence, à ceux-là seuls que l'art. 1098 a pour but de protéger, c'est-à-dire aux enfants du premier lit héritiers réservataires. Cette vérité, que tous les auteurs modernes s'accordent à proclamer, a été quelquefois méconnue en jurisprudence. Un arrêt de la Cour de Bordeaux, du 3 juillet 1824, décide que l'époux donateur lui-même peut demander la réduction des avantages indirects résultant des conventions matrimoniales. L'espèce était bien simple : il s'agissait de deux époux qui avaient stipulé dans leur contrat de mariage une communauté à titre universel : les apports du mari s'élevaient à la somme de 700,000 fr., ceux de la femme atteignaient la somme de 900.000 fr. ; il faut ajouter que la femme avait une fille issue d'un premier mariage. Les affaires du mari n'ayant pas prospéré, celle-ci demanda la séparation de biens, qu'elle obtint sans difficulté ; elle intenta ensuite une action en réduction fondée sur l'art. 1527. Un arrêt du Conseil supérieur de la Guadeloupe, du 16 juillet 1816, repoussa cette prétention ; mais la Cour de cassation ayant cassé cet arrêt pour vice de forme, la Cour de Bordeaux, devant qui les parties avaient été renvoyées, déclara recevable l'action en réduction pour les motifs suivants : « Considérant que l'art. 1098 du Code civil est conçu dans des termes si exprès pour la cause qu'ils y sont décisifs; — Considérant que l'art. 1527 porte que, dans le cas où il y aurait des enfants d'un précédent mariage, toute convention qui tendrait dans ses effets à donner au delà de la portion réglée par l'art. 1098 sera sans effet pour tout l'excédant de cette portion; — Considérant que la dame H., en mobilisant

ses biens de quelque nature qu'ils fussent, et mettant toute
sa fortune à la disposition de son dernier époux, a fait une
convention qui tendrait dans ses effets à lui donner au delà
du quart réglé par l'art. 1098, et que cette convention doit
rester sans effet, aux termes de l'art. 1257, pour tout l'excédant de la portion réglée par l'art. 1098; — Considérant que
l'art. 1099 dit que les « époux ne pourront se donner indirectement au delà de ce qui est permis par les dispositions ci-
dessus. Toute donation, ou déguisée, ou faite à personne
interposée, sera nulle ; — Considérant que, dans l'espèce
actuelle, la dame H. ayant mobilisé tous ses biens et mis
toute sa fortune à la disposition de son nouvel époux, lui a
évidemment fait une donation déguisée en le rendant maître
de tous ses biens, et que cette stipulation doit être déclarée
nulle pour tout ce qui excède le quart desdits biens de ladite
dame; — Par ces motifs. etc... » Cette théorie de la Cour de
Bordeaux pourrait être vraie si les art. 1496 et 1527 n'exis-
taient pas ; mais elle méconnaît ces deux principes certains,
fondamentaux dans notre droit, qui peuvent ainsi se formuler : 1° les conventions matrimoniales sont des contrats à
titre onéreux, auxquels les règles des donations ne sont pas
applicables; 2° l'action en réduction d'une libéralité excessive
n'appartient qu'aux héritiers réservataires et ne peut être
intentée qu'à la mort du donateur.—Dans notre espèce, les deux
époux, en stipulant une communauté à titre universel, ont
contracté à titre onéreux; aux yeux de la loi, la femme n'a
rien donné à son mari; comment donc peut-elle demander
la réduction d'une libéralité que la loi ne reconnait pas?
L'art. 1099 n'a rien à voir dans notre hypothèse, puisqu'il
suppose, non pas un contrat à titre onéreux, mais une
donation entre époux. En admettant, d'ailleurs, par impossible, que la femme ait fait une donation à son mari, elle ne
pourrait en aucun cas agir par voie d'action en réduction ; encore une fois, l'action en réduction, qui est la
sanction de la réserve, appartient aux seuls héritiers ré-

servataires. (Colmar, 19 février 1845; D. P., 46, 2, 197.)

Que faut-il décider à l'égard des enfants du second lit ? L'action en retranchement, nous le savons, a pour effet de faire rentrer dans le patrimoine du conjoint donateur la part qui excède la quotité disponible; cette part doit être divisée par portions égales entre les enfants du premier lit et les enfants du second. Décider le contraire, reconnaître aux premiers seulement le droit de la recueillir, ce serait violer le texte formel de l'ar. 745 qui exige que la plus stricte égalité soit observée dans le partage de la succession entre tous les enfants d'un même père ou d'une même mère. Les enfants du second lit ont donc un droit certain qui a pour objet la part qui leur revient dans le partage de l'excédant de la quotité disponible. Ce droit, il faut qu'ils puissent l'exercer : ils l'exerceront en intentant l'action en retranchement autorisée par les art. 1496 et 1527, si les enfants du premier lit négligent de l'intenter. Il faut donner une solution contraire lorsque les enfants issus du premier mariage répudient la succession de leur auteur : la renonciation les rend étrangers à la succession et leur fait perdre le droit de demander le retranchement des avantages indirects excessifs : or, comme le droit des enfants du second lit n'est qu'une conséquence et, en quelque sorte, une dérivation, du droit des enfants du premier lit, il est évident que la perte du droit de ceux-ci entraîne nécessairement la perte du droit de ceux-là; ou plutôt il vaut mieux dire que, le droit des enfants du premier lit étant censé n'avoir jamais existé, celui des enfants du second lit n'a pas pu naître.

En résumé, la proposition que nous avions formulée plus haut en ces termes: « l'action en retranchement appartient aux seuls enfants issus de premier mariage, » est trop absolue; il faut la corriger, en reconnaissant que l'action en retranchement appartient aussi, par voie de conséquence, aux enfants du second lit, lorsque les enfants du premier lit, pouvant l'intenter, négligent de le faire.   15

CONCLUSION

Nous avons vu que l'art. 1099 du Code civil consacrait l'existence dans notre droit et la validité entre époux de la donation indirecte, que nous avons ainsi définie : c'est celle qui résulte soit d'une abstention, soit d'un acte, unilatéral ou synallagmatique, qui a par lui-même une existence propre et qui se comprend indépendamment de l'intention de libéralité qu'il sert médiatement à réaliser. Analysant les divers éléments d'un contrat à titre onéreux, nous avons démontré que la donation indirecte pouvait résulter de la non-équivalence des obligations qu'il renferme ; nous avons remarqué en second lieu qu'elle pouvait être la conséquence d'une renonciation soit à une succession, soit à un legs, soit à une communauté, soit même à un droit de créance ; nous avons dit enfin que la stipulation pour autrui était la forme la plus usuelle de la donation indirecte. A la donation indirecte, ainsi caractérisée, nous avons appliqué les règles de fond des donations entre époux, rapport, réduction, révocation. Il n'y a donc pas, à proprement parler, de théorie spéciale des libéralités indirectes ; il s'agit tout simplement de déterminer l'objet exact de la donation indirecte ; dès qu'il est déterminé, les règles du droit commun lui sont applicables.

La proposition que je formulais au commencement de cette étude me paraît ainsi vérifiée : la donation ne doit pas être considérée comme un acte juridique spécial, mais comme l'expression matérielle de la volonté de donner qui peut se trouver contenue dans la plupart des actes juridiques. Malgré bien des tâtonnements et bien des confusions, la jurisprudence française, nous l'avons vu, a consacré ce principe. Elle est allée plus loin, et, rompant avec la tradition du droit romain et de notre ancien droit, elle a admis la validité des donations déguisées. Que devient alors la prescription de l'art. 931 du Code civil? Elle est lettre morte : le droit naturel a été, sur ce point, plus fort que le droit écrit. Une réforme législative s'impose donc, qui rétablira la vérité juridique en abrogeant l'art. 931, désormais inutile et d'ailleurs arbitraire, et en revenant, au moins en partie, aux principes de la législation romaine. Cette idée a été le point de départ de cette Étude, elle en est aussi la conclusion.

POSITIONS

DROIT ROMAIN

I. — Dans le très ancien droit romain, l'usucapion n'exigeait ni le juste titre ni la bonne foi.

II. — Avant Justinien, l'hypothèque ne pouvait pas être acquise *per extraneam personam*.

III. — Dans les contrats consensuels, la *causa civilis* réside dans le consentement lui-même.

IV. — L'action *utilis*, dont parle la loi 13, § 1; D., 12, 2, n'est autre que l'action *de jurejurando*; elle est donnée au demandeur en revendication qui a juré *fundum suum esse*.

DROIT CIVIL

I. — La clause d'un partage d'ascendant, par laquelle le donateur stipule que les valeurs mobilières données n'entreront point dans la communauté existant entre le fils du donateur et sa femme, est nulle en ce qui concerne la portion des biens donnés qui représente la réserve du donataire dans la succession du donateur.

II. — La femme commune, qui contracte avec l'autorisation de son mari, oblige directement la communauté.

III. — L'art. 832 du Code civil qui impose comme condition de validité d'un partage qu'on fasse entrer dans chaque lot la même quantité de meubles, d'immeubles, de droits ou de créances de même nature, n'est pas applicable aux partages d'ascendants.

IV. — La clause d'un contrat de mariage, par laquelle il est stipulé que la femme ne pourra s'obliger même avec l'autorisation de son mari, est nulle en tant qu'établissant l'incapacité personnelle de la femme, et on ne doit pas la considérer comme valable en tant que constituant une stipulation de dotalité.

DROIT COUTUMIER

I. — La saisine des héritiers était collective.

PROCÉDURE CIVILE

II. — L'avocat appelé à siéger momentanément et exceptionnellement comme juge, pour compléter un Tribunal, n'est pas tenu de prêter le serment spécial aux magistrats.

DROIT INTERNATIONAL PRIVÉ

III. — Le Tribunal français, appelé à rendre exécutoire une sentence étrangère, ne peut pas connaître d'une demande en garantie formée pour la première fois devant lui.

DROIT CRIMINEL

IV. — La juridiction répressive peut condamner comme banqueroutier l'homme que le Tribunal de commerce n'a pas déclaré failli, et celui qu'il a déclaré non failli.

Vu par le Président de la Thèse :

Toulouse, le 4 décembre 1886,

L. CAMPISTRON.

Vu : Le Doyen :

Henry BONFILS.

Vu et permis d'imprimer ,

POUR LE RECTEUR :

Toulouse, le 4 décembre 1886,

Henry BONFILS.

TABLE DES MATIÈRES

1370. — Poitiers, Imprimerie BLAIS, ROY et Cie, 7, rue Victor-Hugo.

POITIERS

Imprimerie BLAIS, ROY et Cie

7, rue Victor-Hugo, 7

www.ingramcontent.com/pod-product-compliance
Lightning Source LLC
Chambersburg PA
CBHW071631200326
41519CB00012BA/2250